本书由
中央高校建设世界一流大学（学科）
和特色发展引导专项资金
资助

中南财经政法大学"双一流"建设文库

中｜国｜经｜济｜发｜展｜系｜列

粮食安全保障体系
与财政支持政策研究

侯石安　著

中国财经出版传媒集团

经济科学出版社

Economic Science Press

图书在版编目（CIP）数据

粮食安全保障体系与财政支持政策研究／侯石安著．
—北京：经济科学出版社，2019.12
（中南财经政法大学"双一流"建设文库）
ISBN 978 - 7 - 5218 - 1103 - 2

Ⅰ.①粮…　Ⅱ.①侯…　Ⅲ.①粮食安全 - 粮食政策 -
财政政策 - 研究 - 中国　Ⅳ.①F326.11

中国版本图书馆 CIP 数据核字（2019）第 272665 号

责任编辑：白留杰
责任校对：蒋子明
责任印制：李　鹏

粮食安全保障体系与财政支持政策研究

侯石安　著

经济科学出版社出版、发行　新华书店经销

社址：北京市海淀区阜成路甲 28 号　邮编：100142

教材分社电话：010 - 88191354　发行部电话：010 - 88191522

网址：www. esp. com. cn

电子邮箱：bailiujie518@ 126. com

天猫网店：经济科学出版社旗舰店

网址：http://jjkxcbs. tmall. com

北京密兴印刷有限公司印装

787 × 1092　16 开　14.25 印张　225000 字

2019 年 12 月第 1 版　2019 年 12 月第 1 次印刷

ISBN 978 - 7 - 5218 - 1103 - 2　定价：43.00 元

（图书出现印装问题，本社负责调换。电话：010 - 88191510）

（版权所有　侵权必究　打击盗版　举报热线：010 - 88191661

QQ：2242791300　营销中心电话：010 - 88191537

电子邮箱：dbts@ esp. com. cn）

总　序

　　"中南财经政法大学'双一流'建设文库"是中南财经政法大学组织出版的系列学术丛书，是学校"双一流"建设的特色项目和重要学术成果的展现。

　　中南财经政法大学源起于1948年以邓小平为第一书记的中共中央中原局在挺进中原、解放全中国的革命烽烟中创建的中原大学。1953年，以中原大学财经学院、政法学院为基础，荟萃中南地区多所高等院校的财经、政法系科与学术精英，成立中南财经学院和中南政法学院。之后学校历经湖北大学、湖北财经专科学校、湖北财经学院、复建中南政法学院、中南财经大学的发展时期。2000年5月26日，同根同源的中南财经大学与中南政法学院合并组建"中南财经政法大学"，成为一所财经、政法"强强联合"的人文社科类高校。2005年，学校入选国家"211工程"重点建设高校；2011年，学校入选国家"985工程优势学科创新平台"项目重点建设高校；2017年，学校入选世界一流大学和一流学科（简称"双一流"）建设高校。70年来，中南财经政法大学与新中国同呼吸、共命运，奋勇投身于中华民族从自强独立走向民主富强的复兴征程，参与缔造了新中国高等财经、政法教育从创立到繁荣的学科历史。

　　"板凳要坐十年冷，文章不写一句空"，作为一所传承红色基因的人文社科大学，中南财经政法大学将范文澜和潘梓年等前贤们坚守的马克思主义革命学风和严谨务实的学术品格内化为学术文化基因。学校继承优良学术传统，深入推进师德师风建设，改革完善人才引育机制，营造风清气正的学术氛围，为人才辈出提供良好的学术环境。入选"双一流"建设高校，是党和国家对学校70年办学历史、办学成就和办学特色的充分认可。"中南大"人不忘初心，牢记使命，以立德树人为根本，以"中国特色、世界一流"为核心，坚持内涵发展，"双一流"建设取得显著进步：学科体系不断健全，人才体系初步成型，师资队伍不断壮大，研究水平和创新能力不断提高，现代大学治理体系不断完善，国际交流合作优化升级，综合实力和核心竞争力显著提升，为在 2048 年建校百年时，实现主干学科跻身世界一流学科行列的发展愿景打下了坚实根基。

"当代中国正经历着我国历史上最为广泛而深刻的社会变革，也正在进行着人类历史上最为宏大而独特的实践创新"，"这是一个需要理论而且一定能够产生理论的时代，这是一个需要思想而且一定能够产生思想的时代"①。坚持和发展中国特色社会主义，统筹推进"五位一体"总体布局和协调推进"四个全面"战略布局，实现"两个一百年"奋斗目标、实现中华民族伟大复兴的中国梦，需要构建中国特色哲学社会科学体系。市场经济就是法治经济，法学和经济学是哲学社会科学的重要支撑学科，是新时代构建中国特色哲学社会科学体系的着力点、着重点。法学与经济学交叉融合成为哲学社会科学创新发展的重要动力，也为塑造中国学术自主性提供了重大机遇。学校坚持财经政法融通的办学定位和学科学术发展战略，"双一流"建设以来，以"法与经济学科群"为引领，以构建中国特色法学和经济学学科、学术、话语体系为己任，立足新时代中国特色社会主义伟大实践，发掘中国传统经济思想、法律文化智慧，提炼中国经济发展与法治实践经验，推动马克思主义法学和经济学中国化、现代化、国际化，产出了一批高质量的研究成果，"中南财经政法大学'双一流'建设文库"即为其中部分学术成果的展现。

文库首批遴选、出版二百余册专著，以区域发展、长江经济带、"一带一路"、创新治理、中国经济发展、贸易冲突、全球治理、数字经济、文化传承、生态文明等十个主题系列呈现，通过问题导向、概念共享，探寻中华文明生生不息的内在复杂性与合理性，阐释新时代中国经济、法治成就与自信，展望人类命运共同体构建过程中所呈现的新生态体系，为解决全球经济、法治问题提供创新性思路和方案，进一步促进财经政法融合发展、范式更新。本文库的著者有德高望重的学科开拓者、奠基人，有风华正茂的学术带头人和领军人物，亦有崭露头角的青年一代，老中青学者秉持家国情怀，述学立论、建言献策，彰显"中南大"经世济民的学术底蕴和薪火相传的人才体系。放眼未来、走向世界，我们以习近平新时代中国特色社会主义思想为指导，砥砺前行，凝心聚

---

① 习近平：《在哲学社会科学工作座谈会上的讲话》，2016 年 5 月 17 日。

力推进"双一流"加快建设、特色建设、高质量建设，开创"中南学派"，以中国理论、中国实践引领法学和经济学研究的国际前沿，为世界经济发展、法治建设做出卓越贡献。为此，我们将积极回应社会发展出现的新问题、新趋势，不断推出新的主题系列，以增强文库的开放性和丰富性。

"中南财经政法大学'双一流'建设文库"的出版工作是一个系统工程，它的推进得到相关学院和出版单位的鼎力支持，学者们精益求精、数易其稿，付出极大辛劳。在此，我们向所有作者以及参与编纂工作的同志们致以诚挚的谢意！

因时间所囿，不妥之处还恳请广大读者和同行包涵、指正！

中南财经政法大学校长

前　言

粮食是人类社会生存与发展的基础，粮食安全是一个国家、地区、民族政治、经济和社会繁荣稳定的基石。粮食安全既是一个历史性的沉重话题又是一个现实性的敏感话题。追溯历史，饥荒曾是我国明朝灭亡的主要原因之一。虽然粮食产量在逐年增加，粮食自给率在不断提高，但粮食安全形势依然严峻。在我国人口众多、资源承载能力减弱、自然生态环境失衡、比较利益低、进口风险加剧等背景下，确保粮食安全，构建粮食安全保障体系，不仅具有重大政治意义，而且具有深远的社会意义和经济意义。

当今社会是现代文明社会，许多国家已进入工业化、现代化时代，有着高度的物质文明和精神文明。即便如此，粮食安全依然是世界各国的普遍共识，即使是像欧盟、美国、日本等发达国家或地区，也丝毫不放松粮食安全，始终将保障粮食安全放在极为重要的地位。正如美国前国务卿基辛格博士所言："谁控制了粮食，谁就控制了整个人类"。纵观中外历史，因"粮食危机""粮食风暴"所引致的大面积饥荒、地区骚乱、政局动荡、经济崩溃等沉痛教训不胜枚举，粮食安全始终是世界各国社会安定、政治稳定、经济繁荣的敏感性、关键性议题。

确保国家粮食安全是一项战略性任务和系统性工程，新时期格局下，建立涉及粮食生产、储备、流通、贸易、品质安全等领域的粮食安全保障体系势在必行。与此同时，作为政府宏观经济调控的重要工具，如何通过相应的财政制度设计与政策实践破解我国新时期粮食供需的长期问题，成为学界乃至政府部门亟待解决的现实命题。在这一过程中，明晰粮食安全对我国政治安定、经济发展、社会稳定的重要性，全面客观分析当前及未来我国粮食安全面临的严峻形势，科学预测未来10~30年我国粮食安全保障程度，借鉴国外政府构建粮食安全保障体系的有益经验，总结一些国家放松粮食安全的教训，对于我国构建科学、有效的粮食安全保障体系和财政支持政策，具有重要现实意义。

本书主要内容包括：

一是阐明粮食安全的重要性。粮食安全是社会稳定与和谐发展的根本保障。粮食稳则天下安。我国是一个人口大国，解决好国民的吃饭问题是根本。只有粮食供应充足，粮食品质与安全性高，国民方能安居乐业，社会才会稳定和谐。

二是对新时期我国粮食安全保障程度作出基本判定。从规范性分析角度看，当前及未来我国粮食安全形势突出表现为国内粮食生产现实约束在不断增强，资源承载能力减弱、自然生态环境失衡、比较利益低等；国外粮食进口风险在不断加大，粮食进口量持续快速增加，粮食"净进口"将挑战我国粮食安全底线，国际粮食市场的不确定性日益加大；粮食需求刚性在不断增强；粮食主产区和主销区矛盾突出，产销失衡；粮食物流运输能力偏低，损耗浪费现象严重；粮食市场监管能力不强等问题。此外，粮食浪费、粮食走私、粮食安全意识淡漠等也是当前我国粮食安全面临的严重问题。从定量分析角度看，未来粮食供给量因耕地面积、粮食作物播种面积的大幅减少，以及提高粮食单产难度加大而减少，粮食供给稳定性变差，粮食市场不确定性增大。预测结果表明，在城市化进程中及现有城乡利益格局下，到 2030 年全国粮食播种面积将减少 25.41%；到 2050 年全国粮食播种面积将比现在减少 33.98%。如果耕地面积和粮食播种面积按现有趋势同时减少，则到 2030 年我国人均粮食占有量仅为 361 公斤。

三是归纳总结构建粮食安全保障体系的国际经验、教训及对我国的启示。苏联不重视粮食安全体系的建立导致人民生活水平长期低下，发生三次"大饥荒"；埃及因长期忽视粮食安全保障体系的建立，加之人口的迅速增长和长期实行的廉价粮食供给制度，导致粮食高度依赖进口。在出现国际粮食市场价格不断走高，国内外汇储备不足情况下，国内粮食价格飞涨，粮食严重短缺，国民的生活水平急剧下降，由此引发严重内乱；朝鲜由于特殊的政治体制原因，重工业而轻农业，农业生产的过度集中和管理体制的僵化导致粮食自给率很低，长期依赖国际粮食援助，国际局势的更替使粮食援助高度波动，人民正常的食用粮需求无法满足；刚果（金）虽然拥有良好的光热水条件和广袤的耕地，但缺乏农业基础设施和先进的农业生产技术，无节制的人口增长进一步加剧了粮食供需不平衡，粮食安全难以保障。与这些国家不同的是，美国、欧盟、日本、印度、巴西等国家多年来高度重视发展农业，在促进粮食生产，保护农业生产者利益，扩大粮食出口等方面积累了丰富经验，对我国构建粮食安全保障体系具有重要借鉴意义。

四是新时期我国粮食安全保障体系的构建。构建我国粮食安全保障体系的目标选择应包括：提高种粮农民收益水平目标；稳定粮食市场，保证粮食基本自给目标；农业科技进步目标；生态环境目标；提升农业竞争力目标。为确保粮食安全保障体系目标的实现，有必要构建既有利于我国粮食的长期稳定供给又有利于充分利用国际粮食市场和国外粮食生产资源的粮食安全保障体系。粮食安全保障体系由粮食生产保障体系、粮食储备保障体系、粮食流通保障体系、粮食进出口保障体系和粮食预警保障体系五个体系构成。这些子系统相互联系相互作用，共同构成粮食安全保障体系。

五是分析我国粮食安全保障体系财政支持政策的实施效果、存在的问题，提出保障粮食安全的财政支持政策选择。梳理粮食安全保障体系的财政支持政策演进历程，评估当前财政支持政策的实施效果，分析当前财政支持政策存在的问题，并提出保障粮食安全的财政支持政策选择。保障我国粮食安全的财政支持政策的选择是：在财政支持目标的选择上，由单一的增产目标转变为综合目标；增加对粮食主产区和种粮大户的补贴额度，不断改进补贴方式；加大农业基础设施、科技水平和生态农业建设，提升农业竞争力；支持建立粮食生产灾害补偿机制，促进农业保险业发展；鼓励适度规模经营主体发展，加大对农业合作社的补贴力度；利用国际粮食市场规避国际国内粮食市场风险；建立地方政府对农业积累投入机制，落实地方财政建立粮食安全保障机制的责任；建立与完善财政投入的决策机制，有效提高财政资金的使用效率；改革创新农业投融资方式。

目　录

第1章
导　论

粮食安全意识自古有之。早在 2500 多年前，先秦管子就在其《治国》篇中阐述了粮食安全的重要性，"民事农则田垦，田垦则粟多，粟多则国富，国富者兵强，兵强者战胜，战胜者地广。是以先王知众民、强兵、广地、强国之必生于粟也"。保障粮食安全是历代王朝维护江山社稷的头等大事。

从 1974 年联合国粮农组织（FAO）在第一次世界粮食首脑会议上首次提出"世界粮食安全"的概念到 1996 年第二次世界粮食首脑会议中《罗马宣言》的发表，尽管"粮食安全"的定义几经修订，但其基本内涵并未发生改变，即所有人在任何时候都能在物质上和经济上获得足够、安全且富有营养的食物来满足其积极健康的膳食需要。其中，总量上的充足生产、时间空间范围内的稳定供应及符合相应的食品卫生健康标准等均为宏观粮食安全的应有之意。2008 年，联合国曾指派食物权问题特别报告员奥利维尔·德舒特（Olivier De Schutter）报告中国在实现"粮食供给 95% 自给自足"目标过程中的进展情况。经过两年多的调查研究，奥利维尔·德舒特于 2010 年 12 月发布了研究报告，报告肯定了中国在粮食供给上取得的成就，但同时发出警告："严峻挑战依然存在，包括改善农民生活条件、保障土地保有权、向更可持续发展的农业转变、解决营养和粮食安全问题等"。报告指出，中国人口占世界总人口的 21%，但耕地面积仅为全世界的 8.5%，水资源储备仅占全世界的 6.5%，这迫使中国一些农业区进行更高强度的耕种，这又引发了森林面积的减少，导致农业生态环境恶化。因此，粮食安全不仅是联合国高度关注的议题，更是中国的一项长期的基本国策和艰巨任务。

新中国成立以来，政府高度重视农业和粮食安全问题。早在 1960 年，中共中央就发出《关于全党动手，大办农业、大办粮食的指示》，强调"农业是国民经济的基础，粮食是基础的基础"；改革开放后，中央更是通过相应的制度设计与政策实践助推粮食生产、保障粮食安全。进入 21 世纪，政府连续出台 16 个（2004 ~ 2019 年）事关"农业、农村、农民"的中央"一号文件"，并与《中共中央关于推进农村改革发展若干重大问题的决定》共同构成新时期农业发展政策的制度框架，对粮食生产、流通、储存、销售等环节实施多项支持与保护政策，促进了粮食产量的持续稳定增长。2004 ~ 2015 年，我国粮食生产总量实现了半个世纪以来的首次"十二连增"，并首次将粮食产量连续 7 年保持在 1 万亿斤以上，为保障人民切身福祉，实现我国经济社会的平稳快速发展奠定了坚实的基础。

粮食安全既是一个经济问题，又是一个政治问题和社会问题，正因如此，我国政府一直将保障粮食安全放在极端重要的战略地位。具体地，粮食安全对我国政治生活、经济与社会发展的极端重要性主要表现在以下方面：

1. 粮食安全是国民经济持续健康发展的基础

农业是国民经济的基础产业，而粮食生产则是农业生产的基础。历史经验证明，一国或地区经济的波动首先是农业的波动，而农业生产的波动首先表现为粮食供给的波动。粮食的充足供应可确保劳动者获得维持其生理机能所必需的足量且富含营养的食物，进而更有效率地从事劳动生产。同时，作为基础性产业，粮食安全可确保市场物价稳定，保障农产品为原料的工业生产所需原材料供应，从而促进国民经济各部门的协调发展。相反，倘若粮食生产不足，供应短缺，则会影响到人类正常的生产、生活，整个国民经济也随之陷入危机，在经济学中称其为"李嘉图陷阱"。显然，粮食安全是一国经济安全的根本，是国民经济持续健康发展的基础。

2. 粮食安全是社会稳定与和谐发展的根本保障

"粮食稳则天下安"。我国是一个人口大国，截至 2018 年末，中国总人口（不包括香港、澳门特别行政区和台湾地区以及海外华侨人数）139538 万人[①]，解决好国民的吃饭问题是根本。只有粮食供应充足，粮食品质与安全性高，国民方能安居乐业，社会才会稳定和谐。尽管随着经济的快速发展，大多数国民的收入水平有了较大提高，绝大多数人不再为吃穿发愁，但是由于区域与个体发展的差异，我国现阶段还有一部人仍处于贫困线之下，有些甚至连温饱问题都难以解决，而粮食安全的一个重要内容就是保障弱势群体的粮食供给。

3. 粮食安全是维护种粮农民利益，稳定粮食生产，促进农业、农村发展和农民增收的助推器

人口增长必然引起粮食消费的刚性增加。在新时期下，稳定粮食播种面积、

---

① 中华人民共和国中央人民政府网，http：//www.gov.cn/shuju/2019-01/21/content_5359797.htm。

逐步提升粮食价格、加大对粮食生产的财政投入、增加种粮农民收入将是政府制定粮食安全保障措施的长期性政策。2004 年取消农业特产税，2005 年取消农业税，2006 年开始实行的种粮补贴、良种补贴、农业生产资料价格补贴、农机购置补贴、农业保险保费补贴等惠农政策，近年来，改革后的农业支持保护补贴等均是国家基于粮食安全考虑相继出台的系列政策措施。事实表明，这些政策措施对稳定粮食播种面积，提高种粮农民生产积极性，增加粮食产量，保障粮食有效供给发挥了重要作用。随着粮食安全重要性逐步显现以及国家粮食安全战略的实施，国家财政对粮食生产的支持与保护力度将越来越大，必将有力促进种粮农民增收增效，维护种粮农民利益，推动农业与农村稳定发展。

1.1 研究回顾

1. 粮食安全影响因素分析

（1）关于粮食生产问题的研究。在影响粮食产量的所有因素当中，耕地无疑是最关键的一个。Haipeng Niu 等（2011）指出耕地数量的合理变化有利于生态安全和农业可持续发展。耕地数量对增加粮食生产、维护粮食生产安全发挥着关键作用（Yan et al.，2013）。刘彦随、乔陆印（2014）针对新型城镇化背景下的粮食安全问题，提出耕地资源的五大衡量要素：数量、质量、时间、生态和空间，并指出单纯的耕地数量保护难以达到维护粮食安全的目的。从时空格局看，耕地保护力度存在空间差异显著（吴泽斌等，2009），粮食主产区耕地保护力度受当地经济发展水平、耕地保护任务、保护认知程度和国土管理人员认知水平影响（黄烈佳等，2019），而城市周边地区的耕地保护力度主要受城市扩张、地方财政压力和官员政治晋升的影响（汪冲，2019），基本永久农田保护与城市扩张边界的划分是生态利益与经济利益的权衡（胡飞等，2019）；从激励主体看，地方政府出于资源禀赋差异和机会成本，存在差异化的行为函数（吴泽斌等，2009）。任平等（2014）认为中央政府、地方政府和农户三大主体在耕地保护中扮演不同的角色。合理的耕地保护补偿制度的设计，应当使地方政府承担非农化价值补偿，中央政府承担生态价值和社会价值补偿。在所有激励主体中，农户无疑是关键环节。余亮亮、蔡银莺（2015）的实证分析表明农户的耕地保护意愿受补偿金标准、补偿金分配等经济因素的影响，同时将耕地视为代际传承、最后保障的方式进行保护。曹慧、赵凯（2018）发现由于技能培训和外出打工的影响，中生代粮农比老一代粮农具有更强的耕地保护意识。从产权视角看，赵杭莉、盛莹（2015）通过 Logistic 模型实证得出农地流转影响粮食产量。农村土地流转改变了农户的行为模式，有土地流入的农户耕地保护意愿更强（赵丹丹、周宏，2017），而耕地保护认知对农户耕地保护几乎具有决定作用，产权预期稳定能显著提高农户的耕地保护意愿（洪炜杰、李鹏程，2018）。另外，刘帅等（2019）基于农户调查数据，发现耕地数量与农户保护意愿呈现倒 U 形关系，而耕地质量与保护意愿相关性较强。

农民是粮食生产的主体，要保障粮食产量充足，保护国家粮食安全，必须激发农民的生产动力，提高农民种粮收入，但研究表明现实中存在农户"增产不增收"的怪象。高帆（2005）通过供求关系分析，证明粮食"增产"与农民"增收"的冲突或一致取决于粮食供求变化。邓群钊等（2007）通过对我国水稻主产区的实证研究，证实我国水稻生产安全问题严峻，且农民增收与水稻增产"不相容"，即使提高水稻产量也难以提高农民收入。魏君英、何蒲明（2009）的实证研究发现粮食增产与农民增收存在反向变动关系，国家对农民的转移支付力度几乎不影响农户收入；在城镇化背景下，农村劳动力外流对粮食产量也产生了显著影响。王跃梅等（2014）发现，在粮食主产区农村劳动力外流对粮食产出影响显著。姚成胜等（2016）利用 LMDI 模型，证实了无论从时间还是空间视角，农村劳动力的经济效益是粮食增产的首要驱动力，而粮食安全效益则抑制粮食增产。刘怀宇等（2008）发现在城乡工资差距不断拉大的背景下农民工基于"收入＋闲暇"最大化组合，被动降低农业投入时间，降低了粮食生产率。Qi 等（2018）的实证研究表明，中等经营规模农户的粮食综合生产能力最高，应继续推行适度规模化经营；也有部分学者得出了不同的结论，肖卫、肖琳子（2013）从城乡二元结构的视角出发，利用面板模型证实农村劳动力向其他部门流出对粮食产量影响不显著，但显著提高了劳动力流出家庭的人均纯收入。欧阳金琼、王雅鹏（2014）基于微观数据，比较了兼业户（同时进行农业生产和就近务工的农户）与纯农业户，发现兼业户无论是家庭收入还是粮食亩产都优于纯农业户。

农业基础设施和农业技术进步也是影响粮食产出的重要因素。对于基础设施的产量促进作用，学者们得出了较为一致的结论：陈飞等（2010）用动态面板的 GMM 方法证实农村固定资产投资有力地推动了我国粮食产量增长。李飞、曾福生（2016）的实证表明，农业基础设施的技术呈正效应但存在递减趋势。朱晶、晋乐（2017）通过构建超越对数成本函数，证实了农业基础设施投入能够降低私人粮食生产成本，提高农产品国际竞争力。从地区结构看，佟大建、贾彧（2017）的研究表明不论是在全国层面还是粮食主产区、非主产区，农业基础设施都显著提高了粮食产量。朱晶、晋乐（2017）的实证结果表明基础设施对私人投入的节约效应存在地区差异，对中部、西部的正向效应优于东部。受制于耕地总量的限制，提高粮食科技水平是今后稳定和提高粮食产量的主要举措（刘忠、黄峰、李保国，2013）。各粮食主产区的农业科技水平有较大的差别，计量上存在空间自相关（高鸣、宋洪远，2014），应当充分利用粮食生产技术推广的规模效应。而贫困地区的粮食生产效率远低于全国平均水平，制约了中国粮食全要素生产率的提高（高鸣、马铃，2015）。Kang 等（2017）的实证分析表明，高效的水利灌溉系统对粮食增收效果显著。Min Huang、Yingbin Zou（2018）指出，我国集约化水稻生产的实现必须依赖"超级水稻"的广泛种植，"超级水稻"是提高亩产的利器。我国杂交水稻之父袁隆平在 2009 年曾提出对"18 亿亩耕地红线"的担忧，"要保障粮食安全，唯一的方法是提高单产"。因而提高农业生产技术在全国的推广和不断发展农业科技，才是促进贫困地区农民脱贫、提高主产区农民收益、推动我国粮食产量再创新高的主要解决方法。

（2）关于粮食流通与储备问题的研究。要保障粮食安全，不仅要"产量足"，还要"买得到"。良好的粮食流通机制是应急救灾、调节地区间粮食余缺、平衡粮食品种结构的必要因素。赵胜民（2002）认为，保障国家粮食安全，不仅要有充足的粮食产量，还需要充足的运量能力和合理的调度技能。我国目前已形成"北粮南运"的流通格局，粮食主产区与主销区之间粮食调运需求日益增加，然而当前粮食运输网络承载能力与运输需求明显不匹配（王帅、赵秀梅，2019），尤其是东三省粮食"入关"和西北地区粮食运入"瓶颈"明显。赵红雷（2016）的研究表明，不健全的粮食物流体制是粮食产后损失的重要因素。周莎、向平安（2019）认为我国粮食运输成本高、产销区之间没有建立合理的规划，粮食流通亟须升级转型。从运输方式看，我国目前粮食运输的主体工具是铁路和水路，但由于铁路和水路之间接驳不畅，带来运输效率低下、运输成本高、粮食耗损高等一系列问题（钟昱、亢霞，2016）。粮食物流方式必须适应国际形势，进行"四散化"改革，以降低调运成本、提高物流效率。我国目前由于"四散化"配套设施欠缺，采用"四散化"运输的比例显著低于平均水平（兰中平，2007）。从改革方向看，郑伟、彭苏勉（2014）提出，要实现改革粮食物流制度顶层设计、配套保障我国粮食安全，就必须使政府调控、行业自律和企业治理三大主体相互配合。

粮食储备是我国粮食安全保障体制的重要环节，联合国粮农组织（FAO，1974）根据储备性质和作用，将粮食储备划分为周转储备和后备储备。周转储备的主体是商业主体（企业、农户等），意在克服粮食生产的地域差异、"青黄不接"的季节周期与粮食消费连续之间的矛盾；政府则是后备储备的主体，主要目的是应灾救济、平抑粮价、维护社会稳定。据吕新业、刘华（2012）的统计，在全国粮食储量中，中央约占1/4，企业约占1/4，农户零散储量的总和达1/2，农户在粮食储备中发挥着重要作用。但随着城镇化进程的加快，农户储粮意识日益淡薄（史清华、徐翠屏，2009）；而企业作为逐利的市场主体，其粮食购销行为具有"高抛低吸"的特质（贾晋，2012），无法实现逆周期操控，平抑粮价的目的。根据公共选择理论，中央政府应当承担维护社会秩序、保卫粮食安全的兜底责任，同时又面临着巨额财政负担与安全储备目标的两难（马九杰、张传宗，2002），构建一个既平衡储粮成本又能保障粮食安全的储备制度至关重要。吕新业、刘华（2012）利用微观数据，发现粮食价格正向影响农户储粮水平。同时，储粮规模存在显著的区域差异（殷培红等，2016）。储粮结构与消费结构亦不匹配，表现为玉米存储过剩而稻米储量不足（贾晋，2012），所以储粮制度设计必须因地制宜。韩建军、邹亚丽（2019）通过实证分析，指出影响区域粮食储存规模的因素包括粮食产量（正向）、人口密度（正向）、灾害影响（正向）、交通便利程度（负向）。部分学者研究了粮食储备模型：两目标线性规划模型（Eaton，1980）、稻米市场库存模型（黄宝祚，1981）、块梯恢复系统（陈武雄，1980）、私人粮食储备模型（Williams and Wright，1991），马九杰、张传宗（2002）发展了差额模型，即只对超出可容忍上下限部分的储量变化进行调整的模型，其政策模拟结果较为优良，然而当前对最优储粮规模并无定论。

（3）关于粮食进出口问题的研究。习近平总书记提出，中国人的饭碗任何时候都要牢牢地端在自己的手上，中国作为粮食消费大国，粮食自给举足轻重。在国际国内粮食价格倒挂，特别是国际大豆价格远低于国内的情况下，部分学者对粮食进口管理的动机进行了讨论：陈晓群（2009）认为，基于国际贸易传统的比较优势理论，适度的粮食进口可以平衡国内供需缺口、调节国内粮食市场品种结构，进而实现粮食安全；倪洪兴（2009）则认为，在开放条件下，我国应基于粮食基本自给的前提，而非比较优势原则进行粮食进出口，粮食进出口只是调剂国内余缺的工具；袁平（2012）认为，我国粮食生产不具有比较优势，应放弃出口创汇，以粮食进口为主。

国际粮食市场对国内市场的价格机制也是研究的热点：董学力（2015）认为，国际粮食市场通过贸易、粮食期货、替代效应、资本流动和预期因素影响国内市场，使国内粮价与国际粮价保持同步；肖小勇等（2014）利用 VAR 模型实证得出国际粮价显著影响国内市场，但存在品种差异。大豆价格波动溢出效益显著，而玉米、小麦和大米的溢出效益由于国内粮价稳定则不显著。王锐（2012）认为，我国与国际粮食市场之间联系并不紧密。王新华（2013）采用 VAR 模型实证研究表明，国际粮价显著影响国内粮价。另外，在传统国际贸易理论中的"大国效应"——某国由于其进口量或出口量巨大，足以影响国际市场价格的情形，众多学者也针对我国情况进行了讨论。何树全、高旻（2014）的实证结果表明，国内大豆进口和大米出口具有对价格的"大国效应"，而玉米、小麦进出口对国际市场均无明显影响；王新华等（2016）利用 VAR——协整模型得出我国粮食只有进口存在"大国效应"而出口不存在"大国效应"的结论。从总量看，现阶段国际与国内粮食市场双向机制尚未形成，我国利用国际粮食市场尚有很大空间。

从进口结构上看，我国粮食进口品种结构失衡，表现在玉米和大豆两个品种上（王健，2017），其中大豆进口占我国粮食进口比重超过90%，而玉米大量进口则是在国内玉米产量不断提升，国际国内价格倒挂的背景下发生的。另外，我国粮食进口来源国过于单一，集中于美国、巴西和阿根廷三国，增大了粮食安全的不确定性（余志刚、王亚，2017）。在进出口的时点选择上也存在"逆向调控"问题，加剧了国内粮食供需矛盾（王健，2017）。

2. 关于粮食安全保障体系构建的研究

众多学者从不同的角度试图构建我国粮食安全评价指标体系：张少杰、杨学利（2010）从可持续发展的视角，使用粮食生产、农业经济、社会支撑、资源环境约束和农业技术支持五个方面构建粮食安全评价体系。付青叶、王征兵（2010）参考 FAO 的度量体系，选择粮食不安全人口比重、粮食安全风险和资源压力水平作为安全评价指标。唐成、谢颜（2010）则选择粮食自给率、生产波动状况、粮食波动水平、人均粮食占有率、粮食储备水平和贫困人口保障水平以构建安全评价体系。李光泗等（2011）则从政府调控的视角，构建的评价指标包括粮食安全生产系数、粮食进口安全系数、粮食储备安全系数、粮食产业安全系数和粮食消费安全系数五个一级指标和若干二级指标。朱晓禧等（2011）从地理科学的角度出发，从自然系统、调配系统和支撑系统论述粮食安全评价体系。杨建利、雷永阔（2014）则通过德尔菲法确定了下列四个评价标准：粮食数量安全、粮食质量安全、粮食生态安全和粮食资源安全。姚成胜等（2015）从食物系统的角度，认为粮食生产资源、粮食可供量与稳定性、粮食获取能力和粮食利用水平可以作为粮食安全评价指标。张慧、肖国安（2017）运用熵值法，从生态发展视角得出城镇化水平、产业结构调整、生态环境、农村劳动力流失和农业技术进步影响我国粮食生产安全。王瑞峰等（2018）考虑了粮食进出口因素后，构建的指标体系包括粮食数量、粮食质量、粮食价格、粮食贸易、国家经济和生态环境。

在构建粮食安全保障体系的路径选择方面，鲁靖和许成安（2004）指出，要从规范粮食流通和储备制度，借助行政力量维持耕地供给以及推进农村政策的改革等方面构建粮食生产要素的保障体系。丁声俊（2004）从坚持基本农田制，坚持和完善粮食储备制度，培育和健全统一开放、竞争有序的现代粮食市场体系创立粮食预警报体系，建立专门的预警报机构等方面创建绿色安全保障体系。沙琪、李燕（2010）从制度视角出发，认为城乡二元体制、土地产权制度、粮食流通体制、粮食补贴制度和粮食储备制度是我国粮食安全保障的重要制度。汪文忠（2016）认为要通过健全发展机制、增强改革创新、完善补贴制度、发展生态农业、完善储备体系以及实施合作战略等途径构建我国粮食安全保障体系。李腾飞和亢霞（2016）指出，要从生产、流通和消费环节构建新常态背景下的粮食安全保障体系。姚少平（2017）指出，要通过内外聚粮、生态储粮、产业兴粮、市场活粮、依法管粮等方式建设高水平粮食安全保障体系。郭芸芸（2016）通过借鉴日本的经验，指出要通过有效应对农业负外部性、完善现代粮食流通体系，以及推动规模化经营等方面完善我国的新粮食安全战略。王禹（2016）指出，要通过加快供给侧的改革、严格水土、加快推进三大谷物优势产区建设、依靠农业科技创新、发展资源节约型环境友好型农业、完善市场调控机制农业补贴政策、培育新型主体构建新型经营体系、全面普及膳食营养等方式保障粮食安全，完善粮食安全保障体系构建。

3. 财政支持构建粮食安全保障体系研究

我国财政主要通过实行粮食补贴、粮食价格支持和推行农业保险三大政策支持构建粮食安全保障体系。

（1）关于粮食补贴政策的研究。由于粮食存在生产周期长、回报率低、比较收益低、机会成本高、正外部性强等特点，粮食安全保障体系的构建离不开财政政策的支持。实践中各国也给予粮食生产数额不等的农业补贴：韩国通过成立粮食管理基金鼓励农户种粮，同时建立了完善的农业直接支付制度推动农业基础设施建设（何安华、陈洁，2014）。日本逐步取消价格补贴后，广泛对农户采取直接收入补贴，并且针对平原地区和山区采取差别补贴制度，极大地刺激了农民种粮积极性（安琪，2017）。欧盟推进粮食价格市场化改革，同时针对农民进行直接补贴（于晓华，2017）。美国采取多样化粮食补贴政策，以价格补贴保障粮食生产，直接补贴和逆周期补贴保障农民收入（魏玉君、叶中华，2019）。

众多学者分析了粮食补贴财政支持政策对粮食安全生产保障体系构建的实施效果：刘克春（2010）；高鸣等（2016）；张慧琳、吕杰（2017）等学者的研究表明，粮食直补政策在一定程度上提高了农户种粮的积极性，有利于粮食种植面积的扩大，但部分地区存在门槛效应。臧文如等（2010）发现，粮食补贴政策内部存在差异效果，粮食直补效果最差，综合收入补贴次优而生产专项补贴最佳。陈飞等（2010）利用 GMM 方法发现，不同种类的政府农业投入政策对粮食作物产量提高均存在正向影响。Lei Meng（2012）的实证检验证实了农业补贴增大了农民留在农村从事农业生产的概率。Yi 等（2016）的研究结果表明，粮食补贴项目具有较高的收入乘数，转移补贴的收入促进效应来自每单位土地加大投入所带来的农业生产。Yi 和 McCarl（2018）通过构建中国农业部门的计量模型，得出在所有补贴方案中，以产量为基础的补贴在刺激粮食生产方面最具成本效益。也有部分学者认为，粮食补贴对粮食产量的提高没有明显的促进作用：陆建康（2006）认为补贴水平过低，农户的种植数量不受粮食直补的影响。李韬（2014）基于农户的视角，采用双变量 Probit 模型验证了农户对粮食补贴的满意程度对于其种粮意愿的影响不显著。Qin 等（2016）通过建立一般均衡模型，得出政府根据农民拥有的土地面积而非种植的土地面积进行补贴，对粮食产量没有显著影响。梁宇哲等（2019）通过对广州市周边农户的调查，发现在经济发达地区粮食补贴占农户收入比重过少，对粮食生产没有显著促进作用。另外，在粮食补贴实施的过程中也存在大量的漏洞，以粮食直补和农资综合补贴为例，多数省份仍采取按计税面积进行直补，未将农村土地流转、农业税时代减报耕地及后期"拓荒"所形成的"黑田"考虑在内，造成实际种粮者与补贴受益者相异。因而，粮食补贴政策必须实施绩效考核，建立公平公正的粮食直补分配机制，有重点地选择直补对象（张瑞红，2011）。

（2）关于粮食价格支持政策的研究。我国为避免"谷贱伤农"，实行最低粮食收购价格制度，同时为防止"谷贵伤民"，实行粮食收储制度以平抑粮价，维护粮食市场稳定，"最低收购价 + 收储制度"构成了粮食安全保障体系中的粮食价格支持政策。

对于粮食最低收购价格的作用效果，不同学者得出了不同的研究结论：李波（2016）利用面板数据，发现最低收购价格的作用发挥因品种和区域而异，必须制定有针对性的最低收购价格。而李国祥（2016）认为，最低收购价格机制存在扭曲效应，但为了国家战略安全必须继续实施。曹慧等（2017）利用全球农业贸易局部均衡模型，证实了大规模下调最低收购价格将使不同产区农民的收入不均等下降并冲击粮食市场。李雪等（2018）通过 GARCH 模型证实粮食最低收购价格平抑了小麦现货市场的价格波动；而周静、曾福生（2019）的实证分析表明，受适度规模补贴的影响，粮食最低收购价格的下调不影响农户种植水稻面积。王力、孙鲁云（2019）利用 DID 方法证实，最低收购价对平抑粮价波动没有明显效果。贾娟琪等（2019）利用小麦主产区面板数据，证实了最低收购价格对小麦全要素生产率的提升没有显著影响。

关于粮食收储制度的效果，唐成等（2017）认为，由于政府与市场边界的不清晰，收储制度带来价格"倒挂"问题。高鸣等（2018）认为，粮食收储制度为保障粮食安全作出巨大贡献，但亟须推行市场化改革。李丽、朱璐璐（2018）通过 Nerlove 模型证实粮食收储有利于提高农民生产积极性。顾莉丽（2018）认为，收储制度提高了粮食竞争力、激发了粮食加工企业活力，但也对农民收入和规模化经营带来不利影响。樊琦等（2016）认为，要实现储备粮"去库存"必须调动粮企加工能力，同时实行休耕、轮耕制度。张晓山、刘长全（2017）认为，收储制度改革必须从国有粮食企业入手，将储备粮收购和销售职能剥离。

（3）关于农业保险补贴政策的研究。为抵御自然灾害带来的不确定性，中央财政设立了一系列的政策性农业保险，以补充粮食安全保障体系的构建。农业保险支持政策分为种植业保险支持和养殖业保险支持两大类，部分替代对农业的直接补贴，这也是顺应我国加入 WTO，避免反补贴纠纷的合理措施。

对于农业保险与粮食产量关系，存在着不同的观点：罗向明、张伟、丁继锋（2012）认为，农业保险鼓励了农民扩大粮食种植面积、提高粮食单产水平。王保玲、孙健、江崇光（2017）的研究表明，随着保障水平的提高，农业保险的经济效应越发显著；另一部分学者认为，农业保险由于保障水平过低，对粮食产量提高无显著影响（张跃华等，2006；徐斌、孙蓉，2016；张伟等，2019）。聂文广、黄琦（2015）认为，农业保险对粮食主产区的产量增长无显著影响，对非主产区则存在正向效应。晁娜娜、杨汭华（2017）运用有序选择模型证实了投保目标的区域差异，粮食主产区种植户更倾向于保产量，而主销区种植户则倾向于保收入。

关于农业保险与农民收入的研究包括：李琴英等（2018）发现农业保险对农户家庭收入增长起积极作用。叶明华、汪荣明（2016）发现农业保险对兼业型农户存在收入效应，对纯农业户则表现为替代效应。张伟等（2018）发现专业农户受农业保障水平低于兼业农户，农业保险供给端亟须改革。李勇斌（2018）基于四阶段 DEA 及 Tobit 模型证实农业补贴的支农效应受农户受教育水平、地方财力和工业化水平的正向影响。费清等（2018）通过 GMM 模型证实农业保险增收作用存在地区差异，在东部、中部地区显著提高了农户收入，在西部地区则不显著。

1.2　研究目的、研究思路与研究方法

1. 研究目的

本书通过分析我国现行粮食保障体系的运行状况，比较、总结主要发达国家和发展中国家粮食保障的经验与教训，评判与粮食产业相关的财政支持政策所产生的后果，总结粮食补贴政策的经验和教训。在此基础上，分析我国粮食财政支持政策的实施效果及存在的不足，提出完善相关财政政策的建议，为我国决策部门制定和完善粮食安全保障体系财政支持政策提供参考。

2. 研究思路

本书研究的基本思路为：首先，对当前我国粮食安全形势和粮食安全保障程度进行综合判定。其次，对主要发达国家和发展中国家粮食安全保障体系建设中的成功经验和深刻教训进行总结分析，从中得出这些国家粮食安全保障体系建设对我国的启示。最后，梳理我国粮食安全保障体系财政支持政策的演进及现行政策，针对我国粮食安全保障体系财政支持政策存在的问题及原因，提出相应的完善建议。

3. 研究方法

本书主要采用实证与规范分析相结合的研究方法。实证研究包括：一是对主要发达国家和发展中国家的粮食安全保障体系进行考察；二是我国粮食安全保障体系财政支持政策的实施效果分析。规范分析包括：一是比较主要发达国家和发展中国家粮食安全保障体系的优劣，归纳分析这些国家的经验教训及对我国的启示；二是我国现行粮食安全财政支持政策存在的问题及其完善建议。

1.3 研究内容及创新之处

1. 研究内容

本书共分为六章，第 1 章导论，阐明本书研究目的和意义、国内外研究回顾，说明本书研究的思路、方法、内容及创新之处。第 2 章新时期我国粮食安全保障程度判定，明确了当前我国粮食安全面临的形势，并预测未来粮食安全保障程度。第 3 章构建粮食安全保障体系的国际经验教训，提出对我国的相关启示。第 4 章新时期我国粮食安全保障体系的构建，提出我国粮食安全保障体系的构建思路。第 5 章我国粮食安全保障体系财政支持政策的演进及政策评价，总结现行财政支持政策类型并评估政策实施效果。在此基础上，提出当前粮食安全保障体系财政支持政策存在的问题及原因分析。第 6 章保障粮食安全的财政支持政策选择，提出构建粮食安全保障体系财政支持政策的优化措施。

2. 创新之处

（1）系统分析了当前粮食安全面临的严峻形势，并对未来粮食安全保障程度进行科学预测。

（2）比较了主要发达国家和发展中国家粮食安全财政支持政策的优劣及忽视粮食安全体系建设所导致的后果，归纳总结了这些国家财政支持粮食安全体系建设的经验教训，以及对我国的重要启示。

（3）提出了我国粮食安全社会保障体系的构建思路，梳理我国当前粮食安全保障体系财政支持政策，并评估其实施效果。在此基础上，分析当前我国粮食安全保障体系财政支持政策的问题及原因，提出构建粮食安全保障体系财政支持政策的建议。

第2章
新时期我国粮食安全保障程度判定

保障国家粮食安全是一个永恒的课题，构筑粮食安全保障体系是我国实现政治稳定、经济社会发展的必然要求。分析我国粮食安全长期所面临的形势，科学判定我国未来粮食安全保障程度，是构建粮食安全保障体系的基本前提。

2.1 当前及未来我国粮食安全面临的严峻形势

2004～2015 年，我国粮食总产实现了半个世纪以来"十二连增"，产量年均增幅达 2.8%，并首次连续 7 年保持在 1 万亿斤以上[①]，成绩斐然。但与此同时也应清醒认识到，我国未来粮食安全保障形势仍相当严峻。根据粮食安全的实际情况，本书以粮食供给（国内生产与国外进口）、粮食需求、粮食储备和粮食市场等子系统所构成的粮食供求平衡总系统为主要研究标的，对当前及未来我国粮食安全保障所面临严峻形势进行全面系统分析。

2.1.1 国内粮食生产现实约束不可小视

粮食供给一般由国内供给（即粮食生产）和国际供给（即粮食进口）构成，是粮食供求平衡系统的关键环节。未来我国国内粮食供给面临诸多制约性因素，突出表现为资源承载能力减弱、自然生态环境失衡、比较利益低等方面。

1. 资源承载能力减弱

粮食生产高度依赖于自然资源，而当前耕地资源、水资源、气候（气象）条件等的现实约束使得我国粮食生产前景堪忧。

耕地资源方面，耕地面积及耕地质量下降趋势明显，削弱了我国粮食生产的物质基础。从耕地面积看，根据第二次全国土地调查工作公布数据，2009 年

---

① 根据中国统计年鉴（2018）国家统计局关于 2018 年粮食产量的公告整理计算所得。

全国耕地面积约为 13538.46 万公顷, 此后连续下降至 2012 年的 13515.85 万公顷 (见表 2 - 1)。

表 2 - 1　　　　　2009 ~ 2017 年全国耕地面积变化情况　　　　单位:万公顷

年份	全国耕地面积	当年全国增加耕地面积	当年全国减少耕地面积	当年全国耕地净增加量	人均耕地(亩)
2009	13538.46	31.38	23.20	8.18	1.520
2010	13526.83	31.49	42.90	- 11.41	1.510
2011	13523.86	37.73	40.68	- 2.95	1.505
2012	13515.85	32.18	40.20	- 8.02	1.497
2013	13516.34	35.96	35.47	0.49	1.490
2014	13505.73	28.07	38.80	- 10.73	1.482
2015	13499.87	24.23	30.17	- 5.94	1.473
2016	13492.09	26.81	34.5	- 7.69	1.463
2017	13486.32	25.95	32.04	- 6.09	1.460

注: 2009 年后耕地统计面积的增加, 一方面是由于相较于第一次全国土地调查工作, 二调的调查标准、技术方法有所改进; 另一方面则是由于 2004 年我国开始逐步取消农业税并不断加大对种粮的补贴力度, 致使曾经未耕种或未上报的耕地重新被使用。

资料来源: 2017 年中国土地矿产海洋资源统计公报。

除 2009 年、2013 年外, 2010 ~ 2017 年历年全国耕地净增加量均为负值, 说明我国耕地面积呈现持续下降态势。究其原因, 一方面由于伴随着城镇化、工业化进程的加快, 大量农用地、耕地转变为建设用地。以 2017 年为例, 尽管在当年 "农 (耕) 转建" 同比有所降低, 但全年全国仍批准建设用地 60.31 万公顷, 其中农用地转建设用地 37.24 万公顷, 占用耕地 21.96 万公顷; 另一方面, 生态退耕同样压缩耕地面积, 并影响我国粮食安全。以退耕还林为例, 该项工程本身会减少耕地总面积, 从而降低粮食的实际供给总量, 同时, 该工程通过粮食补贴的形式鼓励农户将不适宜耕种的耕地转为林地、草地, 会消耗一定数量的原有粮食储备, 从而影响粮食安全。如表 2 - 1 所示, 2017 年我国因建设占用、生态退耕、灾毁耕地等原因减少耕地 32.04 万公顷, 通过土地整治、农业结构调整等增加耕地 25.95 万公顷, 年内净减少耕地 6.09 万公顷。人均耕地面积方面，2009～2017 年，我国人均耕地面积由 1.520 亩持续下降至 1.460 亩，且 2009 年人均耕地面积不及当年世界人均耕地面积 3.38 亩的一半水平[1]。值得一提的是，虽然第二次全国土地调查的结果显示我国耕地面积数量较之于第一次有所增长，但并不意味着我国实有耕地数量增加。其理由有三点：一是由于相当数量耕地得以在现有播种面积中体现出来；二是土地污染较为严重导致多数耕地不宜耕种。据不完全调查，目前全国受污染的耕地约有 1000 万公顷，污水灌溉污染耕地约 216.67 万公顷，固体废弃物堆存占地和毁田 13.33 万公顷，合计约占耕地总面积的 1/10 以上[2]；三是部分耕地因开矿塌陷造成地表土层破坏或因地下水超采，已影响正常耕种，适宜稳定利用的耕地总量约为 1.2 亿公顷（约 18 亿亩），已逼近"耕地红线"，粮食供给形势依然严峻。从耕地质量上看，受水土流失、农药重金属污染、城市固体废弃物及工业污染排放等因素的影响，我国耕地质量在不断下降。根据调查，全国土壤污染中，耕地重金属点位超标率达 19.4%，其中中度和重度污染点位比例分别为 1.8% 和 1.4%。重金属污染会造成土壤有机质含量下降、土壤板结，使得部分地区耕地质量已无法满足农作物安全生产的需求[3]。全国耕地质量检测结果显示，我国东北黑土区耕地土壤有机质含量大幅下降，每公斤平均含量仅为 26.7 克，30 年来降幅高达 31%；黑土层已由开垦初期的 80～100 厘米下降至 20～30 厘米，土层日益稀薄[4]。此外，据不完全统计，我国现有中低产田和高产田的比例达 7：3，且这一比例仍在继续扩大。目前，我国耕地退化面积占耕地总面积的比重高达 40% 以上，除上述表征外，华北平原耕层变浅、南方土壤酸化、全国耕地整体有机质含量下降、复种指数降低等都是耕地质量下降的例证。粮食安全的根本在于耕地数量和耕地质量，耕地"数量红线"和"质量红线"均对我国粮食供给及粮食安全构成威胁。

　　水资源方面，单位水资源不足、时空分布不均、水资源"农转非"、农业用水效率低、质量差、水利设施不全面等问题造成我国粮食生产用水趋紧。首先，根据《中国水资源公报》（2017）公布的数据，2017 年全国水资源总量为 28761.2 亿立方米，位居世界第六位，总量充沛；但人均水资源占有量仅为

---

① http：//politics. people. com. cn/n/2013/1230/c1001－23977290. html.
② http：//www. sohu. com/a/191412131_99959114.
③ https：//www. xianjichina. com/news/details_65364. html.
④ http：//news. hexun. com/2014－11－07/170145863. html.

2074.53 立方米，约为世界的 1/4，是全球水资源贫乏的主要国家之一。从耕地水资源拥有量看，截至 2017 年末，全国每公顷耕地水资源拥有量约为 21304.59 立方米（约 1421.71 立方米/亩），仅为世界平均水平的 50% 左右①。作为粮食生产的命脉，单位水资源的不足严重制约未来我国粮食产量的持续增长。其次，从时空分布上看，我国水资源地区分布不均匀，总趋势是由东南沿海向西北内陆递减。我国国土跨度辽阔，各粮食产区气候条件差异明显，常年旱灾或涝灾区域同时存在，且南方部分地区的降水时间相对较长，约 4/5 的水资源分布在南方，农业灌溉水源充沛。相比而言，我国 2/3 的耕地却分布在北方，北方每公顷耕地的水资源占有量仅为南方的 1/8②。地区分布不均匀，加剧了水资源的供求矛盾，因而限制了许多地区光、热和土地资源生产效力的发挥。再次，由于农业用水的边际产出小于非农产业，随着城镇化及工业化的发展，水资源存在着由农业领域逐渐转移至非农领域的趋势。如图 2-1 所示，2016 年全国总用水量 6040.2 亿立方米，其中农业用水约占 62.38%；2017 年全国总用水量增至 6043.4 亿立方米，农业用水量占比却下降至 62.32%，2012~2017 年，农业用水占比整体呈下降趋势。可以说，随着我国人口增加和工业用水的快速增长，农业用水短缺是我国粮食安全的最大隐患。

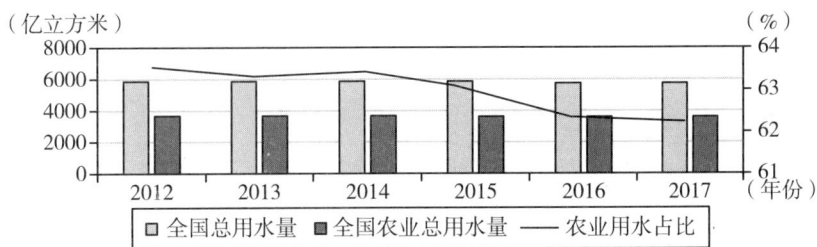

图 2-1　2012~2017 年全国总用水量及农业用水占比变化情况

资料来源：中国统计年鉴（2018）。

气候（气象）资源方面，全球变暖、气象灾害频发等均会对我国未来粮食生产产生不利的影响。一方面，全球变暖将导致我国主要粮食作物长期生产潜力下降。尽管气温升高会改善高纬度地区热量资源，喜温作物界限北移，对我国部分地区农业生产带来一定的利好，但因气候变暖所引致的农作物生育期缩

---

① 根据中国统计年鉴（2018），2017 中国土地矿产海洋资源统计公报整理计算所得.
② 肖俊彦. 警惕我国粮食安全保障能力下降 [J]. 农业经济问题，2012（6）.

短、粮食作物水分亏缺、农业病虫害加剧[①]、极端天气和气候事件的增多增强等在整体上仍将对我国长期粮食安全产生影响。研究表明，气温每上升 1 摄氏度，粮食产量将减少 10%，且在现有种植制度、种植品种和生产水平保持不变的前提下，到 2030 年我国种植业生产潜力将会下降 5%～10%[②]。另一方面，气候变暖背景下气象灾害频发也加剧了粮食生产的不稳定性。根据国家统计局、民政部、国家减灾办公室公布的数据，全国农作物受灾面积和绝收面积，2010 年分别为 37425.9 千公顷和 4863.2 千公顷；2011 年分别为 32470.5 千公顷和 2891.7 公顷；2012 年分别为 24962 千公顷和 1826.3 公顷；2013 年分别为 31349.8 千公顷和 3844.4 千公顷，2014 年分别为 24890.7 千公顷和 3090.3 千公顷，2015 年分别为 21769.8 千公顷和 2232.7 千公顷，2016 年分别为 26220.7 千公顷和 2902.2 千公顷，2017 年分别为 18478.1 千公顷和 1826.7 千公顷，在 2010～2017 年全国发生的气象灾害中，由旱灾、风雹灾害、低温冷冻和雪灾等所引致的受灾面积和绝收面积也较大。如表 2-2 所示。

表 2-2　　　　　2010～2017 年全国气象灾害发生及损失情况　　　单位：千公顷

年份	旱灾		洪涝、山体滑坡、泥石流和台风		风雹灾害		低温冷冻和雪灾	
	受灾面积	绝收面积	受灾面积	绝收面积	受灾面积	绝收面积	受灾面积	绝收面积
2010	13258.6	2672.3	17524.6	1657.5	2180.1	280.3	4120.7	240.7
2011	16304.2	1505.4	8409.9	872.8	3309.3	302.4	4447.1	211.1
2012	9339.8	374.0	11220.4	1095.3	2780.8	213.4	1617.8	142.9
2013	14100.4	1416.1	11426.9	1828.9	3387.3	412.4	2320.1	180.7
2014	12271.7	1484.7	7222.0	976.9	3225.4	457.7	2132.5	168.2
2015	10609.7	1046.1	7341.3	841.0	2918.0	309.1	900.3	36.5
2016	9872.7	1018.3	10554.9	1442.4	2908.0	268.8	2885.0	172.7
2017	9874.8	752.4	5808.8	766.1	2268.1	225.2	524.5	83.0

注：2010 年之前《中国统计年鉴》中并无"各地区自然灾害损失情况"统计项目。

资料来源：中国统计年鉴（2011～2018）。

由于我国季风气候特征显著，在全球气候变暖大背景下，气温上升及气象

---

① 全球气候变暖会使我国农作物病虫害失去寒冷气候的天然屏障阻击。
② 郑国光. 科学应对全球气候变暖，提高粮食安全保障能力 [J]. 求是，2009 (23).

灾害的频发将对我国粮食增产、稳产带来不利影响。主要表现为以下三点：一是随着全球气候变暖的加剧，区域性生态平衡和季节分配被打破，暖冬为越冬害虫和虫卵的生长发育营造了良好的生存环境，提高了害虫存活率，增加了害虫种类和数量、为害期延长、为害范围扩大，尤其是向北扩展蔓延趋势明显，从而也增加了农药施用量，加重了土地污染程度。二是气候变暖会使土壤中的水分大量蒸发，加速土壤有机质和氮元素的分解，从而导致养分流失，降低土壤质量，促使农作物无法获取生长所需的营养，无法正常生长；并且若土壤长期处于干旱的状态则会使土壤受到风蚀，还可能导致土壤盐渍化情况出现，最终也会加剧土壤肥力的下降。三是气象灾害的频发会使农作物的产量发生较大的波动，增加农业生产的成本，从而在一定程度上降低了我国农业生产的稳定性，使我国农业生产布局发生了较大的变化。

2. 自然生态环境失衡

自然生态环境方面，城镇化、工业化以及农业粗放经营破坏了原有生态平衡，制约着粮食的可持续生产。主要表现为以下三点：

一是化肥大量、无节制地使用破坏了土壤肥力，降低了耕地质量。虽然化肥可为农作物的生长提供充足的营养元素，促进农作物高产，但过度使用反而会适得其反，带来一些负面问题。如表 2 - 3 所示，1995～2017 年，我国每公顷耕地农用化肥施用量整体上呈上升趋势，由 326.52 千克增加至 496.61 千克，相比发达国家每公顷 225 千克的安全上限，我国化肥施用量远远超额，约为世界化肥安全施用上限水平的 2.2 倍。目前，我国已成为世界上化肥生产和消费大国，耕地面积仅占世界耕地总面积 8%，粮食产量占世界的 16%，却消费了全球化肥总量的 1/3，接近 35%，过量的化肥经过浇灌或雨水冲刷进入地下、江、河、湖、海等，不仅影响了土壤的营养平衡，降低了土地质量，而且大量营养物质流入水体后会造成水体富营养化，引发赤潮、水华等问题，破坏水体的生态平衡，严重威胁了生态环境的安全。再结合我国每公顷耕地粮食产量来看，1995～2017 年，我国每公顷耕地粮食产量总体在增长，年均增长率为 0.32%，与每公顷耕地化肥施用量的年均增长率 1.92% 相比，差距较大，这说明我国单位面积粮食产量并没有随着化肥施用量的增加而增加，化肥有效利用率较低，部分化肥并没有对农作物增产产生功效，而是被浪费了。

表 2 – 3   1995～2017 年全国每公顷耕地化肥施用量

年份	每公顷耕地化肥施用量（千克）	年均增长率（%）	每公顷耕地粮食产量（千克）	年均增长率（%）
1995	326.52	7.42	4239.67	1.51
2000	382.29	3.20	4261.13	0.10
2005	457.07	3.64	4641.65	1.73
2006	469.49	2.72	4745.16	2.23
2007	481.87	2.64	4756.07	0.23
2008	487.14	1.09	4968.55	4.47
2009	490.17	0.62	4892.38	− 1.53
2010	497.94	1.58	5005.71	2.32
2011	504.89	1.40	5208.82	4.06
2012	510.53	1.12	5353.12	2.77
2013	510.05	− 0.09	5439.50	1.61
2014	510.48	0.09	5445.90	0.12
2015	506.26	− 0.83	5553.01	1.97
2016	501.90	− 0.86	5539.17	− 0.25
2017	496.61	− 1.05	5607.36	1.23

资料来源：中国统计年鉴（2018）。

二是农药以及塑料地膜的过度使用造成土壤污染，给环境、耕地、粮食和食品安全都带来了非常严重的问题。如图 2 – 2 所示，1995～2017 年，我国每公顷粮食耕地农药施用量、地膜使用量均呈明显上升态势且增幅较大。其中，随着气候变化和耕作制度的改变，滋生了许多新的病虫害，其出现呈多发、频发、重发的态势，病虫害治理难度不断加大，再加上农作物播种面积的扩大，农药施用不科学，从而导致了农药施用量总体呈上升趋势，由 1995 年的 9.88 千克/公顷增至 2017 年的 14.03 千克/公顷，约为世界平均水平的 2.5～5 倍，但利用率较低，只有 30%～40% 直接作用于农作物，60%～70% 的农药残留进入土壤、空气和水域中，造成农业生态污染，直接威胁着农产品质量安全和生态环境。尽管农药能防治病虫害、调节农作物生长、促进农业增产和农民增收，但由于农民缺乏专业的培训，使用化学农药的方法不科学不合理，直接导致了农药滥用，害虫免疫能力增强、防治成本居高不下，这也将会导致土壤中的有机质减少，加重土壤板结和污染，使土壤质量呈下降与退化的趋势，而土壤有机质减少，会大幅降低其对土壤中重金属的固定作用，增加土壤重金属的危害性。地膜不仅可加速土壤中有机质的分解和土壤养分的转化，提高土壤的供肥能力和土壤肥料的利用率，而且可以抑制水分蒸发，阻止土壤深层盐分向浅层运动和累积，降低耕层土壤的含盐量，提高农作物保苗率，在农作物高产、高效上发挥着不可磨灭的作用，但过度使用且不注重回收，给土壤造成了很大的伤害。1995～2017 年，我国地膜使用量已由 4.27 千克/公顷增至 12.18 千克/公顷，增幅较大，但回收率却不足 2/3，大量地膜残留在土地中，不仅破坏了土壤结构，影响农作物出苗以及养分和水分的吸收，阻碍根系生长，导致农作物减产，而且地膜残留还会降低播种质量，严重的甚至会导致土地不能长出农作物。这些都将影响我国粮食稳产，对粮食安全造成一定的威胁。

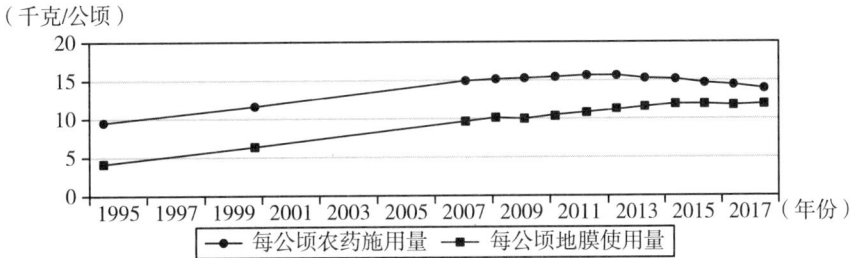

图 2－2　全国粮食耕地农药施用量、地膜使用量

资料来源：中国统计年鉴（2018），中国农村统计年鉴（2007～2018）。

研究表明，我国每年约有 50 万吨农膜残留于土壤造成"白色污染"，究其原因，主要是因为农民大量使用超薄地膜，这样的地膜便宜，但一扯就烂，无法回收，只能任其埋在地下；而多年来埋入地下的残膜碎屑，更是没有办法清理，成为农田的永久垃圾。另外，每亩农田的农药施用量中有 60%～70% 残留在土壤中形成农药残留，长期而言，在加速耕地"死亡"的同时，也会产生食品质量安全问题，从而加大消费者购买国外安全优质粮食的消费倾向，并由此影响我国未来的粮食安全。

三是受特殊自然地理和人为因素的影响，我国水土流失及土壤沙化现象严重。根据环保部公布数据，2013 年全国水土流失面积高达 356 万平方公里，占国土总面积的 37.1%，其中以南水北调中线工程水源区、东北黑土区、青海三江源头区和长江上游四大区域水土流失最为严重；全国约有 3.6 亿亩坡耕地和

44.2 万条侵蚀沟亟待治理①。此外，根据第五次全国荒漠化和沙化监测工作公布数据，截至 2014 年，全国荒漠化土地面积为 26115.93 万公顷，占国土总面积的 27.2%，其中轻度荒漠化土地面积为 7292.79 万公顷，占 27.92%，中度面积 9255.25 万公顷，占 35.44%，重度面积 4021.2 万公顷，占 15.40%，极重度面积 5346.69 万公顷，占 20.47%；沙化土地面积为 17211.75 万公顷，占国土总面积的 17.93%，其中轻度沙漠化土地面积为 2611.43 万公顷，占 15.17%，中度面积 2536.19 万公顷，占 14.74%，重度面积 3335.22 万公顷，占 19.38%，极重度面积 8728.9 万公顷，占 50.71%，与 2009 年相比，5 年间荒漠化土地面积净减少 12120 平方千米，年均减少 2424 平方千米；沙化土地面积净减少 9902 平方千米，年均减少 1980 平方千米。如表 2-4 所示，1994～2014 年，荒漠化和沙化面积整体上呈下降趋势，但总体下降幅度较低，荒漠化和沙化情况与其他发达国家相比较为严重，一定程度上，水土流失、土地荒漠化及沙化减少了耕地面积，加剧了我国人地矛盾，直接威胁到我国粮食安全②。

表 2-4　　　　　　　1994～2014 年全国荒漠化和沙化情况

年份	荒漠化土地面积（万平方千米）	占国土面积的比例（%）	沙化土地面积（万平方千米）	占国土面积的比例（%）
1994	262.2	27	172.59	18.02
1999	267.4	27.90	174.31	18.20
2004	263.62	27.46	173.97	18.12
2009	262.37	27.33	173.11	18.03
2014	261.15	27.20	172.12	17.93

资料来源：中国荒漠化和沙化状况公报（1995～2015）。

3. 比较利益低

粮食生产比较利益长期低下，农民种粮成本和效益不成比例一直是困扰粮食安全保障程度提升的最大障碍。一方面，由于化肥、农药、农机用油等农用生产价格刚性上涨和农业劳动力成本不断攀升，导致种粮成本持续上涨，种粮

---

① http：//www.mep.gov.cn/zhxx/hjyw/201307/t20130723_256110.htm.
② 中国荒漠化和沙化状况公报 ［R/OL］. 中国林业网，2015-12-39.

收益水平不断下降。据统计，2000 ~ 2017 年，全国农业生产资料价格（平均水平）较之上一年（上年价格 = 100）整体上呈现上涨态势。2006 ~ 2017 年，全国稻谷、小麦、玉米三种粮食的平均每亩成本由 444.90 元提高至 1081.6 元，年均增长率为 8.41%，其中，生产成本由 376.65 元提高至 866 元，年均增长率为 7.86%，物质与服务费用由 224.75 元提高至 437.2 元，年均增长率为 6.24%，人工成本由 151.90 元提高至 428.8 元，年均增长率最高，为 9.89%，成本利润率整体上呈下降趋势，由 34.83% 降至 − 1.2%，2016 年和 2017 年出现负利润率，如表 2 − 5 和图 2 − 3 所示。

表 2 − 5　　　　2006 ~ 2017 年全国稻谷、小麦、玉米亩均成本利润　　　单位：元

年份	总成本	生产成本	物质与服务费用	人工成本	成本利润率（%）
2006	444.90	376.65	224.75	151.90	34.83
2007	481.06	399.42	239.87	159.55	38.49
2008	562.42	462.80	287.78	175.02	33.14
2009	600.41	485.79	297.40	188.39	32.04
2010	672.68	539.40	312.50	226.90	33.77
2011	791.16	641.41	358.36	283.05	31.70
2012	936.42	770.23	398.28	371.95	17.98
2013	1026.19	844.83	415.12	429.71	7.11
2014	1068.57	864.63	417.88	446.75	11.68
2015	1090.04	872.28	425.07	447.21	1.79
2016	1093.62	871.35	429.60	441.80	− 7.34
2017	1081.60	866.00	437.20	428.80	− 1.20

注：①每亩"总成本"主要由"生产成本"和"土地成本"构成，其中"物质与服务费用""人工成本"构成"生产成本"；"土地成本"包括"流转地租金"和"自营地折租"。②自 2006 年 1 月 1 日起在全国范围内取消农业税，为确保数据的可对比性，故表中仅选择 2006 年以后各年度的数据。

资料来源：中国农村统计年鉴（2007 ~ 2018）。

与之相对应，尽管政府不断提高粮食最低收购价格，但出于抑制通货膨胀和保障城镇居民基本生活水平的考虑，我国粮食价格一直偏低，抑制了粮食生产者的获利空间和生产的积极性。以成本利润率为例，2006 ~ 2017 年，稻谷、小麦、玉米三种粮食每亩成本利润率呈现逐年下降态势，其中 2016 年、2017 年出现负利润率。粮食价格的持续低迷，如果种粮农民觉得无利可图，就会选择改种其他收益相对较高的农作物或者将耕地转出或者摞荒，长此以往必将严重

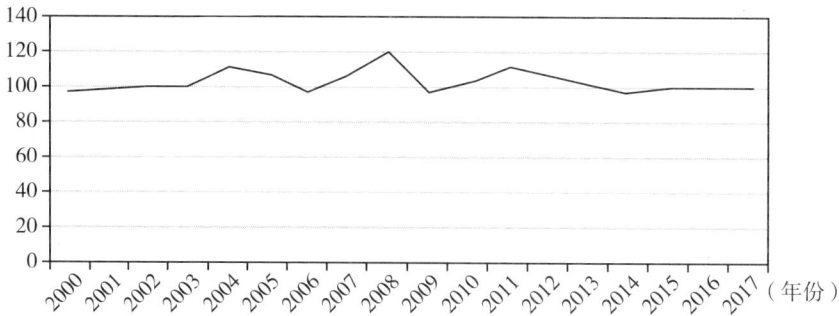

图 2 - 3   2000 ~ 2017 年全国农业生产资料平均价格指数波动

注：①上年价格 = 100。②图中"农业生产资料"包括农用工具、机械化农具、饲料、化肥、农药、农用机油等。

资料来源：中国农村统计年鉴（2000 ~ 2017）。

影响国家粮食安全。1996 ~ 2000 年，出现的全国耕地大面积撂荒、粮食持续减产正是因为种粮比较利益低而造成，值得深刻反思。

另一方面，伴随着城市化、工业化进程的加快，非农产业可以带来更高收益，在市场经济条件下，当种粮农户获得的利润远低于社会平均利润时，根据经济人假设，理性的农民就会放弃粮食生产，而选择更高回报的生产经营行为。由此，便出现两种现象：一是大量农民进城务工，从事非农产业。2006 ~ 2017 年，全国农村居民家庭人均纯收入构成中，工资性收入（外出务工收入）绝对量由 1374.8 元上升至 5498.4 元，其在人均纯收入中所占比重也由 38.33% 持续上升至 40.93%。同时，家庭经营纯收入（农林牧副渔收入）绝对量由 1930.96 元上升至 5027.8 元，其在人均纯收入中所占比重则由 53.83% 持续下降至 37.43%，2013 年，全国农村居民家庭人均纯收入构成中工资性收入首次超过家庭经营纯收入，且此后几年大体上保持该趋势，表明非农产业收入已逐渐成为农村居民的主要收入来源（如表 2 - 6 所示）。

表 2 - 6   2006 ~ 2017 年全国农村居民家庭人均纯收入构成

年份	工资性收入（元）	家庭经营纯收入（元）	工资性收入占比（%）	家庭经营纯收入占比（%）
2006	1374.8	1930.96	38.33	53.83
2007	1596.22	2193.67	38.55	52.98
2008	1853.73	2435.56	38.94	51.16
2009	2061.25	2526.78	40.00	49.03

续表

年份	工资性收入 （元）	家庭经营纯收入 （元）	工资性收入 占比（%）	家庭经营纯收入 占比（%）
2010	2431.05	2832.8	41.07	47.86
2011	2963.43	3221.98	42.88	46.62
2012	3447.46	3533.37	43.55	44.63
2013	4026.63	3794.84	45.26	42.66
2014	4152.2	4237.4	39.59	40.40
2015	4600.3	4503.6	40.28	39.43
2016	5021.8	4741.3	40.62	38.35
2017	5498.4	5027.8	40.93	37.43

资料来源：中国统计年鉴（2007～2018）。

从农产业用工量来看，从事第一产业的人数逐年下降，且第一产业人员占比也呈逐年下降趋势，如图 2-4 所示，从非农产业用工量看，农民工总量呈上升趋势，虽然增速整体呈下降趋势，但 2015 年后增速有回升的趋向，2017 年农民工总量已达到 28652 万人，比上年增加 481 万人，增长 1.7%，增速比上年提高 0.2 个百分点。

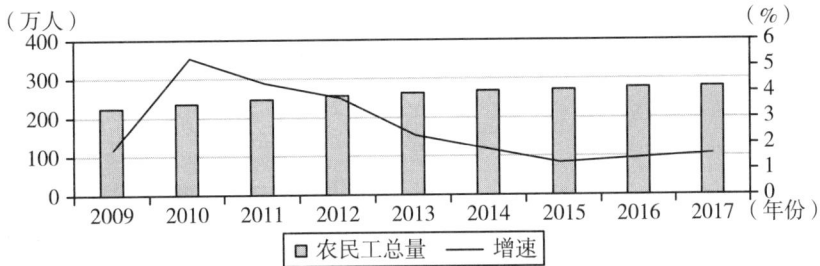

图 2-4　2006～2017 年全国第一产业就业人数及比重

资料来源：中国农村统计年鉴（2007～2018）。

在农民工总量中，外出农民工 17185 万人，比上年增加 251 万人，增长 1.5%，增速较上年提高 1.2 个百分点；本地农民工 11467 万人，比上年增加 230 万人，增长 2.0%（如图 2-5 所示）。

结合图 2-4 和图 2-5 来看，越来越多的农业生产者选择从事第二第三产业，以获取较高额的收入，这在一定程度上可以改变其生产观念，增强现代农业发展观念，使农业向集约化、规模化方向发展，对农业生产起到一定的促进作

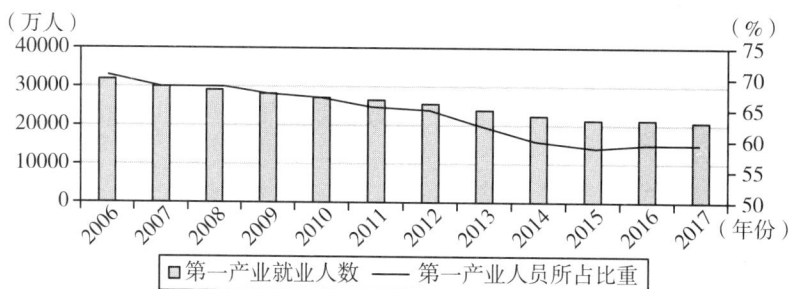

图 2 - 5 2009~2017 年全国农民工总量及增速

资料来源：农民工监测调查报告（2010~2018）。

用，但这对农业生产的负面影响却很大，主要表现为农村大量青壮年劳动力选择从事收入较高的第二第三产业，留下来从事第一产业的主要是老年人，其体力、文化水平和劳动技能偏低，对新技术吸收和消化能力较弱，故有限的劳动力加上粗放型的生产方式、不科学的管理方法和落后的生产技术致使农作物产量下降，浪费了土地资源，造成大面积耕地沦为荒地，进一步对我国粮食安全构成一定的威胁。

同时，由于经济作物收益普遍高于粮食作物，理性的农户会选择扩大经济作物种植面积，相应地缩小粮食作物种植面积，农业种植结构发生转变。如图 2 - 6 所示，1978~2017 年，我国粮食播种面积占农作物播种总面积的比重由 1978 年的 80.34% 降至 2017 年的 70.94%，1978~2005 年，粮食作物播种面积占比一直呈下降趋势，且幅度较大。2005 年之后，比重有所回升，但幅度较小，与之相对应的蔬菜、茶叶、油料、瓜果类等经济作物所占比重则呈上升态势，如图 2 - 7 所示。如果粮食生产比较利益长期低下趋势得不到扭转，则粮食播种面积还将持续减少，这将会加剧我国粮食生产的长期不稳定性。

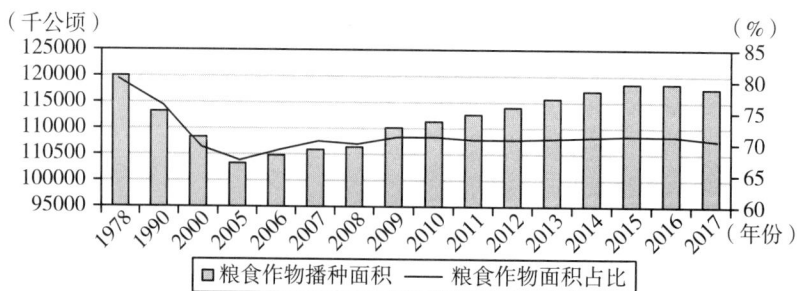

图 2 - 6 1978~2017 年粮食作物播种面积及比重

资料来源：中国统计年鉴（2007~2018）。

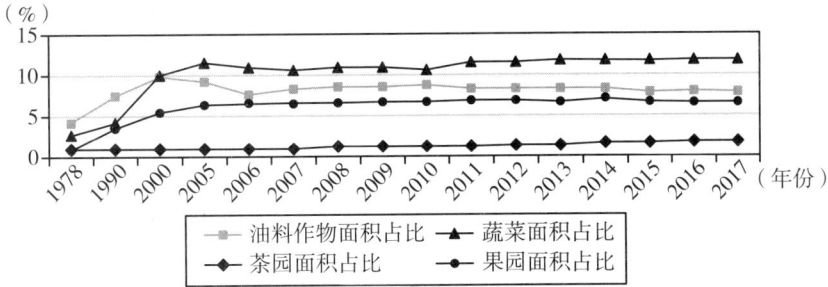

图 2 – 7　1978 ~ 2017 年油料作物、蔬菜、果园、茶园面积比重

资料来源：中国统计年鉴（2007 ~ 2018）。

2.1.2　国外粮食进口风险在不断加大

我国是农业资源强约束型国家，人均农业资源拥有量极其匮乏。立足于粮食生产实际，除国内粮食生产与储备外，从国外进口粮食可以在空间上相对平衡国内粮食供应的波动，进而维护本国粮食安全。然而，伴随近年来粮食进口量的大幅增加，中美贸易战以及国际粮食市场波动的不断加剧，我国中长期粮食安全形势十分严峻。

1. 粮食进口量持续快速增加，粮食"净进口"将挑战我国粮食安全底线

随着我国工业化和城镇化进程的加快，耕地面积不断减少，加之人口基数大，人们饮食结构改变，国内外粮食价差及关税的影响，使我国粮食缺口不断加大，不得不增加粮食进口量，粮食"净进口"时代全面到来。从粮食进口总量看，除 2002 年粮食贸易呈现净出口外，2003 ~ 2018 年，我国粮食净进口（粮食进口量大于粮食出口量）成为常态，且粮食净进口量整体上呈上升趋势，在绝对量上由 171 万吨上升至 11189 万吨（约为 2003 年粮食净进口量的 65 倍），增速明显。2008 年之前，我国粮食进口量相对稳定，2008 年以后，我国粮食进口量呈现激增趋势。从主要粮食作物构成看，2002 ~ 2017 年，大豆一直呈现净进口状态，且各年进口量总体呈现持续快速增长趋势，出口量变化较小。小麦、玉米、大米在 2010 年以后均呈现净进口状态，且进口量增速明显，出口量减速明显，其中玉米出口量下降最快，由 1167.5 万吨下降至 8.6 万吨。此外，根据统计，2017 年我国粮食进口总量为 13062 万吨，达到历史新高。其中，小麦进口量为 442 万吨，大米进口量为 403 万吨，玉米进口量为 283 万吨，大豆进口量更是高达 9553 万吨，不断刷新纪录。不容忽视的是，2017 年全国粮食总产量为 66160.7 万吨，粮食进口量的比重已达到 19.74%。从粮食进口量、出口量所占比重来看，2002～2017 年，粮食进口量占粮食产量的比重逐年上升，且增幅较大，而粮食出口量的比重则呈下降趋势，这说明我国粮食对国际粮食市场供给依赖程度有过高的趋势，且越来越高，我国粮食主要从美国、加拿大、澳大利亚、巴西、俄罗斯、阿根廷等国进口，这些国家里加拿大、澳大利亚和美国是传统上的盟国，我国对其进口量约占进口总量的 54%，随着中美贸易战的深入，这些国家粮食价格波动具有很大的不确定性，对我国粮食进口将产生较大的影响，一定程度上威胁着我国粮食安全（如图 2-8、图 2-9、表 2-7 所示）。

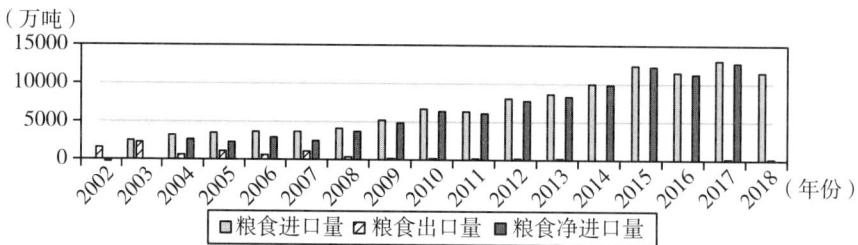

图 2-8　2002～2018 年全国粮食进出口情况

资料来源：中国粮食年鉴（2018）。

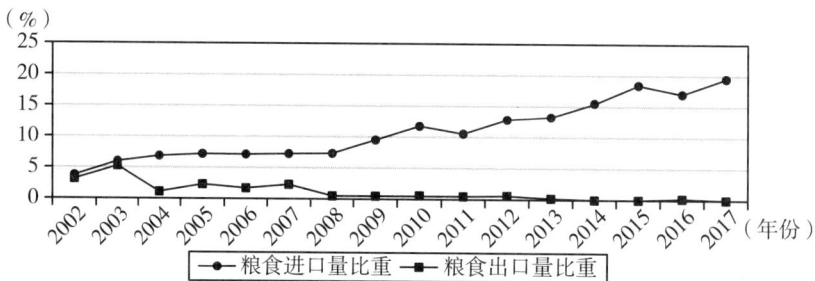

图 2-9　2002～2017 年粮食进口量及出口量比重

资料来源：中国粮食年鉴（2018）。

表 2 - 7　　　　　　　2002 ~ 2017 年全国主要粮食作物进出口情况　　　　单位：万吨

年份	小麦		玉米		大米		大豆	
	进口量	出口量	进口量	出口量	进口量	出口量	进口量	出口量
2002	63.2	97.7	0.8	1167.5	23.6	198.2	1131.4	27.6
2003	44.7	251.4	0.1	1640.1	25.7	260.5	2074.1	26.7
2004	725.8	108.9	0.2	232.4	75.6	89.8	2023	33.5
2005	353.9	60.5	0.4	864.2	51.4	67.4	2659	39.6
2006	61.3	151	6.5	309.9	71.9	124	2823.7	37.9
2007	10.1	307.3	3.5	492.1	48.8	134.3	3081.7	45.6
2008	4.3	31	5	27.3	33	97.2	3743.6	46.5
2009	90.4	24.5	8.4	13	35.7	78	4255.1	34.6
2010	123.1	27.7	157.3	12.7	38.8	62.2	5479.8	16.4
2011	125.8	32.8	175.4	13.6	59.8	51.6	5263.7	20.8
2012	379.1	28.5	520.8	25.7	236.9	27.9	5838.4	32
2013	553.5	27.8	326.6	7.8	227.1	47.8	6337.5	20.9
2014	300.4	19	259.9	2	257.9	41.9	7139.9	20.7
2015	300.6	12.2	473	1.1	337.7	28.7	8169.2	13.4
2016	341.2	11.3	316.8	0.4	356.2	39.5	8391.3	12.7
2017	442	18.3	283	8.6	403	120	9553	11

粮食进口量的增长对我国来说是一把"双刃剑"，一方面，这可以填补我国国内的巨大粮食缺口，减轻国内粮食市场的压力，满足人们日益增长的不同需求。另一方面，如果增长量过快，必将对我国粮食安全构成一定的威胁，与我国新的粮食安全战略不相符。

粮食自给率是反映国家粮食自给程度、衡量国家粮食安全水平的一项重要的评估指标。一般认为，一个国家或地区的粮食自给率在 100% 以上，就是完全自给；在 95% ~ 100%，属于基本自给；在 90% ~ 95%，是可以接受的粮食安全水平；一旦小于 90%，粮食供求的风险就会增大[①]。如图 2 - 10 所示，2002 ~ 2017 年，我国粮食产量增长的同时，粮食需求总量也在增长，且一直高于粮食产量，2002 年我国粮食自给率为 100.03%，位于完全自给范围，在 2007 年之前位于基本自给范围，而 2012 年之后粮食自给率低于 90%，低于世界安全标准，

① https://baike.baidu.com/item.

且自给率逐年降低，根据 2017 年的数据，我国的粮食自给率已经降到了 82.3%
左右，谷物自给率降到了 95% 左右，国内粮食生产不能实现基本自给①，粮食供
求风险增大，再加上全球粮食供求趋紧，我国粮食进口难度将会加大，这将使
我国粮食安全面临挑战。根据《经济学人》发布的《2018 年世界粮食安全指数
报告》，西方国家位居全球粮食安全系数排行榜第一梯队，中国在 113 个国家中
位列第 46 位，只处于中上游水平，在亚太地区排名第 7 位，落后于韩国和日本，
这与我国的大国身份是不相符的。

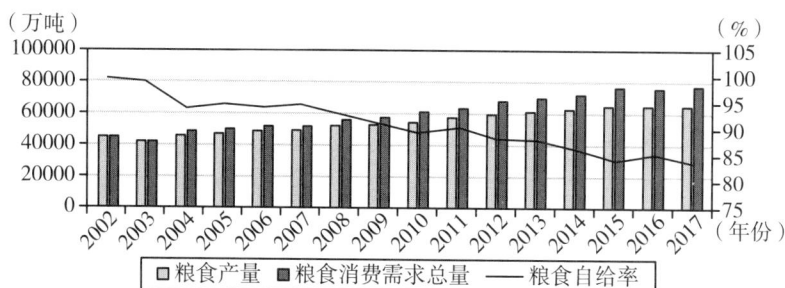

图 2 - 10　2002 ~ 2017 年全国粮食产量、需求量、自给率

资料来源：中国粮食年鉴（2018），中国统计年鉴（2018）。

注：粮食自给率 = 粮食总产量÷粮食需求总量×100%；粮食需求总量 = 粮食总产量 + 粮食进
口量 - 粮食出口量。

2. 国际粮食市场的不确定性日益加大

在全球经济社会日益一体化的背景下，审视我国粮食安全问题，不能脱离
全球环境。世界各国粮食生产的波动性、国际粮食市场的不确定性，都将对我
国粮食安全产生一定的影响。主要表现为：一是全球气候变暖、极端灾害天气
增多，世界粮食主产区粮食供应稳定性降低，作为粮食进口消费大国，我国粮
食的稳定性供应从长期看也会受到影响。二是受供给等多重因素影响，国际粮
价波动加剧，加之金融投机资本进入粮食领域、跨国粮食集团等垄断势力主导
国际粮食市场定价，增加了国际粮食市场的不确定性和风险性。三是人口增长、
经济社会发展和资源约束，决定全球长期存在巨大的粮食安全压力。据预测，

---

① https：//baijiahao. baidu. com/s.

到 2050 年世界人口将新增 23 亿，仅此一项就需要全球粮食供应量增加 70%[1]。再加上城镇化和工业化的推动，资源约束又制约着全球粮食生产的可持续性，全球粮食供求难以长期平衡，粮食安全存在长期压力，全球粮食安全存在的压力将直接影响我国粮食安全。当今国际关系变幻莫测，伴随经济全球化进程的日益深化，因政治风险、经济风险等因素导致粮食输出国采取提高出口关税、限制粮食出口或粮食禁运等措施阻挠粮食输入国进口粮食的风险也在不断增加，从而加剧了国际粮食贸易的不确定性，也直接影响到我国粮食安全。

2.1.3　粮食需求刚性增长

在我国，粮食需求一般由口粮需求、饲料用粮需求、工业用粮需求和种子用粮需求构成，其中口粮和饲料用粮为食物用粮大类，而工业用粮和种子用粮属于非食物用粮大类。从粮食需求结构的具体构成看，口粮需求、饲料用粮需求及工业用粮需求是未来我国粮食整体需求刚性增长的主要因素[2]。

1. 口粮需求

粮食是人类维持生命体征的必需品，而人口数量增长和人口年龄结构变化则是我国口粮需求变化的主要因素。在人口数量方面，自我国实施计划生育政策以来，我国人口自然增长率由 20 世纪 80 年代初期的 14% 左右的水平持续下降至 2013 年的 4.92%，整体上呈下降趋势，2014 年实行 "二孩" 政策后，我国人口自然增长率有所上升，但上升幅度较小，2018 年人口自然增长率也只有 3.81%，尽管如此，我国人口绝对规模仍由 20 世纪 80 年代初期的约 10 亿人增加至 2018 年的约 13.95 亿人[3]。根据中国人口与发展研究中心预测，由于我国执行严格的计划生育政策，预计人口总量将会在 2040 年前后达到 14.7 亿的峰值；又据联合国经济及社会事务部人口司的预测，我国人口将在 2030 年达到峰值

---

[1]　http://www.chinairn.com/news/20130831/101412685.html.
[2]　种子用粮在粮食用途中数量最少，所占比重一般在 2%~3% 范围内，且长期呈阶梯形下降趋势。
[3]　包括 31 个省、自治区、直辖市和中国人民解放军现役军人，不包括香港、澳门特别行政区和台湾地区以及海外华侨人数。

14.62亿。尽管预测人口高峰到来时期存在一定差异，但未来人口总规模所引致的口粮需求必然会对我国未来粮食生产及供应形成持久压力。人口年龄结构方面，长期严格的计划生育政策使得我国人口结构中劳动力比率迅速上升，根据《中国统计年鉴》（2018）公布的数据，人口结构中15~64周岁人口占总人口的比例由1982年的61.5%上升至71.8%；根据《中华人民共和国2018年国民经济和社会发展统计公报》公布的数据，截至2018年，我国16~59周岁人口比重达到64.3%[①]，我国劳动力人口占比在2012年前一直处于上升阶段，2012年后虽有所下降，但下降幅度较小，比率依旧维持在64%以上，如表2-8所示，即便现在"二孩"政策全面放开，在未来10~20年内，我国劳动力占总人口的比率也将保持在较高水平，仍旧维持相对较高的人均口粮消费水平和庞大的口粮消费群体[②]，口粮需求总量虽然在下降，但粮食的刚性需求依然巨大。

表2-8　　　　　　1990~2018年全国人口总量、自然增长率

年份	人口总量（亿人）	自然增长率（%）	15~64周岁人口占比（%）	16~59周岁人口占比（%）
1990	11.43	14.39	66.70	—
2000	12.67	7.58	70.10	—
2005	13.08	5.89	72.00	—
2006	13.14	5.28	72.30	68.90
2007	13.21	5.17	72.50	69.00
2008	13.28	5.08	72.70	69.00
2009	13.35	4.87	73.00	69.00
2010	13.41	4.79	74.50	70.10
2011	13.47	4.79	74.40	69.80
2012	13.54	4.95	74.10	69.20
2013	13.61	4.92	73.90	67.60
2014	13.68	5.21	73.40	67.00
2015	13.75	4.96	73.00	66.30
2016	13.83	5.86	72.50	65.60
2017	13.90	5.32	71.80	64.90
2018	13.95	3.81	—	64.30

资料来源：中国统计年鉴（2018），国民经济和社会发展的统计公报（2006~2018）。

---

① 我国规定劳动年龄人口：男子为16~60周岁，女子为16~55周岁。
② 国内外多数学者赞同未来我国人均口粮消费量呈下降态势，但与劳动力群体维持相对较高人均口粮消费水平不相矛盾。

2. 饲料用粮需求

我国饲料用粮需求受人口增长、动物性食品消费需求和饲料转化率等方面的影响。我国人口基数大，人口持续增长将直接导致我国各类畜禽产品需求量的增加。此外，伴随我国城乡居民人均收入水平的提升、膳食结构的改善及城市化进程的加快，居民越来越注重营养和健康，原有食品消费结构正悄然发生改变，粮食消费比重在不断减少，肉、禽、蛋、奶等动物性食品以及蔬菜、瓜果消费量在不断增加。1990～2017 年，我国城乡居民家庭人均粮食消费量呈现明显下降趋势，其中，城镇居民人均粮食消费量由 1990 年的 130.72 千克下降至 2017 年的 109.7 千克；农村居民人均粮食消费量由 1990 年的 262.08 千克下降至 2017 年的 154.6 千克。与之相反，猪肉、禽类、鲜蛋（蛋及制品）、鲜奶（奶及制品）、水产品、乳品类的人均消费量则呈现明显上升态势，其中农村居民人均消费量增长较快，如表 2－9 所示。饲料转化效率的高低是影响我国饲料用粮需求的技术性因素，它主要取决于所饲养的品种、饲料构成、疾病防控、营养水平、气候环境和饲养时间等，主要表现为饲养的规模化水平、品种的优良程度和工业饲料的覆盖率，规模化水平越高，品种越优良，工业饲料利用率越高则饲料转化率越高，一定程度上可缓解我国饲料用粮需求。

表 2－9　　　1990～2017 年城乡居民家庭人均食品消费量变化情况　　单位：千克

年份		1990	1995	2000	2005	2010	2015	2016	2017
城镇居民	粮食	130.72	97	82.31	76.98	81.53	112.6	111.9	109.7
	猪肉	18.46	17.24	16.73	20.15	20.73	20.7	20.4	20.6
	禽类	3.42	3.97	5.44	8.97	10.21	9.4	10.2	9.7
	水产品	7.69	9.2	11.74	12.55	15.21	14.7	14.8	14.8
	鲜蛋	7.25	9.74	11.21	10.4	10	10.5	10.7	10.9
	鲜奶	4.63	4.62	9.94	17.92	13.98	17.1	16.5	16.5
农村居民	粮食	262.08	256.07	250.23	208.85	181.44	159.5	157.2	154.6
	猪肉	10.54	10.58	13.28	15.62	14.40	23.1	22.7	23.6
	禽类	1.25	1.83	2.81	3.67	4.17	7.1	7.9	7.9
	水产品	2.13	3.36	3.92	4.94	5.15	7.2	7.5	7.4
	蛋及制品	2.41	3.22	4.77	4.71	5.12	8.3	8.5	8.9
	奶及制品	1.1	0.6	1.06	2.86	3.55	6.3	6.6	6.9

资料来源：中国统计年鉴（2013～2018）。

消费结构的改变意味着需要消耗大量的初级农产品作为动物饲料，由此产生相应的饲料用粮需求①。当前传统的农家饲料正在被工业饲料取代，传统的粗放型养殖方式正在被集约化、规模化的养殖模式取代，饲料消费结构变化和养殖模式的转变都推动了饲料总需求的进一步增长②。根据美国农业部统计，我国饲料用粮需求在 2010 年占谷物的 64%，成为谷物消费的最大消费主体；有 70% 以上的玉米被转化为饲料，是饲料用粮的主要来源。这从我国近年来谷物、大豆、玉米的国内产量和国外进口量的大规模增长中可以得到印证。我国饲料用粮逐年增长，且增速较快，已成为仅次于口粮消费的第二大用粮渠道，预计到 2020 年，我国饲料粮需求将增加到 4 亿吨，占粮食消费总量的比例将达到 45% 以上。

3. 工业用粮需求

源于现代科学技术创新能力的增强，粮食原有的食用、饲用功能不断拓展，粮食再加工、深加工能力不断提升，粮食作为新能源、新材料的功能不断得到开发和应用，由此所带来的工业用粮需求也不断增长。现代工业用粮一般指将粮食作为主要原料或辅料的生产性用粮的统称，主要包括酿酒用粮、淀粉用粮、大豆压榨、生物燃料乙醇用粮等。国际经验表明，一国经济发展到一定阶段，粮食的间接需求将会超过直接需求，体现在工业用粮和饲料用粮比例的增加和口粮比例的下降。自 1999 年开始，我国工业用粮逐年增多，其中 2006～2007年，为消化一些陈化粮而新建一批生物质能源工厂，加大了工业用粮需求，使得乙醇燃料业的发展进入新阶段，推动了粮食需求的增长。尽管在技术水平、粮食供需等诸多因素制约下工业用粮每年增速只能保持常态发展，但是未来在加工业、酿酒业及生物质能源产业的推动下，工业用粮需求将成为我国第三大用粮渠道。

2.1.4 粮食储备政策目标不够清晰、运行效率不高

粮食储备是粮食安全保障体系的重要环节，是政府调节粮食市场供求平衡、

---

① 饲料用粮又称为肉禽蛋奶转化用粮消费，来源于养殖业的需求，属于引致需求而不是直接食用，是通过转化被居民消费。
② 吕捷，余中华，赵阳. 中国粮食需求总量与需求结构演变 [J]. 农业经济问题，2013（5）.

稳定粮食价格的重要工具，当粮食供求发生波动时，可利用粮食储备对粮食市场供需进行调节、缓冲和平衡。20 多年来，粮食储备制度对我国粮食市场稳定，保障粮食安全发挥了重要作用。但由于我国粮食储备体系庞大，情况复杂，在制度设计、运行机制、监督管理等方面尚有待完善。具体包括：

1. 粮食储备政策目标不清晰

保障粮食安全、稳定粮食价格、提升种粮农民收入水平是我国粮食储备的基本目标，其中，保障粮食安全是粮食储备政策的首要目标，也是根本目标；其他两个目标是围绕粮食安全目标而衍生的，服从于粮食安全目标。但是，近年来在粮食储备政策运行中，过多地强调稳定粮食价格和生产者收入，这就与我国建立粮食储备制度的初衷不太一致，其结果可能会使得调控目标难以实现，甚至与目标相悖。一方面，在粮食储备机制运行中，2018 年之前，我国粮食收储主要是以政策性收购为主导，政府对市场进行引导，统一收购或定"最低收购价格"，为了宏观调控的需要，忽视粮食市场的实际变动情况而强行平抑粮食价格，则会导致粮食的季节价差低于正常水平，粮食储备的周转利润大幅下降甚至亏本，也会迫使相关粮食加工企业、粮食贸易商减少粮食库存；另一方面，以保障粮食生产者收入为目标所实施的诸多扶持政策（如补贴政策等）因制度设计存在扶持标准偏低、扶持品种单一、扶持方式呆板等缺陷，使财政资金应有作用不能充分发挥，不仅增加了财政负担，而且难以有效保障种粮农民的长期利益。

2. 粮食储备效率不高

粮食储备是一项涉及主体、规模、布局、轮换、经营管理等诸多事项的系统性工程。高效的粮食储备不仅能确保国家粮食安全，而且能有效节省政府财政资金，并能减少贪腐行为的发生。现阶段，我国粮食储备效率不高主要表现在三个方面：一是粮库布局与粮食仓储运输协调度不高。一些设在粮食主产区的库点存在过于分散、交通不便、规模不经济问题，直接影响到粮食仓储运输等环节，降低了粮食的通畅性和流通效率。二是由于仓容布局不均，加之管理不善，以致部分粮食主产区仓容严重不足，尤其是在我国东北粮食主产区，收购季节仓容只能满足粮食储量的 70%，大量的粮食露天堆放，优质、高等级粮食品种无法分仓储存,加大粮食霉变和发生虫害几率,粮食陈化速度明显加快①。同时,一些民间资本修建的粮库和农户自建的粮库,因管理缺失,加之粮库所有者建库的短期趋利行为,不仅导致储粮不足,效率低下,而且造成国家财政资金的严重浪费。三是很多基层粮食部门的仓库年久失修,且大部分粮仓的设备比较落后,仓储物流设施建设和基层仓储设施维修不足,因而难以满足对仓储环境要求相对较高的优质品种的存储需求,有效仓容较低。

3. 粮食储备主体单一,未能充分利用民间储备

目前我国粮食储备体系虽然由中央、地方和民间粮食储备构成,但 2018 年之前,储备主体是以中储粮为代表的国有企业,未能充分调动各类市场主体,发挥其相互监督的作用,中央储备粮占比过大不仅带来严重的财政负担,还不利于分散风险。财政对民间储备的支持力度较弱,特别是农户自身储备,其储备设备简陋且落后、储备环境差、手段落后,导致储存损耗多、批量小、品种杂、管理难度大等问题。

2.1.5 粮食市场自我调节能力不足

粮食市场是粮食供给系统与粮食需求系统相衔接的自然纽带,是实现粮食供需平衡、保障国家粮食安全的重要环节。当前我国粮食市场存在的主要问题是:

1. 粮食主产区和主销区矛盾突出,产销失衡

我国现有 13 个粮食主产省区,主要分布在东北、内蒙古、河南等北方地区,其粮食存储量约占全国粮食存储总量的 3/4;相比而言,粮食主销区主要在东部沿海地区,库存量较小,不足全国粮食库存总量的 1/10,产销区分布不均衡,布局不合理,由此出现粮食储备充足的地区粮食交易反而不活跃、粮食消费量

① 侯立军. 基于粮食安全视角的粮食行业结构优化研究. 农业经济问题,2013 (4).

大的地区粮食储备反而短缺的尴尬局面。其根源在于粮食的实际生产和市场流通缺乏协调性，造成产销不平衡，再加上商品粮的南北运输距离太远，容易受交通、天气和地域等因素的影响，粮食主产区和主销区粮食仓库分布不合理，粮食主产区和主销区之间一直未形成稳定的粮食供求关系，这必然加大区域间粮食安全的不稳定性。粮储储备布局不合理、储备地点较为分散使得粮食储备工作的效果和实际作用被大大降低，一旦有突发的粮食安全问题出现，受交通等条件的制约，粮食无法及时地从主产区运到主销区，分散的粮食储备格局将不能及时满足粮食调配需求，给保障粮食安全造成了一定的困难。

2. 粮食物流运输能力偏低，损耗浪费现象严重

我国粮食主产区集中于中部、东北三省及内蒙古自治区，而粮食主销区却相对分散，由此形成"北粮南运"的格局。由于我国幅员辽阔且存在运输的季节性难题（如东北粮食外运旺季在第四季度和次年的第一季度，水路冰冻，铁路运输成为主要选择），导致运粮成本高，经常出现运力不足、北粮"难"运的困境。此外，由于粮食一般属于大宗交易和大运量产品，一般物流公司难以承担其运输业务，而粮食物流企业小而分散，组织化、集约化程度低，规模效益低，缺乏完备的物流体系，在运输方式上更多的是通过铁路、水路和公路进行大规模运输。但是，在粮食运输上，我国物流技术水平、装备设施、组织管理、人员素质等都不适应粮食安全运输需要，时常出现装卸运输方式落后、运转环节多、抛洒损耗现象严重等问题，此外，粮食中转接受能力也较低，仓库的基础设施不完善，散粮运输工具落后，导致粮食快速接卸能力不足，不能适应高效率散粮接卸的需要，造成粮食转运效率低、装卸慢、中途耗损率高等问题，这些问题将直接影响我国的粮食安全供给和粮食市场的稳定。

3. 粮食市场监管能力有待加强

2004 年《粮食流通管理条例》出台后，我国粮食市场进一步开放，国家鼓励多种所有制市场主体从事粮食经营活动。粮食市场的放开搞活一方面有利于资源的合理配置，保护种粮农民利益，促进粮食市场繁荣稳定和新格局的发展；

但另一方面又增加了粮食市场的监管难度和成本。现阶段，粮食市场的监管职能主要由工商行政管理部门负责，粮食部门已成为粮食市场竞争主体不再具有相应的监管职能。在现有体制下，仅靠工商行政管理部门对粮食市场进行监管，显然是不够的，并且一些基层部门思想不到位，没有严肃对待粮食市场管理，对工作认识不够，往往从眼前利益出发，放纵市场上一些非法经营者无序竞争，扰乱市场秩序，故导致了目前在一些管理不规范的粮食市场存在以次充好、掺假售假、品质与安全性低等严重问题，亟待加强管理。据我们实地调查发现，一些粮食加工厂大量购进东南亚国家的走私大米混入本地大米中，以较低价格销往全国各地，不仅严重扰乱粮食市场秩序，而且走私大米未经安全性检测可能给消费者的生命健康带来风险，影响其日常生活。

2.1.6 威胁我国粮食安全的其他因素

除粮食供给、粮食需求、粮食储蓄及粮食市场等系统性因素外，粮食浪费、粮食走私、粮食安全意识淡漠等问题同样会给我国粮食安全带来不利影响。

1. 粮食浪费严重

我国粮食浪费问题非常严重且贯穿于我国粮食产业链的各个环节。根据全国政协委员、华中科技大学教授郑楚光的推算，仅在餐桌消费环节，我国消费者在中等规模以上餐馆消费中每年就倒掉约 2 亿人一年的口粮，浪费的粮食价值高达 2000 亿元；全国各类学校、单位规模以上集体食堂全年倒掉约 3000 万人一年的口粮，而我国家庭及个人每年可能浪费约 110 亿斤粮食，相当于1500 万人一年的口粮，浪费数量惊人[1]。此外，在粮食生产、流通、加工、储存环节也存在大量浪费现象。例如，在粮食收割环节，机械化收割在提高粮食生产效率的同时，粮食遗漏数量也很多；在农户储粮环节，我国 60% 以上的粮食储存在 2 亿多农户手中，由于储存设施条件和工具设备简陋，产后处理、加工、运输、烘干等方面能力不足且缺乏专业化的技术指导，每年因虫霉鼠雀

---

① http：//view.news.qq.com/original/intouchtoday/n2987.html.

造成的粮食损失比例在 8% 左右（约 400 亿斤粮食），相当于 410.67 万公顷良田粮食产量，造成供应链上的大量损耗和浪费；在粮食加工环节，过度深加工也会造成粮食的变相浪费（如大米多次抛光）。根据国家粮食局 2014 年 10 月公布的数据，我国 2013 年餐桌外浪费的粮食约为 3500 多万吨，约占当年粮食总产量的 6% 和粮食进口量的 50%。粮食浪费意味着不仅需要耗费人类更多的耕地资源、水资源、能源等宝贵资源，而且需要大量的人力物力和财力，需要政府、农村集体经济组织和农户大量付出，还伴随着严重的环境污染等问题。因此，粮食浪费实则是各种宝贵资源的浪费，对国家粮食安全同样构成威胁。

2. 粮食走私猖獗

近年来，粮食走私现象十分猖獗，不仅涉及边境地区，而且涉及内地多个省份，对国内粮食市场稳定和粮食安全构成重大隐患，需引起足够重视。以大米为例，我们调查发现，内地部分省份的一些大米加工企业大量购进从越南等地走私入境大米，之后将这些大米与本地产大米混合销往全国各地。这些走私入境的大米在其原产国（多为越南产）为一年种植四季，在生产过程中施用高肥高毒性催产技术，产量高、品质低，走私进入我国国境后以每公斤 2.6 元左右价格（运抵目的地的最终价格）销售，这一价格仅相当于本地中等大米价格的 53%。一些粮食加工企业将超过 1/3 以上的走私与本地大米混合进行销售，不仅严重扰乱国内大米市场秩序，而且损害了国内种粮农民利益和消费者健康。据《法制日报》报道，当前我国农产品走私正处于高发阶段，如不加以解决，不仅会损害国家税收，未来将直接影响到我国粮食安全、食品安全和国家粮食宏观调控。主要表现为，一是冲击国内市场粮价。目前国内外粮食价格倒挂比较明显，走私的粮食偷逃国家税收，入境后成本更低，对国内粮食市场造成较大冲击，加大了国内粮食市场价格的下行压力，在一定范围内不同程度地导致国内原粮和成品粮价格倒挂、产区和销区价格倒挂等问题，扰乱了国内粮食市场正常流通秩序，严重影响了国内粮食区域间有序流通，使国内种植业的健康发展受到冲击，也对国内粮食加工企业正常经营带来了较大影响。二是影响国内粮食供求平衡。走私粮食不纳入进口统计，大量走私粮食入境会导致甚至加剧供大于求的矛盾，加大主产区粮食收储压力，增大了储存成本，影响国家的宏观调控政策和农民的利益。三是对粮食质量和食品安全带来一定隐患。走私入境的粮食没有经过必要的检验检疫，在质量和卫生安全方面没有保障，会对食品安全构成威胁。因此，打击粮食走私对于贯彻落实国家粮食安全战略，保护种粮农民利益、维护国内粮食流通市场秩序、保障粮食质量安全等都具有重要意义①。

3. 粮食安全意识不强

粮食产量"十二连增"，总产量达到 6.6 亿吨、粮食价格长期稳定且基本处于较低水平、粮食供给充足，这些表象往往给人一种"丰衣足食"感觉，许多人认为我国粮食安全没有任何问题，粮食产量过剩，即使存在局部或全国性的粮食歉收甚至绝收的可能性，也可利用国际粮食市场大量购进粮食，抵消国内粮食供给的短缺。事实上，如表 2 – 10 所示，我国粮食产量的连年增长主要依赖于持续增长的财政投入和化肥、农药等各种生产资料的大量投入，粮食产量没有达到绝对性过剩，反而存在潜在的巨大需求缺口，具体表现为功能性缺口、质量性缺口、增长速度缺口和结构性缺口。历史经验教训告诉我们，越是粮食丰收、粮食供给充分，越应重视粮食安全。从国内粮食生产规律来讲，粮食丰收意味着粮食价格不会走高，种粮收益也就不可能高，来年种粮的农户也就会减少，此时如果政府不进行必要的干预，就会导致粮食供给的短缺。如果政府觉得进口粮食不仅价格比国内便宜而且品质与安全性都很高，还可节省政府对国内粮食生产的财政补贴，就选择大量进口粮食，这样做在短期内的确可以有效缓解国内粮食短缺问题，但长期看，国内粮食生产便会从此走向凋敝，很少有农户再去种植粮食，国内粮食供应高度依赖进口。但是，可以肯定的是，在国际粮食日益趋紧的背景下，倘若中国这样一个粮食消费大国真的依赖粮食进口，那么国际粮食市场绝不会有现在如此低廉的粮食价格。正因为如此，许多国家即使早已进入工业化、现代化时代，也丝毫不放松粮食安全。美国的农业（主要是粮食）是继航天军工、高科技产业之后的第三大出口创汇产业，不仅给美国带来大量外汇收入，而且成为干预他国政治经济的重要工具。因此，在我国当前财政经济状况稳定、外汇储备日益充足、国际粮食价格低于国内背景下，面对粮食高产不能盲目乐观，要看到粮食播种面积减少、品种结构不合理和产

---

① 海关总署. 打击粮食走私 确保国家粮食安全［EB/OL］. 中国政府网，ov. cn/xinwen/2015 – 01/16.

需关系趋紧等矛盾，应特别警醒，时刻保持粮食危机忧患意识。

表 2 – 10　　　　2008～2017 年粮食产量增长与要素投入年际变化

年份	粮食产量（万吨）	财政投入（亿元）	化肥施用量（万吨）	农药施用量（万吨）
2008	53434.3	2278.9	5239	167.20
2009	53940.9	3826.9	5404.4	170.90
2010	55911.3	3949.4	5561.7	175.82
2011	58849.3	4291.2	5704.2	178.70
2012	61222.6	5077.4	5838.8	180.60
2013	63048.2	5561.6	5911.9	180.19
2014	63964.8	5816.6	5995.9	180.70
2015	66060.3	6436.2	6022.6	178.30
2016	66043.5	6458.6	5984.1	174.05
2017	66160.7	6194.6	5859.4	165.51

资料来源：中国统计年鉴（2008），中国农村统计年鉴（2009～2018）。

2.2　未来我国粮食安全保障程度预测

粮食安全保障程度一般以粮食供求平衡状况来表现，粮食供需形势的预测对粮食安全保障体系的构建起到导向作用，基于此，通过对我国未来粮食供求状况的预测可基本反映出国家粮食安全的保障程度。考虑到我国未来粮食消费量的增加主要源自人口增长对口粮需要的增加和生活水平提高所导致的消费结构变化（肉禽蛋奶消费量增加），以及我国饲料用粮、工业用粮等数据的完整性欠缺，本书借鉴蔡承智、陈阜（2004）的研究方法，对我国 2030 年和 2050 年粮食产量进行预测①；同时采用国际上通行的生产函数模型对我国未来粮食需求状况进行预测。

———————

① 蔡承智，梁颖，陈阜. 中国粮食安全：预测与对策［Z］. 贵州省科学技术协会专题资料汇编，贵州省科学技术协会，2004.

2.2.1　未来粮食作物单产预测

目前国际上运用较多的作物生产函数模型是 Mitscherlich-Baule 的复合指数方程 $Y = \prod_{i=1}^{n} \left[(1 - e^{-b_i - a_i X_i}) - N \right]$，方程中，$Y$ 为产量基数，a，b 为参数，$1, \cdots, n$ 为作物产量贡献因子，N 为作物产量潜力，引入不同的作物产量贡献因子，代入相应参数得方程组，对方程组求解综合可预测未来作物产量潜力，根据经验可预测到未来 30 ~ 50 年。本书将影响作物产量的灌溉、良种、化肥、农药、农机动力、薄膜等，统一视为投入因子，由于投入逐年递增，故用年份取代作为自变量，以作物产量作为因变量，对新中国成立 60 余年来我国粮食作物单产的变化规律依次进行线性、二次、三次和指数方程拟合，结果如下：

线性拟合函数：

$$Y = 73.8T - 156232$$
$$R_1^2 = 0.944$$

二次拟合函数：

$$Y = 0.019T^2 - 71203$$
$$R_2^2 = 0.952$$

三次拟合函数：

$$Y = 0.00000612T^3 - 50213$$
$$R_3^2 = 0.963$$

指数拟合函数：

$$Y = 9.8 * 10^{-24} e^{0.0297T}$$
$$R_4^2 = 0.958$$

四种回归关系的拟合函数的拟合优度都很优，具体的拟合优度比较为：三次拟合函数（S 曲线）>指数拟合函数 > 二次拟合函数 > 线性拟合函数。我们有足够的理由相信作物产量的长期变化遵循 S 曲线规律，在更大的范围内（全国范围内）考虑长期变化，因为各个地区之间的作物产量及其统计数据综合后进行回归，在一定程度上会抵消系统误差，使得长期趋势更接近真实水平（S 曲线规律），因此，"S 曲线规律"尤其在很大的范围内是一定满足的。类似的，我们可以将同类作物（如粮食作物）的产量综合后进行回归拟合，可以发现，S 曲线趋势更明显，因为作物之间的互补性和相互制约性在一定程度上抵消了作物产量波动和统计上的系统误差。

当然，随着时间的变化，由于存在系统误差，作物的产量变化不一定会时刻遵循以上规律，比如呈现"线性拟合函数、二次拟合函数、三次拟合函数、指数拟合函数"的交替变化。长期来看，"S 曲线规律"是较为合理的，能够反映作物产量变化的长期趋势。

根据三次拟合函数 $Y = 0.00000612T^3 - 50213$，预测结果：2030 年我国粮食作物单产为 6392 公斤/公顷；2050 年粮食作物单产为 8001 公斤/公顷。

2.2.2　未来粮食供求状况预测

影响未来粮食供给量的因子主要是耕地面积、粮食作物播种面积及粮食作物单产。数据显示，我国耕地面积自 1959 年开始呈现递减态势（沙漠化、水土流失、城市建设占用耕地等因素引起），递减趋势方程为：$Y = 645189 - 269.02T$，$R^2 = 0.912$，即年均减少 26.902 万公顷，年均减少率为 0.041%。

预测结果表明，如果政府不采取有效耕地保护措施，到 2030 年耕地面积就将减少至 8479.9 万公顷；到 2050 年耕地面积就将减少至 7927.8 万公顷。除耕地面积减少外，我国粮食作物播种面积占农作物总面积的比例也将减少，其原因主要归结于粮食作物的比较利益长期低下。

20 世纪 80 年代以来，我国粮食作物播种面积占农作物总播种面积比例下降趋势方程为：$Y = 698.77 - 0.315T$，$R^2 = 0.936$，即年均下降 0.315%。结果表明，如果我国粮食作物播种面积按现有趋势继续减少，在耕地面积递减的同时，到 2030 年我国粮食作物播种面积将比现在减少 25.41%；到 2050 年我国粮食作物播种面积将比现在减少 33.98%。这一结果反映出未来我国粮食安全形势十分严峻。

根据未来粮食作物单产预测结果和耕地面积、粮食作物播种面积不断减少趋势，以 2000 年相关数据为基数，可预测 2030 年和 2050 年我国人均粮食占有量（如表 2 – 11 所示）。

表 2 – 11　　　　　　　未来粮食单产、人均粮食占有量预测值

情形	2030 年			2050 年		
	粮食作物播种面积（亿公顷）	单产（公斤/公顷）	人均粮食占有量（公斤）	粮食作物播种面积（亿公顷）	单产（公斤/公顷）	人均粮食占有量（公斤）
耕地面积下降	0.94	6392	379	0.85	8001	461
粮食播种面积下降	0.97	6392	392.8	0.91	8001	465
二者均保持不变	1.08	6392	428	1.08	8001	508
二者均下降	0.84	6392	361	0.71	8001	379

预测结果表明，如果仅是耕地面积按现有趋势在减少，粮食作物播种面积保持不变，则到 2030 年我国人均粮食占有量为 379 公斤，与国家发展和改革委预测的人均 412 公斤目标相差 33 公斤；到 2050 年我国人均粮食占有量为 461 公斤（可能因人口总量减少所致），高出国家发展和改革委预测的人均粮食占有量 412 公斤目标 49 公斤。如果保持现有耕地面积，只是粮食播种面积按现有趋势减少，则到 2030 年我国人均粮食占有量为 392.8 公斤，与国家发改委预测的人均粮食占有量 412 公斤的需求目标相差 19.2 公斤；到 2050 年人均粮食占有量为 465 公斤（可能因人口总量减少所致），高出国家发展和改革委预测的人均粮食占有量 412 公斤目标 53 公斤。如果耕地面积和粮食播种面积均保持稳定不减少，则到 2030 年我国人均粮食占有量可达 428 公斤，到 2050 年人均粮食占有量可达 508 公斤，均高于国家发展和改革委人均粮食占有量预测水平。如果耕地面积和粮食播种面积按现有趋势同时减少，则到 2030 年我国人均粮食占有量仅为 361 公斤，与国家发改委预测的人均粮食占有量 412 公斤目标相差 51 公斤；到 2050 年人均粮食占有量为 379 公斤，与国家发改委预测的人均粮食占有量 412 公斤目标相差 33 公斤。

需要说明的是，上述预测结果是在假设粮食作物单产按三次曲线递增前提下得出的，如果未来粮食作物单产低于这一水平，则我国粮食供给状况将更为糟糕，长期紧平衡下粮食安全保障形势更为严峻。

2.3　影响未来我国粮食安全的因素分析

我国是农业大国、人口大国，粮食安全始终是关系我国经济发展、社会和谐稳定和国家安全自立的全局性重大战略问题。因此分析影响未来我国粮食安全的因素具有重大意义，通过分析影响因素可为我国粮食保障体系的建设和完善提供指导，提高我国粮食安全等级。结合粮食安全现状及未来预测结果分析得出，影响未来我国粮食安全的因素主要有影响粮食供给因素、影响粮食需求因素、国际因素和金融因素。

2.3.1　粮食生产因素

影响未来我国粮食生产的因素主要有耕地质量和数量、水资源、气候条件、科学技术、农民等。

1. 耕地质量和数量

耕地是农业生产生活的物质基础，但随着社会经济的发展，城市化和工业化进程不断提高，耕地非农化和生态退耕还林等导致耕地资源不断减少，粮食安全受到威胁。耕地资源数量和质量的变化必然引起粮食生产的波动，从而影响到粮食供给和粮食安全，而粮食安全又是关系到中国经济和社会可持续发展的战略问题，故在保证经济建设需要的同时也要保护有限的耕地资源，以实现国家粮食安全[①]。根据前文预测结果可知，如果我国政府不及时采取有效措施，那么我国耕地面积将进一步减少，直接影响到粮食产能，使粮食产量在长期内波动，耕地面积虽然不是决定粮食产量的关键性因素，但它是基础条件，唯有

---

① 李世平，岳永胜. 陕西省耕地变化驱动力区域差异分析 [J]. 干旱区资源与环境，2010，24（2）.

长期内稳定耕地面积，才能保障粮食产量较长时间内不发生大的波动，随着耕地面积的扩大，其对粮食产量的影响会越来越小，增产的空间有限，需从其他方面促进粮食增产。依靠增加耕地面积很难再获得更多的粮食，且传统的农作物难以再满足人们日益增长的消费需求时，粮食增产日益依赖于耕地质量的提升。耕地质量是一个复杂的因素，我国东北和西南方向的耕地质量水平较低，主要受土壤固有肥力、灌溉条件和田间道路情况的影响，而东南方向耕地质量和潜在生产能力处在较高水平，大量优质耕地集于此，因此要实现粮食的持续性增产，除了维持一定数量的耕地面积外，则应通过各种途径来提高面积占比庞大的西南、北方地区的耕地质量、中低等耕地质量，还需提高耕地的集中度，以提高耕地的整体质量，是缓解我国未来耕地面积紧缺和保障粮食安全的有效措施。

2. 水资源

水资源的供给能力直接制约着农业发展，维系着农业生态系统及粮食安全，对农作物生长和粮食安全起着至关重要的作用，为农业生产提供可持续的水资源是保障粮食安全的基本条件。我国水资源时空分布不均匀，从空间上看，我国农业水资源与耕地分布不匹配，南方水资源多，但耕地少，北方地多水少，从时间上看，我国夏秋降水多，冬春降水少，易引发旱涝灾害。我国农业用水的供给能力主要受水资源总量的增长和其他竞争性用途（如工业用水和生活用水等）增长情况的影响。随着我国经济社会的发展，在比较利益的诱导下，农业用水将进一步被工业用水和生活用水挤占，据估计，到2050年农业用水份额将下降到54%，再加上无序开发、水污染、水浪费、水资源利用效率较低等各种因素的影响，我国水资源短缺程度将日益加剧，未来我国农业用水将面临严重危机。农业用水的短缺会引发或加剧土地荒漠化、沙化和盐渍化，降低土壤肥力，影响农作物正常生长，进而影响我国粮食产量和粮食安全。

3. 气候条件

气候条件对粮食作物的生长、发育、产量及产品质量产生综合影响，对粮食生产具有举足轻重的作用。气候变化主要会导致水资源分布不均匀、生态系统失衡和自然灾害频发等问题，随着全球气候变暖的加剧，土壤内有机质生物分解速度加快，降低了土壤肥力，造成养分流失，加剧了土壤退化、侵蚀、盐渍化的程度，影响了农作物的正常生长。此外，气候变暖还会打破区域性生态平衡和季节分配，为病虫害和杂草的生长提供了有利条件，增加其存活率，为降低其对粮食作物的伤害，农民会加大农药使用量，不仅增加了农业成本，而且会加强有害生物的耐药性，造成土壤污染、大气污染和水污染，形成恶性循环，残留的农药对我国的食品安全和粮食安全构成威胁。极端气候增加了自然灾害发生的频率，使粮食产量出现较大的变动。气候变化冲击着我国未来农业生产的可持续发展，一方面使农业生产的不稳定性加强，产量长期内波动加大；另一方面气候变化使农作物种植制度发生较大的改变，引起农作物品种和生产布局以及结构的调整，还会引起农业生产条件的改变，增加农业成本，降低收益。总之，气候变化会对粮食生产带来严重的影响，我国是世界上农业气象灾害多发地区，各类自然灾害连年不断，农业生产始终处于不稳定状态，粮食增产也因极端天气和气候事件的频发而呈现不可持续性，甚至出现粮食短缺，若不及时采取措施，将对我国未来粮食安全产生较大的负面影响，对粮食供给的稳定性构成威胁。

4. 科学技术

在耕地面积和农业生产者都呈不断下降趋势的背景下，通过提高科学技术水平来实现粮食增产显得尤为重要。科学技术是第一生产力，是推动粮食生产和农业发展的强大动力。目前，科技进步在我国粮食单产增长中的贡献率为41%，而发达国家一般在 60% ~ 80%，与其差距较大，虽然我国越来越重视科技，在农业技术上的财政支持力度也越来越大，但我国在微生物技术、基因工程、精准农业等新技术的研发和推广上仍落后于发达国家，并且新技术的研发不可能在短期内完成，特别是农业生产技术方面，由于农产品的特殊性，其研发耗时长，即使研发出了某项新技术，也很难在短时间内推广开来，因为我国幅员辽阔，农业生产环境千差万别，新技术推广范围受限，加之我国农业生产者的文化水平较低，年龄偏大，接受新技术和新知识的能力有限，加大了新技术的推广难度，故科学技术在未来我国粮食增产、稳产中依旧发挥着重大的作用，依旧是影响我国粮食安全的关键性技术因素。

5. 农业劳动力

农民是粮食生产的主体，要保障粮食产量充足，保护国家粮食安全，必须激发农民的生产动力，提高农民种粮收入。我国是个农业大国，大部分农民收入的主要来源是农业生产，特别是粮食生产，他们的收入水平及对从事粮食生产的收入预期将对粮食安全造成直接影响。一方面，他们拥有自主经营权，会根据自己获取的信息和对市场的预测来决定自己的种植项目；另一方面，农药、化肥、农机等其他农业投入影响着粮食生产力，而农业投入的多少又取决于农民收入，因此提高农民收入水平有利于粮食增产和保障粮食安全。此外，基于粮食是一种特殊的商品，其供需状况直接影响着农民的收入和生产的积极性，进而影响着粮食产量和国家粮食安全。但随着我国农村空心化和老龄化进程加快，农业对青壮年的吸引力较弱，农民的文化水平低，生产技术较为落后，经营分散单一，难以抵挡灾害，这些都限制了先进设备的应用和农业生产效率的提高，影响了粮食产量的提高，故需要粮食生产加快职业化、规模化和集约化进程，以提高粮食产量，并增加农民收入，保障国家粮食安全。

6. 农业机械化

在耕地数量和质量下降的情况下，如何将有限的耕地资源发挥到最大效用，先进的耕作方式便显得尤为重要，其中科学技术是灵魂，农业机械是载体。农业机械在粮食增产中发挥着重要的作用，不但能够降低人力成本的投入，为农民带来较大的附加值，还有助于实现规模化、集约化经营，发展现代农业，推动农业可持续发展，有效的保护我国粮食安全，意义重大。具体表现为：一是农业机械化采用科学、标准的作业方式，可有效减少粮食生产各环节的浪费，促进粮食高产[①]；二是灌溉机械、播种机械等农业机械的应用不仅节约了时间、人力和物力，还改善了农作物的生长环境，真正实现了科学种田，保证了粮食质量和数量；三是农业机械和农民之间存在替代关系，农业机械化的推广可缓解我国农业用工荒，且使部分农业生产者从土地的束缚中解放出来，从事其他

---

① 刘红，何蒲明. 农业机械化对我国粮食安全的影响研究［J］. 农业经济，2014（5）.

产业，合理配置资源，缩小城乡差距；四是农业机械凭借其高效、便捷、节约成本等优势给农业产业化发展创造了良好的条件，进而推动了农产品深加工的发展，提高了农作物的附加值，增加了农民的收益，从而激发其种粮的积极性，有利于保障粮食安全。但目前我国农业机械化普及程度不是很高，与发达国家仍有较大的差距，且在推广应用过程中存在许多制约因素和问题，因此，农业机械化仍是影响我国未来粮食安全的重要因素。

2.3.2　粮食流通和储备因素

1. 粮食流通机制

良好的粮食流通机制是应急救灾、调节地区间粮食余缺、平衡粮食品种结构的必要因素，决定着粮食稳定供给和粮食安全的命脉。粮食流通是联系粮食生产和消费的桥梁和纽带，其是否顺畅不仅关系到粮食产需的顺利衔接，而且关系到粮食由商品资本向货币资本的转换，即实现马克思所说的"惊险一跳"。如果粮食不能在市场上很好地实现其价值，以至粮食市场价格严重背离其价值和生产成本，则只能导致粮食生产的严重萎缩，损害我国的粮食消费，危及我国的粮食安全[①]。故粮食流通是否畅通和及时关系着我国粮食市场和安全。我国目前已形成"北粮南运"的流通格局，随着粮食产量的增加，粮食运输量也随之增加，但当前粮食运输网络承载能力与运输需求明显不匹配，运输方式主要是铁路、水路、铁路和水路相结合，但由于铁路和水路接驳不畅，导致运输效率低、运输成本高、粮食损耗多，粮食流通亟须升级转型。

2. 粮食储备体系

粮食储备是我国粮食安全保障体制的重要环节。在当前粮食持续增产困难、生产成本居高不下、耕地质量和数量下降、耕地利用方式粗放、农业用水短缺、气候变暖、生态环境恶化、粮食消费需求不断增长、种植结构不合理的情况下，

---

① https://www.docin.com/p-2090074899.html.

粮食储备对保障粮食安全具有重要的战略意义①。一方面，由于粮食生产具有季节性和周期性，粮食需求具有刚性，且随着我国口粮需求、饲料需求和工业用粮需求不断增加，将导致粮食供需压力增大，合理的粮食储备将为保障粮食安全提供有效手段。另一方面，合理的粮食储备体系对稳定粮食价格也具有显著的作用。但我国当前的粮食储备目标、储备规模、储备品种结构以及储备设施还不能完全满足我国粮食储备需求和保障粮食安全需要，存在一些弊端和问题，储存方式和技术与发达国家仍有一定的差距，故粮食储备体系是影响我国未来粮食安全的重要因素。

2.3.3　粮食需求因素

1. 人口

人口总量和增长速度是影响我国粮食需求的直接因素。粮食作为人们的生活必需品，其需求弹性较小，人口增加将推动粮食消费量刚性增长。虽然近几年我国人口老龄化加速，人口红利逐渐消失，但我国先后推出了"双独二胎"和"单独二胎"政策，未来我国新生人口将会增加，据测算，全面二孩政策下人口总量最早在 2025 年达到高峰，最迟在 2030 年达到高峰；人口总量峰值在14.15 亿~14.53 亿人之间，中国粮食消费需求将在 2029~2030 年达到高峰，峰值在 6.30 亿吨左右。2030 年后随着人口总量减少和人口老龄化程度更加严重，粮食消费需求开始逐渐减少，预计 2044 年后下降到 6.0 亿吨以下②。全面"二孩"政策在增加人口总量的同时也加剧了人口结构的改变，虽然短期内对粮食消费需求不会有太大的冲击，对我国粮食供需平衡影响较小，但随着时间的推移，粮食消费需求会增加，长期内会导致需求显著增加，在粮食供给一定的情况下，会加大粮食供需缺口，并在一定程度上影响我国未来粮食安全保障。人口政策改变对我国粮食消费需求的影响具有渐进性，是影响我国未来粮食安全

---

① 王大为，蒋和平. 我国粮食安全与粮食储备关系研究——以玉米为视角 [J]. 河南工业大学学报（社会科学版），2016（4）.
② 程杰，杨舸，向晶. 全面二孩政策对中国中长期粮食安全形势的影响 [J]. 农业经济问题，2017（12）.

的重要因素，故构建粮食安全保障体系时有必要未雨绸缪且慎重地作出反应和准备。

2. 消费结构

随着经济社会的发展，人们的生活水平和质量普遍提高，粮食消费结构也发生了显著的转变，主要是从谷物消费为主转向高蛋白食物消费，更加注重营养搭配和粮食的质量安全，消费结构升级，未来我国粮食消费需求将会更加多元化，肉、奶、水产品及瓜果蔬菜在居民消费结构中的比重将不断增加，更注重营养和健康，进而导致饲料用粮持续增长，口粮需求虽有下降，但粮食需求总量将继续增长，并且消费结构的升级致使非粮食作物收益增多，在比较利益的诱导下，粮食作物耕种将进一步减少，粮食作物产量可能降低，从而加大供需缺口，威胁着我国粮食安全。

3. 城镇化水平

城镇化水平的大幅提高不仅会增加粮食的消费需求，还会对粮食生产产生"挤出效应"，对粮食安全造成影响。具体表现为工业化的大力推进加大了工业用粮的需求；城镇化进程加快加大了耕地、水资源等资源环境约束，导致粮食供给减少，改变了城乡结构和居民消费结构，进而加强了粮食需求的刚性，加剧了粮食供需不平衡，影响了粮食安全，未来我国城镇化率将会进一步提高，将影响我国未来粮食安全。

2.3.4　国际因素

从全球化的视角看，我国粮食安全与世界粮食安全密不可分，会受国际环境因素的影响。近年来，我国进口粮食越来越多，占粮食总产量的比重也越来越高，然而，世界粮食市场的供给能力有限，且国际粮食供给越来越趋紧，如果未来我国进口粮食继续增多，则国际市场将难以承受，还会继续降低国内粮食生产者原有的市场份额，降低国内粮农的收益，影响其继续生产的积极性，进而进一步加剧国内粮食生产不足的局面，形成恶性循环，影响我国粮食安全。

此外，国际粮食价格波动也会对我国国内粮食价格和粮食进出口状况产生较大影响，进而对我国粮食供需平衡产生影响，对我国粮食安全构成一定的威胁，随着我国粮食进口量的不断增加，国际粮食价格波动对我国粮食供需平衡的影响将越来越大。一方面，在信息快速传播的时代，国际粮食价格的变动将会通过各种渠道传递到国内，生产者和消费者将会及时作出反应，进而改变粮食供需平衡；另一方面，国际粮食价格变动会通过影响粮食进出口量来改变我国国内粮食供需平衡，在保持进出口政策不变的情况下，由于国内外粮食市场联系日益紧密，当国际粮食市场某粮食品种价格发生波动时，该粮食品种进出口量明显会受到影响，进而导致该品种粮食的国内市场供需平衡发生变化，影响我国粮食安全[①]。

2.3.5　金融因素

在新时期，农业的发展特别是农产品市场的发展与金融市场的关联日趋紧密，最突出的表现就是粮食金融化。这种金融性主要表现为：粮食不再是普通的商品，而是成为投资品，在其供需没有发生较大变动时，价格却发生剧烈波动，粮价炒作趋势明显；粮食价格和期货交易紧密相连，金融投机性明显，粮食沦为炒作对象。粮食金融性改变了粮食定价方式，成为影响粮食价格的重要因素，未来粮食金融化将会更加明显，对我国粮食安全影响也将更大。主要通过以下三个途径影响我国粮食安全，第一，国际投机资本大量涌入粮食交易市场，金融化变成了粮价波动的催化剂，当发达国家陷入金融危机时，一方面会增加城市主要产业资金投入，同时削减农业和粮食生产的投入，供给减少推动了粮食价格抬升；另一方面，发达国家会缓解金融危机推出宽松的货币政策，导致大量资本涌入商品市场，直接导致了粮食等其他农产品价格上涨、大宗商品价格上涨、贸易成本上涨等，这两方面共同作用造成了国际货币动荡和粮食价格剧烈波动，使我国农业生产者面临一些不确定的风险，其生产的积极性得不到保护，影响了农业长期稳定发展。第二，国际资本进入我国粮食市场，在

---

① 顾国达，尹靖华．国际粮价波动对我国粮食缺口的影响［J］．农业技术经济，2014（12）．

农产品的收购、加工和终端销售领域均有投资，由此导致我国本土加工企业经营困难，粮价动荡，削弱了我国粮食市场宏观调控的效果，使我国在粮食供应、稳定价格、市场调控等方面受损，从而影响我国粮食安全。第三，由于粮食金融化，故粮油定价权基本掌握在期货市场，大量投机资本涌入我国国内市场后，对冲基金等投机资本可通过推高农产品期货价格来传导至我国国内农产品期货市场，最终导致我国农产品价格上涨，对我国粮食安全产生不利影响。

2.3.6　农业补贴因素

如今我国农业生产已进入高成本时代，要实现粮食生产持续稳定增长，确保国家粮食安全，则需政府构建农业补贴框架以应对农业成本的上升，农业补贴可增强农业的综合生产能力，保证农产品稳定有效供给，加快农业机械化的步伐，成为保障粮食基本立足国内、实现稳定供给的重要刚性条件，对保障我国粮食安全具有重大意义，具体表现为①：一是农业补贴促进资本、投资、就业等增长，从而使得整个宏观经济发展较好，降低农业生产成本和投资门槛，促进农业生产，对我国粮食安全具有正效应。二是农业补贴可增强农业生产部门和加工部门的产出能力，促进粮食增产，提高粮食生产能力，保证粮食持续稳定供给。三是农业补贴可使我国粮食生产能力增强，使得粮食产量持续稳定增长，从而降低了产出价格，直接导致我国粮食的国际市场竞争能力和抵御国际市场冲击的能力加强，转变依赖进口的局面，呈现出口增加，进口减少趋势，这对我国粮食安全十分重要。四是农业补贴促进粮食生产部门的良好发展，其效应会影响到养猪业、养鸡业等其他家畜业，促进动畜牧产业良性发展，保障我国口粮和饲料用粮的供需平衡，保障我国粮食安全。五是粮食补贴可缩小城乡收入差距，稳定粮食生产，缓解农民收入低的难题，保护农民利益，提高其种粮积极性，引导其合理耕种，保持粮食市场稳定，保障粮食安全。六是粮食流通政策有利于转变政府职能，推进粮食流通市场化改革，发挥市场机制的决定性作用，减少粮食损耗，维护粮食流通秩序，推动产销合作，提高农业生产

---

① 黄德林，李向阳，蔡松锋. 基于中国农业 CGE 模型的农业补贴政策对粮食安全影响的研究 [J]. 中国农学通报，2010（24）.

者的积极性，维护经营者和消费者的合法权益，提升粮食应急保障能力，保障国家粮食安全①。

2.3.7 法律因素

随着城镇化、工业化进程的不断加快，耕地数量减少、耕地质量下降、农业用水短缺、气候变暖、自然灾害频繁等使我国粮食生产面临严峻挑战，影响着我国的粮食安全，虽然粮食安全可通过技术进步、加强管理、政策支持和立法规制等手段予以保障，但法律具有的稳定性、严谨性、强制性等特征使其保障具有独特优势，国外许多国家纷纷采取法律手段保障粮食安全。所以要从根本上解决我国粮食安全问题则需建立健全粮食安全保障的法律体系。目前，我国粮食安全法律体系尚有缺陷，许多粮食方面的法律其立法初衷并不是为了保障粮食安全，更多的是为了推广农业技术、促进农业发展等短期目标，并未真正贯彻保障粮食安全的法律理念，并且现行的法律法规零散、混乱，缺乏协调性，实际操作性也不强。在这种情况下，我国未来粮食安全保障体系的构建要充分考虑粮食安全立法，完善粮食安全法律保障机制，为保障我国粮食安全奠定基础。

---

① 蒋和平. 粮食政策实施及其效应波及：2013~2017年 [J]. 改革，2018 (2).

第3章
构建粮食安全保障体系的
国际经验教训

3.1　一些国家忽视构建粮食安全保障体系的教训

3.1.1　苏联时期政府忽视构建粮食安全保障体系的教训

苏联共产党执政时间为 74 年，在这 74 年时期里，苏联不仅打败了法西斯，而且在与美国的冷战中成为世界第二的超级大国，苏联的经济、教育和文化都得到了长足发展。然而，在沙皇俄国时期曾经被誉为"欧洲粮仓"的苏联在 20 世纪发生了三次大饥荒（1917～1922 年、1932～1933 年以及 1946～1947 年），超过 2500 万人被饿死，造成这种大灾难的原因既有"天灾"，更重要的是"人祸"。在 1907～1913 年，俄国在世界粮食出口中所占的份额为 45%，然而到了 1963 年，苏联却变成了粮食净进口国，在 20 世纪 70 年代成为世界上最大的粮食进口国，在 20 世纪 80 年代中期，苏联有 1/3 的粮食来自进口。为了解决粮食安全问题，苏联不断对粮食政策进行修改，但收效甚微。事实上，除了军事部门之外，苏联的其他经济部门都陷入衰败当中，尤其是农业已经接近崩溃，苏联本土粮食价格相当于美国进口粮食的两倍。苏联不重视粮食安全体系的建立导致人民生活水平长期低下，在很大程度上加快了苏联的解体。

1. 粮食垄断政策导致的第一次大饥荒

在 1917 年苏维埃政权建立后，苏维埃政权面临着多重困难，而正在这个百业待兴的时期，苏维埃俄国发生了一次从南部粮食区蔓延至全国范围的大饥荒，直至 1922 年，大约有 3500 万居民食不果腹，直接造成了 130 万人的死亡。造成此次饥荒的主要原因是在苏俄农村地区实施的三大粮食政策：粮食垄断政策、粮食派摊制和粮食税制度。

在"十月革命"前后，布尔什维克面临着严重的粮食问题，其中主要表现在三个方面：粮食供应出现混乱、城市居民购粮难和政府无力组织粮食生产。在"十月革命"以前，俄国的粮食分为产粮区和消费区，产粮区是指土壤肥沃、产量成本较低的南方省份，包括俄国以及乌克兰南部地区；而消费区是指土壤较为贫瘠、产量成本较高的中央及北方工业区。然而，"十月革命"导致北方的粮食消费省与南方的产量省的联系中断，传统的粮食供应方式出现混乱，在消耗完储备粮之后，全国都陷入了粮食危机。从 1917 年开始，城市里的居民需要排队购买粮食和其他生活必需品，每天平均排队时长超过 2 小时，这使得许多市民不得不放弃在城市里居住，转而到产粮区去购买粮食。而在 1917 年秋天，国内局势恶化和国家政权的软弱无能导致政治和社会危机频发，粮食垄断工作遭到严重破坏，再加上长期的货币贬值和通货膨胀，民众更加无法获得粮食，加速了对粮食安全体系的破坏。

"十月革命"成功后，布尔什维克政府颁布了《土地法令》和《土地社会化法令》，规定废除土地所有权，把土地收回国有，转而把使用权赋予了农民。尽管这种政策在短期之内就获得了绝大多数农民群众的支持，然而，支配粮食的权力的仍然被集中到国家手中，任何个人和集体不得私自支配粮食资源，这导致粮食问题越来越严重，再加上交通瘫痪、货币贬值和通货膨胀，国家无法有效地组织粮食供应，军队和中心城市的粮食欠缺问题越来越严重。

粮食派摊制是指每年粮食委员会根据整个国家的粮食需求制定粮食征收总额，然后再通过各级粮食部门实施半军事化的主机摊派。这种粮食派摊制导致各级粮食部门在确定摊派数额时都要进行争吵，每个省、县、乡都想少交粮食。从官方的宣传来看，派摊制要求对富农多征收粮食，而对贫农少征收粮食，但是事实上却是最贫困的农户负担了 24.5% 的摊派任务，甚至超过了最富裕的农户。这种极为不平衡的粮食派摊制使得那些勉强果腹的农民生活水平急剧下降，农民上交的粮食实际上超过了他们所拥有的粮食，加速了粮食危机的爆发。

直至 1921 年，在粮食派摊制实行三年多后，布尔什维克政府颁布了粮食税法令以替代粮食派摊制，该法令主要内容有：规定农民有权支配税后的余粮，对贫农免征粮食税等。但令人遗憾的是，粮食税并没有真正意义上解决粮食危机。粮食税法的第一个特点是受众太小。粮食税法令虽然规定农民可以自由支配税后的余粮，但是却对商品交换条件进行了严格的限制。在 1921 年，人民委员会规定只有完成粮食派摊任务的省份才能进行农产品交易，而完成派摊任务的省份仅有 44 个，苏维埃俄国当时却有 79 个省级行政单位，而能够自由交换马铃薯的省份仅有 16 个。粮食税另一个特点是税负太重。布尔什维克政府宣称粮食税计划征收 2.4 亿普特的粮食，仅为粮食派摊制 4.23 亿普特的一半，但事实上粮食派摊制实际征收额仅有 2.7 亿普特，这样算下来，粮食税并未减轻农民的负担。此外，粮食税并不只是一个固定的税率，它还伴随着各种名目的附加，例如，当 90% 的粮食还未收获时，政府就提前对农户征收每俄亩 20 俄磅的粮食。另外，在粮食税征管过程中，往往伴随着强制和暴力手段，粮食税征管人员工作能力低下和滥用职权，这不仅没有改善农民生活，反而加速了农村地区的饥荒问题。

2. 全盘农业集体化导致的第二次饥荒

1932～1933 年，苏联出现了第二次饥荒，这次饥荒覆盖了乌克兰、伏尔加河中游、哈萨克斯坦以及北高加索地区，覆盖面积之广和规模之大在整个苏联历史上都是史无前例的，其中大部分为农民。导致这次大饥荒的主要原因是苏联的农业集体化运动。苏联的农业集体化运动开始于 1929 年，到 1933 年基本完成，总体上可以概括为：用很短的时间，通过群众运动和行政命令的方式把农民得土地集中起来，组成集体农庄，消灭富农。然而，这种运动从头至尾都忽略了农业发展的客观现实，体现了冒进等特点。

伴随着农业全盘集体化运动的开始，饥荒就开始在苏联部分地区涌现。从 1931 年底至 1932 年初，苏联各地区的"食品困难"开始扩散，并且有着很明显的特征："食品困难"多发地区往往是农业全盘集体化最早的和最遵从粮食上交计划的，而且多发于集体农户家中，个体农户困难情况较少。如果此时苏联政府能够减少集体农庄上交粮食的额度并进行粮食援助，"食品困难"完全可以得到遏制。到了 1932 年夏天，各地区的"食品困难"已经恶化为饥荒，乌克兰、哈萨克斯坦、北高加索、伏尔加河流域、乌拉尔、西伯利亚以及中央黑土区相继爆发大饥荒。

建立在夸大数据基础上的超负荷粮食收购是导致大饥荒发生的直接原因。对于国家粮食需求上涨，苏联政府并没有把目光放在切实增加粮食产量上，而是一味地夸大粮食产量，导致超额收购农村集体农庄的粮食。尽管苏联从 1931 年开始，粮食产量就开始大幅下降，但是粮食收购计划不减反增，因此集体农庄管理委员会只能要求各个农庄先完成收购计划，再进行粮食储备，而且粮食储备也要"最大限度地缩减"。导致饥荒的另一个直接原因是户口制度。在全盘的农业集体化给农民造成重创的背景下，许多农民尝试进城寻找食物和工作，但这一做法遭到了苏联政府的强烈阻挠。苏联政府为了能够严格地把农民控制在集体农场中，强制地实行了户口制度，规定农民不得离开集体农场，并将已经逃荒的农民送回原籍。这种做法导致很多农民无法逃离饥荒地区，只能原地等死。

这次饥荒是农业全盘集体化的后果，苏联政府为了大力发展重工业，不断增加粮食出口以换取外汇和购买机器，为了更方便直接地从农民手里获得粮食，发动了全盘的农业集体化运动。至此，农民的生产积极性收到了严重的打击，集体农庄成为禁锢农民的枷锁，当集体农庄迫于强大压力，把所有商品粮和农民的口粮都上交给国家后，饥荒就降临了。

3. 拒绝国际援助导致的第三次饥荒

1946～1947 年，苏联爆发了第三次饥荒，这次饥荒开始于 1946 年的夏天，并于 1947 年 8 月达到顶峰。这次饥荒始于苏联卫国战争后的第一年，由于战争和干旱等，苏联 1945 年的粮食产量下降了 30%，但是苏联人民沉浸在"二战"胜利的喜悦中，他们认为国家能够很迅速地恢复粮食生产，但等来的却是又一场大饥荒。1946 年，苏联中央黑土区遭遇严重的干旱，此时有人向苏联中央提出给予粮食援助的请求，但是苏共中央不但没有向他们调拨救济粮，还要农民完成粮食收购的定额任务。事实上，当时苏联在名义上与英美等西方国家还是共同抗击法西斯的盟友，苏联可以向其他国家申请粮食救助，然而苏联为了维护"国家颜面"，封锁了饥荒的消息，因此苏联无法从国际社会获得援助。

3.1.2　埃及政府忽视构建粮食安全保障体系的教训

埃及曾经在相当长的一段时间内忽视建立粮食安全体系的重要性，导致国内粮食供应不足和过度依赖进口。当本国外汇储备短缺和世界粮食价格集体上涨时，发展中国家则会遭受严重的打击，其家庭收入将会有很大一部分用于粮食支出。与类似的国家一样，在 2008 年，埃及家庭将其一般收入用于粮食支出。因此，埃及国内居民生活水平严重下降，埃及公众对粮食危机的恐慌导致国内政局动荡。

埃及在 20 世纪 60 年代以前粮食供给充足，不仅可以满足国内需求，还有粮食出口，因此获得"尼罗河粮仓"的美誉。但是由于政府忽略了计划生育的重要性，埃及人口自 70 年代以来开始无节制地增长。根据表 3-1 可知，埃及人口从 1976 年的 4009 万人增加至 1996 年的 6493 万人，在短短的 20 年间人口增加了 2484 万人，这几乎接近于埃及 1950 年的总人口。从 1986 年开始，埃及的人口增长速度加快，在 1986~2006 年这 20 年间埃及总人口增加了 2656 万人。这意味着从 1976 年开始，埃及用了短短的 40 年将人口较 1950 年翻了两番；而在 2006~2017 年，人口增加接近 2000 万，使得埃及的总人口接近 1 亿。由于埃及城镇化进程缓慢，直至 2017 年农村人口比重仍然保持在 57.30%，仅比 1950 年下降了 4.84%；但由于人口总数大幅上涨，使得埃及的实际农村人口逐年增加。再由于埃及耕地有限和政府忽视了保护耕地的重要性，埃及的人均耕地逐年下降，从 1950 年的 0.17 公顷降至 2017 年的 0.029 公顷，远远少于国际平均人均耕地面积 0.37 公顷。大部分农民受到耕地短缺的影响根本无法通过种植粮食来维持生计，因此放弃种植粮食而转向种植更具有经济效益的作物，进一步恶化了埃及的粮食供给。

表 3-1　　　　　　1960~2017 年埃及人口结构和人均耕地面积

年份	1950	1976	1986	1996	2006	2017
人口总数（万人）	2700	4009	5160	6493	7816	9755
农村人口比重（%）	62.14	56.34	56.05	57.32	56.93	57.30
人均耕地面积（公顷）	0.17	0.065	0.045	0.042	0.033	0.029
世界平均人均耕地面积（公顷）	0.39	0.285	0.251	0.239	0.210	0.192

资料来源：埃及国家统计局、世界银行数据库。

人口无节制地增长以及人均耕地的不足是导致埃及粮食危机的根本原因。埃及政府曾经一直重视对沙漠的管理。但荒漠治理的速度远不及人口增长的速度，再加上埃及处于非洲北部，国内有相当大一部分地区是热带沙漠气候，只有少部分沿海地区是亚热带地中海气候。降水量稀少和土壤肥力下降也制约了埃及粮食生产的进步。

　　"民以食为天"，粮食作为人们赖以生存的物质，其生产必然离不开政府的支持。但是埃及制定的粮食和农业补贴政策不合理，给粮食危机埋下了隐患。

1. "碎片化"的土地改革

　　自 1952 年以来，埃及推行土地改革，将土地分给农民，但土地面积通常少于 2.1 公顷。这样的改革方法虽然使得拥有土地的农民人数上升了，但是随着埃及人口的不断增长，碎片化的小农耕种使得农民收益下降，导致部分农民放弃农耕，粮食安全步入困境。一方面，这种封闭的、碎片化的耕种方式不利于农业基础设施的进步。由于农民与自己的土地捆绑在一起，因而他们只需要满足自身的需求即可，无须将资金投入农业基础设施的建设和改进当中，这样不仅损害了农民自身的长期利益，也使得埃及国内粮食产量受到限制。另一方面，在如此小的面积上耕种，农民只需要利用简单的体力劳动即可，不需要提高农业生产的机械化，因此粮食生产率也受到制约。

2. 政府农业投入不足

　　在埃及共和国成立初期，政府希望通过工业进步来实现现代化，因此在这种战略下，埃及的工业取得长足的发展。但政府对于工业的高关注、高投入使得农业发展缓慢，国内农业投资严重短缺，严重影响粮食的生产。埃及在 1955 年的农业投资仅占国家总投资的 9%，这一比例在 1975 年下降至 7%，这使得农业投资长期短缺，导致农业投资回报率低下，进一步又影响后续年份的农业投资。

3. 僵化的食品补贴政策导致巨大财政负担

　　由于埃及人口增长迅猛，人均耕地面积不足，因此埃及无法实现粮食的自给自足，需要进口粮食。政府为了保证国内政局稳定，需要将巨额的财政预算长期用于粮食补贴，造成财政赤字。另外，埃及长期实行"面包卡"制度，该制度规定埃及公民每天最多可以凭卡购买三张巴拉迪面包[①]。"面包卡"的发放对象是埃及的贫困人口，约占埃及总人口的 40%。政府长期以来指定厂家来生

---

① 这种面包是最简单的资助型面包，是该国民众的主要食物。

产和销售该种面包，并给予这些厂家高额的补贴。每片面包的价格一直维持在 0.05 埃磅（约合人民币 6 分钱），但其成本却为 0.29 埃磅。因此政府实际需要为每片面包支付 0.24 埃磅的补贴，补贴额约占面包成本的 8 成。这种巨额的粮食补贴使得埃及财政不堪重负。在近 30 年里，埃及国内政府债务约为 538 亿美元，外债约为 310 亿美元，每年债务利息额约为 103 亿美元，超过本国教育及卫生支出的总和[①]。根据世界银行的统计数据，埃及的贫困人口比例由 2000 年的 22.1% 上升至 2010 年的 32.3%。

3.1.3　朝鲜粮食生产结构过度集中化的教训

朝鲜曾经在 1990～1998 年出现连续 9 年的经济负增长，在 1990 年后，不仅经济发展停滞，粮食供应也出现短缺。尽管从 1999 年开始，经济出现复苏的势头，但是朝鲜仍然没有解决国内民众的粮食短缺的问题，尤其是在 1994～2004 年朝鲜出现了大面积的饥荒现象。90 年代开始，朝鲜面临了连年的自然灾害，并且在 1996～2010 年共发生了 15 次粮食危机，其中由于设备短缺或者人为因素导致的"人祸"高达 9 次，比"天灾"还多。到了 2003 年，整个国家共有约 770 万人，即 32% 的国民处于营养不良状态。在第二次世界大战结束时朝鲜半岛分裂之前，大多数韩国工业都位于北方，南方是粮仓。朝鲜战争结束后，朝鲜效仿了苏联的农业集体化、生产量化计划、粮食营销计划和粮食分配计划，禁止私人生产和交易粮食，并且建立了合作社和国有农场。尽管朝鲜在历史上一直宣称国家可以实现粮食自给自足，但实际上朝鲜的粮食供应一直依赖国际援助，这些援助主要来自苏联，苏联不仅向朝鲜提供粮食援助，而且还向朝鲜提供了大部分煤炭和成品油以及钢铁，在 80 年代末期朝鲜与苏联的贸易额占朝鲜双向总贸易额的一半以上。但是 1991 年苏联解体，这对朝鲜的经济造成巨大的冲击，面对这场巨大的贸易冲击，朝鲜无法迅速地调整其产业结构，因此工业崩溃，国内粮食产量急剧下降，同时朝鲜也失去了最主要的粮食援助来源。

[①] Salevurakis, J. W., & Abdel-Haleim, S. M. (2007). Bread subsidies in egypt: choosing social stability or fiscal responsibility. *Review of Radical Political Economics*, 40 (1), 35 – 49.

由表 3 - 2 可知，朝鲜近 20 年来的国内粮食一直供不应求。虽然少数年份可以通过粮食进口和国际援助来填补国内的粮食缺口，但大多数年份仍然处于缺粮、少粮的状态，民众的温饱问题得不到解决，存在重大的粮食安全隐患。

表 3 - 2　　　　　　　　　1996 ~ 2012 年朝鲜粮食平衡情况　　　　　　　单位：千吨

年份	1996	1998	2000	2002	2004	2006	2008	2010	2012
国内粮食产量	3490	3490	3320	3950	4250	4480	4310	4633	4844
粮食需求	5990	4610	4750	4960	5100	5240	5200	5340	5410
粮食缺口	2540	1120	1430	1010	850	760	890	1110	730
粮食进口	700	700	210	100	100	190	190	300	—
粮食援助	630	760	590	820	440	450	100	160	—

注：粮食缺口 = 粮食需求 - 国内粮食产量。

资料来源：权哲男 . 朝鲜粮食不足问题及其解决前景 [J]. 现代国际关系，2013（1）.

朝鲜现行的粮食政策存在的主要问题表现在以下三个方面：

1. 朝鲜政策失误导致粮食生产力低下

第一，朝鲜作为社会主义国家，照搬了苏联注重发展重工业的经济策略。虽然农业也被提升至快速发展的地位，但是由于国家财政能力有限和财政对国防支出的严重倾斜导致农业投资低下，农业基础设施得不到及时的更新换代，农业机械化水平也得不到提升。第二，朝鲜农业部门不仅没有保护耕地，而且在 20 世纪 70 年代中期推行耕地密植运动，在施肥不足的情况下，密植程度超过土地的限度，导致粮食减产并且耕地遭到破坏，人均耕地面积长期低下。从表 3 - 3 可以看出，朝鲜年人均耕地面积逐年下降，并且长期低于世界平均人均耕地面积。

表 3 - 3　　　　　　　　　1990 ~ 2015 年朝鲜人均耕地　　　　　　　单位：公顷

年份	1990	1995	2000	2005	2010	2015
世界平均人均耕地面积	0.236	0.244	0.227	0.214	0.199	0.194
朝鲜人均耕地面积	0.112	0.110	0.100	0.098	0.097	0.093

资料来源：世界银行数据库 .

2. 朝鲜粮食生产管理体制僵化

由于朝鲜长期实施集权的经济管理体制，农业合作社和国营农场对国内粮食生产和销售具有垄断权力，进而使朝鲜粮食的生产受到严重束缚。集体化的农业生产及经营方式导致了权力过度集中。由于农场经营不善、平均主义等问题，朝鲜粮食市场的活力受到限制，农民生产粮食的积极性和自觉性受到了极大的破坏。虽然在粮食危机爆发之后，朝鲜于1996年开始效仿我国的家庭联产承包责任制，规定农民若上缴完国家要求的粮食剩余的部分可以自行处理。新的管理体制将原来每组合作社约20个农户削减至约5个，但事实上这只是减少了组员数量而已，农民仍然没有获得实质的生产经营权。2002年，朝鲜实施"经济管理改善措施"，提高了政府对粮食的收购价格，并且赋予合作社更大的粮食处置权力。然而，这些举措收效甚微，由于朝鲜始终没有允许农民可以在竞争性的市场上自由销售粮食，并且包括超额粮食在内的合作社农产品受到国家的严厉掌控，无法在市场上自由流通，只能销售给国营机构。农民的生产积极性始终受到制约，粮食生产水平持续低下。

虽然以上的一系列改革措施在某种程度上解决了一些矛盾，缓解了饥荒问题，但仍然没有完全解决朝鲜的粮食危机，计划经济和公社化经营仍然从根本上制约着朝鲜的农业发展和粮食安全。

3. 严重依赖国际组织的救助

由于朝鲜外汇储备低下，因此能够从国际市场上购得粮食总量有限，当国内粮食供给出现不足时只能依靠国际组织和其他国家的粮食援助。然而，世界各国对朝粮食援助具有明显的政治和外交色彩，从20世纪90年代初开始，朝鲜面临的国际环境开始恶化。首先，自从苏联解体后，朝鲜失去了主要的经济援助，再加上连年的自然灾害，国内爆发了饥荒。其次，由于2002~2003年朝鲜宣称退出"不扩散核武器条约"，朝鲜核问题恶化，因此日本和美国在当年削减了对朝粮食援助[1]。2008~2009年，朝鲜半岛局势紧张和朝鲜进行了两次核试验之后，美国和韩国及欧盟几乎削减了所有对朝粮食援助，朝鲜的粮食危机再度

---

[1] 郭静利，王镭，崔凯. 朝鲜粮食生产及贸易现状、问题及对策 [J]. 世界农业，2015 (6).

爆发。根据表 3 - 4 所示，1995～2012 年，朝鲜获得来自韩国、美国、中国、日本、欧盟以及其他国家的粮食援助量高达 1279 万吨，世界各国对朝鲜的粮食援助对朝鲜半岛局势和朝鲜外交关系十分敏感。

表 3 - 4　　　1995～2012 年各国（及组织）对朝鲜的粮食援助　　　单位：%

年份	韩国	美国	中国	日本	欧盟	其他
1995	27. 55	0. 00	0. 00	69. 42	0. 00	3. 03
1996	0. 55	4. 39	19. 79	27. 22	0. 00	48. 05
1997	6. 64	21. 32	16. 60	0. 07	22. 26	33. 11
1998	6. 13	29. 27	19. 11	8. 47	13. 12	23. 90
1999	1. 22	58. 90	20. 06	0. 00	6. 80	13. 01
2000	28. 56	28. 52	22. 74	8. 12	5. 73	6. 33
2001	13. 13	21. 14	27. 84	33. 16	0. 84	3. 90
2002	38. 86	18. 86	27. 98	0. 00	0. 99	13. 32
2003	57. 41	4. 95	22. 50	0. 00	7. 33	7. 81
2004	48. 12	12. 43	15. 66	9. 56	1. 30	12. 92
2005	44. 90	2. 52	41. 13	4. 38	0. 77	6. 29
2006	25. 86	0. 00	67. 41	0. 00	0. 00	6. 73
2007	59. 75	0. 00	36. 67	0. 00	0. 18	3. 40
2008	15. 62	45. 60	0. 00	0. 00	0. 01	38. 77
2009	0. 00	40. 24	38. 64	0. 00	0. 00	21. 11
2010	22. 07	1. 41	0. 55	0. 00	0. 00	75. 96
2011	0. 01	0. 00	3. 48	0. 00	1. 87	94. 64
2012	0. 00	0. 00	64. 44	0. 00	0. 78	34. 78

资料来源：联合国粮食计划署，美国国会调查局（CRS）。

3.1.4　刚果（金）有效需求不足导致粮食危机的教训

根据《2009 年全球饥饿指数报告》指出，刚果（金）是全球饥荒最严重的国家，紧随其后的分别是布隆迪、厄立特里亚、塞拉利昂、乍得和埃塞俄比亚。在政局动荡和金融危机的共同影响下，刚果（金）的农民难以耕种，粮食极为短缺，有接近 300 万人的生命受到威胁，5 岁以下儿童营养不良比例和儿童死亡率位居世界前列。

刚果（金）是非洲的农业大国，根据联合国粮农组织官方数据公布，截至 2017 年，刚果（金）共有约 8134 万人口，其中农业家庭人口约 4863 万人，将近 60% 的人口为农业家庭人口[1]。刚果（金）具有独特的地理优势，刚果（金）位于非洲中西部，它横跨赤道两侧，位于热带地区，年平均气温 22℃ ~ 28℃，月平均气温不低于 20℃，全年湿润，相对湿度较高，非常适宜农业生产。此外，刚果（金）的岩石经过了很长一段时间的演化，这种演变导致一层非常厚的岩石风化成土壤，包括铁铝土和弱铁铝土，非常适合作物生长。

虽然刚果（金）拥有丰富的耕地资源，但是由于基础设施建设滞后、农业科技水平低下、有效需求不足，国内粮食供应长期处于短缺状态，城市居民中低收入家庭一直面临着粮食短缺问题。虽然农民的温饱问题已基本解决，但农民的生活条件仍然很困难，尽管一些国际组织和中资企业正在积极帮助刚果提高农业综合生产水平，但是通往粮食安全的道路仍然漫长。

刚果（金）的家庭人口规模巨大，一个农民家庭有十几个甚至二十几个孩子是很普遍的，这是因为刚果（金）没有计划生育政策，而法律允许一夫多妻制。在刚果（金），大多数农民住在非常简单的茅草屋里，没有任何家具，甚至没有足够的床。在农村地区，基本上既没有电力供应，也没有干净的水供应，农民们依靠蜡烛照明、依靠喝水生活。农民的食物结构也很简单，主要依靠木薯生存，以木薯块茎为主食，以木薯叶为蔬菜，木薯叶已经成为刚果（金）普通民众食用的主要蔬菜品种。畜牧业生产相当落后，畜牧业处于家族副业地位，农民发展畜牧业主要是为了换取经济收入，而不是为了自己食用，他们仅愿意在重大节日或重大庆典期间宰杀一只羊以供全家食用。农村地区医疗设施短缺且医疗费用昂贵，大多数农民生病后不能去医院[2]。

土地制度和综合生产力低下导致粮食生产水平低下。刚果（金）的土地归国家所有，酋长是土地的合法看护者，酋长负责对农民耕种的土地进行分配，农民对得到的土地有使用权，且使用权可以世代相传。事实上，在刚果（金）

---

[1] 联合国粮农组织。

[2] 农业部赴刚果（金）调研组，刘玉满，祝自冬. 刚果（金）的农业、农民及农业开发 [J]. 中国农村经济，2009（3）.

大多数农民没有自己的土地，也买不起国家的土地。为了维持生计，他们在住所附近大肆烧荒，实行最原始的刀耕火种，在使用耕地时缺乏科学的规划和耕地保护。如果一个家庭想扩大粮食生产，它随时可以开垦更多的土地，但是由于生产水平相当低下等问题，每个农户已经利用的耕地还不足他们分配到的5%。刚果（金）的粮食生产力水平低下主要体现在粮食单产水平低，其中木薯每公顷产量为 6～7 吨，水稻及玉米的单产不足 1 吨。刚果民主共和国整体农业生产力低下的最根本原因是农业生产落后。刚果民主共和国的农业仍将处于原始农业发展阶段，粮食生产方式仍处于"刀耕火种"的阶段。大多数农民采用的主要生产方式是烧荒轮种，农民耕种的土地既不肥沃也从不施肥、灌溉，完全依赖于手工操作，机械化水平几乎为零。因此，农民平均 0.5～1.5 公顷的耕地是一个家庭在手工经营和自给自足的情况下的生产极限。"弃耕轮作"的耕作方式需要男人不断开辟新的耕地，因为开垦土地需要大量的体力。因此，在农民家庭中形成了一种自然的男女分工，即男性负责开垦土地，女性负责耕种。农业收入是众多农民家庭唯一的收入来源，因而当地农民视女性为家庭的财富，他们相信多娶妻子不仅可以为家庭增添耕种的劳动力，而且还能为家庭增添后代，进而可以为家庭带来更多的经济收入。

在刚果（金），由于殖民地主权国家的长期压迫和国内政治的不稳定，国外资本家纷纷撤出投资。占有土地等重要资源的本国资本家不愿意在国内投资，严重的资本不足导致大片耕地抛荒。由于国家财政主要依靠石油、金属矿山、木材等资源的销售，因而有限的财政收入主要被投入到基础设施建设，农业部门所获得的财政支持少之又少。所以，在缺乏财政的扶持下，刚果（金）的粮食生产条件非常原始，基本上仍处于刀耕火种的阶段。由于缺乏农业科研、新品种、化肥、农药和灌溉设施，长期以来粮食生产条件十分落后，各种粮食作物的产量一直处于低水平，这使得国家无法解决自己的粮食安全问题。

1. 基础设施落后

目前制约刚果（金）粮食安全的首要因素是基础设施条件差。用于粮食运输的公路、铁路运输利用率低、船舶条件差、码头设施差，运输效率十分低下。由于交通不便，农民无法将自己的产品运往市场，只能依靠中间商（粮食贩子）

上门收购，农民长期面临"卖粮难"问题，粮食生产规模难以扩大。由于国家财政长期缺乏对农业的投资，刚果几乎没有灌溉系统。刚果（金）境内河流100多条，著名的刚果河全长4640公里。刚果河流域是热带雨林气候，水资源丰富，仅次于南美洲的亚马孙河，居世界第二位。然而，由于没有蓄水及水利工程和类似的农业引水灌溉渠道，粮食生产仍然严重缺水。

2. 土地收回国有和农业投资严重不足

在1990年以前，由于刚果（金）局势动荡，投资者将资本大批撤出本国。再加上国家收回所有土地后，许多农民在自己房屋周围放火，非法占用国有土地耕种粮食。由于缺乏财政补贴和良好的种植技术，粮食种植户无法购买化肥和农药，形成了粮食生产力低下以及农村劳动力相对过剩的现象。由于国家忽视对农业的政策指导和粮食安全体系的重要性，大土地所有者不愿意在自己的国家投资，因此，国内的粮食生产活动基本上都是由许多小农自己筹办的。再加上国家财政资源有限，无法开展农业科研和农业企业建设。由于资金不足，小农在农业种植活动中不能考虑品种因素，更不用说在化肥、农药和新型劳动工具上的投资。该国农业部科研院所唯一的碾米机是20世纪80年代中国援外项目资助的，由于电源不稳定，经常处于关机状态。

3. 粮食生产组织化和生产技术程度低下

一方面，刚果（金）粮食生产的组织化程度很低，多数粮农都是以家庭为单位。即使一些地区成立了农民协会或合作社，但基本上都是流于形式，能够真正发挥作用的很少。由于没有合作社，政府不向农民提供任何支持，粮农无法得到必要的技术服务和专业技能培训。农民所获得的金融支持也几乎没有，农村既没有商业银行也没有农村信用合作社，农民普遍缺乏资金和技术，严重制约了粮食生产的发展。另一方面，农业技术的落后严重限制了刚果（金）农业的发展。在刚果（金），技术落后贯穿于作物产业链的各个环节，从良种培育、土壤改良技术、植保技术、灌排技术、收获技术、贮藏技术、加工技术、产品配送技术等方面几乎没有任何建树，农民长期缺乏土地、化肥、农药和农业机械。

3.2   发达国家和发展中国家构建粮食安全保障体系的经验

3.2.1   美国粮食安全保障体系的构建

美国是世界上最大的粮食出口国之一，根据联合国粮农组织每年发布的《粮食安全指数报告》，美国在粮食安全指数一直名列前茅。这不仅是因为美国拥有得天独厚的粮食种植资源，例如肥沃的土壤、充裕的水资源和足够的人均耕地，更是得益于美国政府长年以来重视粮食安全体系、不断完善粮食保障政策。美国现行的粮食安全体系是以 2018 年颁布的《美国农业提升法案》（The Agriculture Improvement Act of 2018）为基本框架的，该法案是在 1933 年颁布的《农业调整法案》的基础上，根据各种政策效果和具体情况进行了 85 年的不断调整和完善，最终形成以保护耕地、鼓励技术创新为主，粮食保险和补贴并行的粮食安全体系。

1. 美国粮食安全体系的变迁

在 1933 年至 20 世纪 80 年代末期，美国一直通过价格支持和农业补贴的手段来调控国内粮食的供给。在 1929～1933 年的大萧条背景下，美国的农业受到经济不景气的影响，时任美国总统罗斯福为了保障农民的收入和鼓励农民生产粮食，颁布了《农业调整法案》，通过法律体系来扩大政府对粮食生产的补贴力度并且通过粮食价格支持体系来鼓励农民进行粮食生产活动。虽然该法案提高了农民生产粮食的积极性，但是由于粮食价格常年过高导致粮食生产过剩，造成过度供给等问题。在此背景下，美国通过《农业贸易发展和援助法案》确立了土地的休耕制度和剩余粮食出口制度。在 1973 年，政府又推出了《农业与消费者保护法案》，该法案采用了针对农场主的目标价格和粮食平均之间的差额进行补贴的"差额补贴"（deficiency payment）方法。直到 70 年代末期，美国国内粮食供给过剩、粮食出口市场萎缩，导致美国粮食价格持续走低，粮食生产的成本不断上涨。这不仅导致政府财政支出的压力增大，而且使得农业结构失调和生态环境恶化。为了缓解粮食生产环境的持续恶化和削减政府的财政支出，政府在 1985 年推出了《农业安全法案》。为了减少粮食库存，鼓励农民扩大粮食出口，政府提高了出口补贴。此外，政府还鼓励农民按照市场的变化选择多样性的农产品种植，来调整农产品的结构失衡。

在过去的几十年里，美国所采用的价格支持政策不仅使得国内财政负担过重，而且国内的粮食生产对国际粮食市场存在过度依赖，土壤环境和土地肥力受到农用化学品过度使用的破坏。在此基础上，美国从 1990 年开始把推动粮食生产的市场化和削减粮食补贴写进农业法案当中，鼓励农民生产符合市场规律的、利润较高的农产品来提高自己的收入。进一步地，为了全面实行市场化改革、削减政府对粮食生产的直接干预，在 1996 年的农业法案中，美国政府取消了对于农产品价格的补贴和农民收入的补贴，对粮食生产的种类不再进行过多的干预[①]。这一系列举措虽然推动了美国粮食市场的开放，但是粮食价格和收入补贴的取消导致许多小型农场主因为难以维持生计而被迫放弃生产，而大型农场主的规模则迅速扩大，有利于规模化经营。

随着政府对粮食生产支出的逐步减少和市场化不断推进，美国财政状况开始好转，但是在缺乏政府保障的情况下，许多小型农场主破产。为了保障农场主的收入和缓解市场扭曲，美国政府一改以往的单一的价格支持政策，采取了多样化的粮食补贴政策。在 2002 年美国颁布了《农业安全与农村投资法案》，该法案确定了以直接补贴（Direct Payment）和反周期补贴（Counter-Cyclical Payment）的方式保证农民的收益，同时构建保护农民收入的网络，以减少粮食价格风险和农民收入风险。由于化学品过度使用导致环境被破坏，美国政府颁布了资源环境保护计划，推动美国粮食种植的可持续发展。2008 年颁布的《食品、环保和能源法案》在以往法案的基础上，提高了粮食补贴的金额和扩大了补贴的范围，并且创新地出台了平均农作物利润选择计划（Average Corp Reve-

---

① 1996 年的美国农业法案规定，除了种植水果的蔬菜的传统农场外，其他农场一律不得种植水果蔬菜。

nue Election），这个计划一改过去对粮农收入的单一支持，转向对粮食保险的补贴。为了减少天气、虫害等自然灾害对农业造成的损失，美国政府颁布了农业灾害援助计划，帮助农民进行灾后重建、恢复生产等工作。

美国于 2014 年颁布了《2014 美国农场法案》，作为新的农业法案，该法案提出了全面保障粮食安全的策略。在防范粮食风险方面，政府扩大了粮食保险的投入范围，加强对农业灾害的援助，保障了农民的权益和收入；粮食风险保障不仅对粮食的价格风险有效，而且还对粮食的产量进行风险保障，该种双重保障措施进一步地保障了农民的收入和利益，也极大地提高了农民的积极性。另一方面，该法案规定政府减少对粮食市场的直接干预，通过发布粮食成本和价格等信息，完善市场的分析和监测机制，引导农民根据市场来合理调整其生产计划。在该法案中，政府进一步地强调了粮食安全体系的可持续发展问题，例如，实施强制的土地休耕，保障耕地资源；鼓励环保、绿色的技术型生产，对土地进行技术资金支持；为了保护高产土地资源，防止高产量农田变为非农业用地，减少城市化带来的占用农业用地的问题，美国政府实行地役保护制度；促进区域和流域资源保护，大规模实施共识的资源保护计划，实施政府无缝管理。

2018 年 12 月，美国总统特朗普签署了《2018 美国农业提升法案》，该法案将会扩大"黄箱补贴"的广度和深度，对农民保护程度更高。该法案规定在2019～2023 年农业财政支出中，自然资源保护项目将会成为增幅最大的支出项目，增幅达到 5.55 亿美元。

2. 美国政府构建粮食安全保障体系的经验

耕地保护制度。美国政府为了促进土地的合理使用、保护耕地资源，早在20 世纪 30 年代就颁布了《水土保持和国土资源配给法》，目的是保护优质的耕地。此外，美国还实施了农业区域划分政策，将高产的耕地划分出来，并且要求联邦政府和州政府对耕地的用途进行严格的管控，防止高产的耕地在城市化进程中转变为非农用地。从长期战略的角度出发，美国政府对耕地实行强制的、有弹性的休耕计划，根据市场对粮食的供求状况和国内粮食库存的情况及时调整休耕的范围，并且通过财政对休耕的农场主进行补贴，使得耕地资源得到合理、可持续的利用。表 3－5 列出了美国 2012～2019 年来的休耕面积和政府对于休耕的补贴，值得一提的是，2019 年 5 月的休耕补贴额相比 2012 年 9 月增长了约 4 成。

表 3 – 5　　　　　　　　　　美国 2012 ～ 2019 年休耕总面积
及休耕补贴

年份/月份	休耕总面积（百万公顷）	每公顷休耕补贴（美元）
2012/9	29. 53	57
2013/9	26. 84	61
2014/9	25. 45	64
2015/9	24. 18	67
2016/9	23. 88	73
2017/9	23. 43	77
2018/9	22. 61	82
2019/5	22. 37	81

资料来源：USDA-ERS，database（2019）.

灵活的粮食补贴。美国是世界上第一个实行粮食补贴的国家，经过多年来的渐进式改革，美国粮食补贴体系已经逐渐完善，农民的收入和种植积极性也得到极大的提升。尽管早期的以价格支持为基础的粮食补贴政策减少了粮食价格波动带来的风险，但是这种强制性的补贴不仅使得粮食价格受到扭曲，而且使得国内粮食库存积压，导致粮食出口加剧，从而使得粮食出口贸易矛盾激化。根据 OECD 生产者保护指数报告支出，美国生产者指数[①]已经从 2000 年的 1. 149 下降至 2016 年的 1. 021。为了减少由于价格支持政策带来的粮食价格扭曲，美国政府引入了收入补贴，一改以往的单一价格保障，充分发挥市场机制的导向作用。此外，美国政府为粮食补贴设置了限额，即年收入高于 90 万美元的大型农场没有资格获得补贴，而年收入少于 90 万美元的农场每年最多可获得的补贴为 12. 5 万美元。目前，美国基本形成了价格支持和收入补贴共存的局面，粮食补贴基本覆盖了主要的粮食作物。从表 3 – 6 可以看出，美国政府近年来不断削减用于生产者支持估计（PSE）的支出，而增加消费者支持估计（CSE）和一般服务支持估计（GSSE）的支出。

---

① 生产者保护指数（producer protection ratio）是指生产者接受的每单位产品价格。例如 1. 10 的生产者系数表明农民接受的价格比国际市场平均价格高出 10%。它反映了农产品价格扭曲程度，数值越高，扭曲程度越高。

表 3 - 6　　　　　　　　美国 2000 ~ 2016 年价格支持情况　　　　单位：百万美元

年份	生产者支持估计	消费者支持估计	一般服务支持估计
2000	50881	1665.6	5301.8
2001	49515	1176.2	6485.6
2002	39045	6015.4	6704.1
2003	35406	11860.0	7373.0
2004	42485	11335.7	7245.1
2005	40069	16361.5	6929.7
2006	30174	21847.8	7632.3
2007	32059	14825.0	6600.3
2008	29954	29014.1	10303.7
2009	31535	31483.9	8262.7
2010	30774	32390.3	9950.0
2011	32684	39658.0	5751.0
2012	35995	39894.7	6093.5
2013	29023	45217.2	10323.5
2014	43784	32166.5	7823.0
2015	38177	16887.9	8747.0
2016	33277	39888.5	9568.0

资料来源：OECD PSE/CSE/GSSE database（2019）.

完善的粮食保险制度。WTO 的黄箱政策[①]和反贸易保护行动压缩了各国对农业的直接补贴，因此符合绿箱政策[②]的粮食保险补贴是各国粮食支持政策的着力点。美国政府是在 1938 年的《联邦农作物保险法案》中首次提出粮食保险，并且成立由美国农业部隶属的联邦农作物保险公司，由政府直接经营。但是由于运营成本高、缺乏管理经验等问题，该公司在减少粮食受灾损失等方面没有发挥较大的作用。从 1980 年开始，美国政府允许私人保险公司承保，从此美国开始了政府保险与私人保险公司共同经营粮食保险的阶段。在 1996 年，美国颁布《联邦农业完善和改革法案》，该法案标志着美国政府彻底退出粮食保险市场，私营保险公司在政府的监管下对粮食承保，这种做法减少了政府的过度干

[①]　黄箱政策是指对生产和贸易产生扭曲的政策，是被要求做削减承诺的政策，包括对农产品价格干预、价格补贴、对农业投入品补贴以及农业优惠信贷等容易引起农产品贸易扭曲的政策。

[②]　绿箱政策是与黄箱政策相对的，是不要求做削减承诺的措施，主要指对农业生产决策影响小、对贸易扭曲作用较小的补贴措施，包括收入保险计划、自然灾害救济补贴、一般农业服务等。

预，缓解了财政压力。此外，目前粮食保险所涵盖的产品比以往更齐全、更多样化，对提高农民收入，保障国内粮食供应和完善美国粮食安全体系有着至关重要的作用。表 3 - 7 列出了美国核心的粮食保险项目。

表 3 - 7 美国核心粮食保险项目

保险项目	目标
实际历史产量项目、产量保障项目	保证粮农避免旱涝、病虫害和冰雹等自然灾害带来的产量减少
区域产量保障项目	保障粮农免受由于区域农作物总体减产带来的经济损失
实际历史收入项目	保证粮农当年的收入不低于历史收入水平
收入保障计划项目	保障粮农免受因自然灾害引发的减产或者实际交易价格低于预期价格造成的经济损失
区域收入保障计划项目	保障某个区域内粮农的总体收入
全农场收入保障项目	为农场所有的农产品提供风险管理安全体系

资料来源：USDA-RMA，2018.

对美国的粮食政策的演变进行梳理总结发现，首先，美国对耕地实施严格的保护，通过限制耕地转化为非农用地以及耕地休耕来保障粮食安全。在世界范围内的城市化进程中，许多国家出现了耕地占用、农业用地非农化的现象。尽管在这样的大背景下，美国的耕地保护制度日趋严格，不仅严格保障耕地的数量，而且实行轮休制度，严保耕地质量。在粮食价格支持方面，美国经历了早期的由政府主导的、低效率的粮食价格支持体系，发展到现在的以市场为主导的，以农民收入补贴、粮食保险为主的高效补贴体系。美国粮食补贴体系的日益发展和完善，不仅减少了低效补贴带来的粮食价格扭曲，而且减轻了政府的财政压力，使得美国粮食安全得到了进一步的保障。

3.2.2 欧盟粮食安全保障体系的构建

欧盟现有 28 个成员国[①]，是世界上最主要的农业组织之一。多年来，欧盟

---

① 截至 2019 年 6 月，英国还未正式脱欧，仍然是欧盟的成员国。

内部已经实现了粮食生产的区域化、专业化和现代化，粮食总产量和人均产量均位于世界前列，粮食生产自给富余，同时也是农产品的主要出口地区之一。尽管如此，欧盟国家对粮食安全体系的建立一直给予高度的重视，并且采取各种措施保障和提高粮食生产能力，特别是与粮食安全相关的谷物、蛋白性农产品的供给，形成了一套完整高效的区域性粮食安全体系。在 2018 年，欧盟针对粮农的财政总支出达到 580 亿欧元，占欧盟财政总支出的 36%，其中对于农民的直接支付达到 417 亿欧元，接近欧盟支农总支出的 3/4。

表 3－8　　　　　　　**2018 年欧盟财政支农支出情况**　　　单位：十亿欧元

财政支出项目	欧盟财政总支出	欧盟财政支农支出	直接支付支出	农村发展支出	市场支持支出
金额	160.11	58	41.74	14.37	2.7

注：直接支付是指欧盟的直接支付制度支出；农村发展支出是指欧盟解决农村发展问题的支出；市场支持支出是指应对市场困难情况时的支出，包括价格支持支出以及市场风险支出。

资料来源：CAP at a Glance, European Commision, 2018.

1. 欧盟粮食保障体系的变迁

1957 年 3 月，作为欧洲共同体宪法基础的《罗马条约》规定，欧共体六国应制定共同的农业政策，建立有保障的粮食市场，提供保护农民利益的粮食价格从而提高区域粮食生产能力。这一时期的共同农业政策（common agriculture policy，CAP）确立了价格支持、农产品出口补贴、单一市场和稳定财政支持四项原则。CAP 的实施提高了欧盟增加粮食生产和确保粮食安全的能力，1961～1969 年、1970～1973 年、1974～1978 年，欧共体农业劳动生产率年均增长 7.1%、6.6% 和 3.7%。然而，扭曲价格形成机制的价格支撑制约了市场调节粮食产量的功能。20 世纪 70 年代以后，由价格和市场支持导致的农产品结构性供过于求和财政供过于求的问题越来越严重，农业环境污染问题开始显现。欧盟在 20 世纪 70 年代和 80 年代的农业政策进行了一系列改革。在 1972 年，曼斯霍尔特提出以促进农业生产现代化、鼓励 55 岁以上农民早退休、培训农民等政策。这一轮改革的主要目标是解决价格扭曲对所产生的严重生产过剩和财政负担的问题。

从 20 世纪 90 年代开始，欧盟实行了绿色粮食生产的转型。1992 年的"麦克萨利改革"将改革聚焦在三个方面：一是 1995 年和 1996 年粮食支持价格下调29%，牛肉支持价格下调 16%，使其更接近世界市场价格；二是用直接支付的方式补偿粮食生产者因农产品价格下降而遭受的预期损失，但支付的数额取决于粮食种植面积或上一年度的粮食生产状况，与当前生产"脱钩"；三是通过休耕或者轮转经营等方式实施土地闲置计划，1995 年和 1996 年的闲置土地比例分别为 15% 和 10%。此外，"麦克萨利改革"计划还包括环境保护、农民退休和植树造林计划。"麦克萨利改革"之后，欧盟的农业补贴有所减少，但总体补贴水平仍处于世界前列。为此，美国、日本等国对欧盟的补贴水平仍然不满，农产品贸易争端不断加剧。欧盟委员会为应对 WTO 新一轮农产品贸易谈判，特别是美国及凯恩斯集团（Cairns Group）[①] 的压力，决定削减农业补贴。

1997 年 4 月，中欧、东欧和塞浦路斯等 6 个农业人口较多、人均收入较低的国家申请加入欧洲联盟，欧盟需要建立一个新的财政预算框架来调整现有的粮食政策。在上述背景下，欧盟签署了"2000 议程"，计划实施更具有市场化、更注重环保的粮食保障措施。在支持手段市场化方面，进一步降低价格支持力度，其中谷物价格支持力度降低 15%，牛肉价格支持力度降低 20%。直接支付将进一步增加对农业生产者的直接支付，粮食价格下降的 50%、牛肉价格下降的 85% 以及牛奶价格下降的 65% 将由直接支付补偿。尽管"2000 议程"进一步提高了直接支付的占比，但对价格支持的削减并不彻底，对农作物和畜牧产品的价格支持依然存在，这部分产品的产量过剩导致财政负担和环境污染问题日益加剧。

2008 年，欧盟开始了对 CAP 的健康检查，并且决定推进除了山羊和奶牛等少数农产品之外的其他所有农产品的脱钩补贴改革，并且保证农民所获得的补贴不少于改革前的 75%。2016 年，英国举行脱欧公投，并于 2017 年 3 月启动脱欧进程。鉴于英国对欧盟的财政贡献远远大于其获得的支持，在英国脱欧后，欧盟需要重新安排粮食补贴预算，以及各成员国在 2021～2027 年新财政框架中的份额。

---

① 凯恩斯集团最初由 14 个农业生产与出口国于 1986 年 8 月在澳大利亚凯恩斯市成立，其成员国主要是从事农产品出口的发展中国家，这些国家因农业生产效率低和财政资金缺乏而深受欧美国家出口补贴之苦，强烈要求纠正在农产品贸易上的扭曲现象，又称为"碑石组织"。该组织现有 19 个成员国，包括阿根廷、巴西、澳大利亚、智利和加拿大等国家。

2. 欧盟构建粮食安全保障体系的经验

价格支持政策。欧盟自从开始实施 CAP 以来，大部分公共预算支出用于支持欧盟价格政策，补贴农产品价格和出口。价格支持政策允许粮食价格在管制价格范围内上下浮动，但一旦超出这个范围，政府就会采取一定措施使价格重新回到价格范围内。价格支持由三部分组成：目标价格、干预价格和门槛价格。目标价格是农产品价格支持的核心，它是根据欧盟内最供不应求地区的农产品市场价格（包括仓储和运输成本）确定的，它是欧盟农产品生产者的指导价格，同时也是农产品的最高浮动价格，每年由欧盟部长理事会来确定 14 类农产品的目标价格；干预价格一般比目标价格低 10% ~ 30%，它是农产品价格下降的最低限度，当市场价格下跌，市场管理机构将以此价格购买农产品，以确保农产品的价格不会再下降，从而保证农产品生产商可以收回成本并且获得微利，从而达到支持农业生产活动和稳定农产品市场的目的；门槛价格是指非欧盟国家的谷物、乳制品和糖类产品在抵达欧盟港口时由欧盟签发的最低进口价格，它是欧盟建立统一农产品进口关税体系的重要组成部分，欧盟对低于门槛价格的进口食品征收关税，使进口食品的价格不能低于欧盟市场价格，它实质上是在共同体之外建立起一种保护性的"大门制度"，以避免欧盟以外的国家以低价倾销农产品而造成欧盟农产品的利润损失，这对于维护欧盟内部农产品市场的稳定至关重要。这一政策的实施极大地提高了农产品的产值，刺激了农产品的生产，并在较短的时间内解决了欧盟粮食短缺的问题，但这种价格支持政策也带来了许多问题。除了农产品过剩带来的财政负担之外，价格支持政策还进一步拉大了大农户和小农户、农业发达地区和欠发达地区之间的收入差距。自 20 世纪 80 年代中期以来，欧洲联盟对其共同农业政策进行了一系列改革。其中最重要的是不断降低对于农产品价格支持的补贴，从而降低农业担保支出在财政中的比例。欧盟的生产者保护指数（Producer Protection Ratio）从 1987 年至今呈明显下降的趋势，从 1987 年的 1.787 下降至 2017 年的 1.063。然而，欧盟仍然没有放弃农产品价格支持政策，农业支持政策只是从价格支持转向生产者直接补贴，并逐步从与直接补贴挂钩向直接补贴脱钩过渡，但过渡速度非常缓慢。

直接支付制度。直到 20 世纪 90 年代初，欧盟的粮食生产面积约占农业用地的 40%。欧盟多年来对粮食生产的补贴导致了粮食生产过剩，造成了一系列的问题，每年欧盟不仅需要为储存过剩的粮食支付大额的仓储费用，还需要为过度耕种造成的环境破坏支付治理费用。乌拉圭回合谈判对成员国的农业补贴政策进行了限制，要求成员国按照《农产品协定》的规定减少黄箱农业补贴，迫使欧盟对粮食补贴政策进行改革。欧盟在内部利益冲突和国际压力下决定改革共同农业政策，在保证农民生活水平的同时减少粮食产量。1992 年以后，为了适应乌拉圭回合谈判的要求，欧盟把对农业补贴从价格支持转向对农场主的补贴。欧盟于 1999 年提出的《2000 年共同农业政策改革议程》（the Agenda 2000 Reform of the CAP），其主要目标是降低价格水平，增加对农民的直接补贴，并为农业环境规划做资金准备。2003 年，欧盟通过了一项新的联合农业改革计划，计划对包括农业基础设施建设补贴、农村道路维修补贴、农业灌溉设备和干燥设备购置补贴、农产品储存设备和加工设备的建设进行补贴。同时，欧盟对于具备良好的自然条件和农业发展潜力、经济发展仍处于落后阶段的地区提供额外的补贴资金，以支持区域农业和经济平衡。欧盟以一种渐进的方式，把与生产挂钩的直接补贴转变为单一的直接支付补贴体系，即从一种蓝箱补贴向绿箱补贴转化。这种直接支付补贴的好处是，直接支付不再与生产挂钩，而是与环境、食品安全、动植物健康、动物福利和农业生产条件挂钩；另一个好处是不违反市场原则，操作简单，不需要每年进行统计、计算和审计。从表 3 - 9 可以看出，欧盟从 2000 年开始加大对直接支付制度支出的力度，在 2000 年直接支付支出约占财政支农支出的 62.5%，而到了 2017 年，这个比例上升到了 93%。

表 3 - 9　　　　　**2000 ~ 2017 年欧盟各项财政支农支出**　　　　单位：百万欧元

年份	支农总支出	直接支付支出	粮食出口补贴	粮食仓储支出	其他支出
2000	40505.9	25499.4	5646.3	960.0	4223.7
2001	41533.9	28027.3	3409.1	1126.6	4607.1
2002	43520.6	28836.0	3444.7	1173.2	5717.3
2003	44379.2	29697.6	3729.6	928.1	5344.3
2004	43579.4	29826.8	3384.2	322.4	4688.1
2005	48465.8	33700.8	3051.9	851.5	4550.6
2006	49798.8	34051.3	2493.6	756.9	4787.3
2007	42413.2	37045.9	1444.7	- 106.7	4029.4
2008	43008.8	37568.6	925.4	147.9	4366.9

续表

年份	支农总支出	直接支付支出	粮食出口补贴	粮食仓储支出	其他支出
2009	46093.3	39113.9	649.5	173.4	6156.4
2010	43987.4	39675.7	385.1	93.6	3833.0
2011	43817.9	40178.0	179.4	−175.6	3636.1
2012	44554.2	40880.0	146.6	32.3	3495.1
2013	45011.7	41658.3	62.3	31.6	3259.5
2014	44288.1	41659.7	4.5	5.1	2618.8
2015	44939.6	42168.0	—	—	2771.6
2016	44084.5	40808.7	—	—	3275.8
2017	44694.8	41551.2	—	—	3143.6

资料来源：CAP，European Commission database，2019.

对欧盟外的农产品增加关税和休耕制度。所有从欧盟以外国家或地区进口的农产品，必须在加征关税后才能在欧盟国家销售，这种人为地提高进口农产品的价格的方法使得欧盟国家生产的农产品更具有竞争力。同时，欧盟采取非关税手段，例如绿色技术壁垒，限制外国农产品对欧盟市场的影响。进口农产品价格高企和长期博弈优势基本消除了粮食安全隐患，避免了由欧盟外部不稳定带来的风险。欧盟休耕政策是为了控制粮食产量，解决粮食供给过剩的问题，也是维护水土资源，减少土壤污染、水土流失和农药残留等高效集约化粮食生产带来的负外部性影响。休耕分为强制休耕和自愿休耕，政府直接补贴休耕土地，同时要求农民在休耕期间不能抛荒，必须保持土地的生产能力。

3.2.3　日本粮食安全保障体系的构建

日本是一个耕地资源有限，但人口十分稠密的国家，耕地资源有限以及劳动力价格高昂等因素一直制约着日本的粮食安全体系的建立。随着经济的发展、人口的增加和粮食贸易自由化的加深，日本的粮食自给率开始呈现下降的趋势。虽然粮食自给率并不等价于粮食安全，但是粮食自给率的逐年下降一直警醒着日本政府建立粮食安全体系，因此，如何保障日本的粮食安全和协调粮食安全与经济发展之间的关系是日本政府工作的重中之重。日本的粮食安全体系与其国内的农业发展及农业支持政策紧密相关，日本粮食安全体系在演变过程中突出了它的阶段性，即日本政府能够随着经济发展的阶段不同和国际环境的变化来调整和完善粮食安全保障策略。虽然日本在粮食自给率方面低于其他主要发达国家，但是由于日本政府建立的粮食安全体系，其粮食安全指数仍然名列前茅。自"二战"结束后，日本粮食安全体系的建立经历了三个主要阶段：恢复期、工业化期及国际化期，这三个阶段分别体现出重视粮食自给、重视调整粮食生产结构和适应国际规则的特征。

1. 日本粮食安全体系的变迁

在"二战"结束后，日本粮食生产萎缩，国内供给不足，再加上外汇不足以及受到国际贸易限制等因素，日本的粮食进口也受到影响。在国内外的双重压力下，保证粮食增产以确保自给自足成为日本这一时期的粮食安全保障政策的重点，其中农村土地改革、土地改良和价格支持是该阶段最具有代表性的政策。日本政府分别在 1945 年和 1946 年颁布了《紧急开垦实施要领》和《农地调整法修正法案》，改变了过去的半封建性质的租佃关系，通过强制征收地主的土地，再以低价卖给佃户和农民，逐步实现了"耕者有其田"的土地制度。到了 1950 年，自耕农由 1945 年的 173 万户增加到了 382 万户，占农户总数的62%，是日本主要的农户类型；而佃户则从 1945 年的 157 万户下降至 31 万户，仅占总农户的 5%。1952 年，日本通过颁布《农地法》进一步把土地体制改革上升至法律层面，确定了自耕农制度。土地改革极大地解放了农村生产力，农民的生产积极性也得到了很大的提升。1945 年颁布的《紧急开拓实施要领》还指出，要通过大规模开垦农田来增加耕地面积，但是由于经验短缺以及工程量巨大，截至 1951 年仅完成了不到原定计划的 1/3。因此，日本政府将目光从新增耕地转移到土地改良。相比于新增耕地，土地改良具有建设周期短、成本较低和增产效果明显等特征。在 1949 年，日本颁布了《土地改良法》，把土地改良以法律的形式纳入粮食安全体系建设当中。该法律的主要内容如下：土地改良由农林水产省统一管理及统筹，在行政上整合了与内务省得管辖内容，提高了行政效率；确立了以土壤改良、开荒造田和水利建设等为主体的土地改良活动；通过提高自耕农的粮食生产效率从而达到粮食增产的目的。除了法律以外，日本政府对土地改良政策的财政支持力度也十分显著，1953 年的《粮食增产 5 年计划》明确指出土地改良是国家财政预算支出的重要部分。到 1955 年，日本财政的土地改良支出占农林支出的比重达到 14.2%，而 1950 年仅为 6.2%。在粮食价格支持方面，日本于 1952 年修订了《粮食管理法》，规定日本政府减少对价格和贸易等方面的直接管制。该法案规定日本对大米实行双重价格，政府以较高的价格（生产者价格）收购粮食再以较低的价格（销售价格）销售。生产者价格是由粮食的基础价格和粮食补贴组成，并且超额或者提前完成大米上交任务的农民可以获得奖励。直至 1953 年，各种奖励和补贴占生产者价格的 21%，比 1952 年增加约 8%。这种双重价格机制极大地提高了农民生产粮食的积极性，日本的粮食生产能力也逐步得到提升，粮食供应不足问题也得到缓解。

由于日本从 20 世纪 50 年代中期开始产业结构转移，利用本国劳动力优质低价的特点大力发展重工业，经济快速上升。随着经济发展和国民生活水平的提高，国民的饮食习惯也逐渐被"西化"，对小麦和动物性食品的需求不断增加，导致国内稻米需求下降，库存积压等问题，给财政带来巨大负担。日本政府开始逐渐意识到国内粮食供求不匹配的问题，并在 1961 年制定的《农业基本法》中提出扩大蔬菜、水果和动物性食品的国内生产和减少小麦、大豆和杂粮的国内生产的粮食战略。该法律标志着日本工业反哺农业的开端，制定了以保障稻米价格的价格支持政策和粮食生产投入支持政策。稻米价格支持政策包括最低价格保障制度和成本补偿制度；而生产投入支持政策主要可以分为农业基础设施建设补贴和耕地改良补贴构成的直接补贴以及农民用于购置生产资料和开垦耕地所需贷款的利息补贴构成的间接补贴。另外，日本政府大力推动农业规模化和现代化经营。日本政府自 1962 年后通过多次修改《农地法》，逐步取消了农户拥有耕地的限额，放宽了耕地经营资格，做到了土地耕种权、经营权和所有权的分离，提高了耕地的利用效率。而且在这一时期，日本农业机械得到了长足的发展，至 20 世纪 70 年代中期，以水稻为主的耕作过程已经全部实现了机械化。农业化学产品也在这一时期得以广泛使用，1955 ~ 1975 年，高浓度化肥使用量增加了约 45 倍，普通化肥的使用量额增加了约 10 万吨。由于农业机械化和农业化学化，粮食耕种时间大幅缩短，更重效率大幅提升，国内的粮食供给也相应上升。此外，日本从 1973 年开始重视农业海外投资，积极探索投资新形式，把农业海外投资纳入解决本国粮食安全问题的重要策略，因此农业海外投资进入高峰期。在这一时期，日本政府鼓励本国的企业进行海外的农业投资，鼓励措施包括放宽海外投资限制、对投资的企业发放补贴和提供预算支持等方式，日本政府甚至直接参股涉足农业海外投资。

自从 20 世纪 80 年代以来，世界形势发生了深刻变化，日本的粮食安全体系面临新的挑战。随着日元升值和农业海外投资不断增加，大量进口廉价农产品进入日本，国内粮食市场受进口的影响，粮食自给率一直在下降。此外，多边贸易体制的加强使得日本的价格支持和限制大米进口等农业保护措施受限，这意味着日本必须在适应农产品市场化的同时保护其粮食安全。农产品进口冲击和国内补贴的下降增加了日本粮食生产的不确定性和粮食供给风险。因此，日本调整了国内粮食政策，以适应这一时期的国际规则，并重视紧急情况下的粮食安全。

日本农业在相当长的一段时间里缺乏国际竞争优势，新形势下的日本政府继续依靠价格支持和财政支出维系国内粮食生产显然不是长久之计，也不利于整个国家的粮食安全体系的建立。因此，日本希望在更开放的条件下，开发农业潜能，以更为进取的方式来保障新形势下日本粮食安全。自 2013 年开始，日本农林水产省成立了"进攻型农林水产推进部"，旨在提高日本在国际上的农业竞争力，从"保护型农业"转变为"进攻型农业"。

2. 日本政府构建粮食安全保障体系的经验

严格控制大米进口。大米在日本的粮食安全体系中扮演着十分重要的角色，是日本的"政府米"。但即使是作为日本受保护最高的农产品和日本农业贸易自由化的最后一道防线，大米也避免不了市场化的浪潮。在乌拉圭谈判的初期，日本曾经承诺履行最低进口义务，每年进口一定数量的大米，且进口量会逐年提高，以此推迟大米市场化的浪潮。但是最后迫于 WTO 和外国政府的压力，日本开放了大米市场，对大米实行关税化，至此日本所有的农产品都会受到进口产品的不同程度的压力。虽然自 1999 年开始日本对大米实行关税化，但日本政府规定了大米进口配额，配额内的大米免征关税，配额外的每千克大米必须缴纳 341 日元的关税。如此高的关税水平导致大米进口税收成本高昂，大米进口商的积极性受到挤压。此外，日本政府不仅限制进口大米的数量，进口大米的用途也受到政府的严格管控，进口大米主要用于补充库存、食品加工和国际援助等，严格控制进口大米用于国内主食。除了采取高额关税和严控进口大米的用途之外，日本还采取了动植物检验检疫和消费者偏好等更隐蔽的方式来防止进口大米流通到本国的大米市场，从而减少进口大米对国内的大米价格的影响。根据表 3-10 可知，2000 年之前，日本政府对大米、小麦、大麦的补贴力度很大，农业支持政策对以大米为主的农产品的生产影响较大。2007 年之后，对大米、小麦、大麦的补贴力度开始减弱，对猪肉生产的补贴力度开始逐步加大。这也与日本的农业政策和 WTO 农业谈判紧密相关。

表 3-10　　　　1986~2017 年日本主要农产品生产者名义保护系数（NPC）

年份	小麦	大麦	大米	牛奶	牛肉	猪肉	鸡蛋
1986	6.46	6.39	5.93	7.94	4.61	1.54	1.20
1991	5.81	5.17	4.38	3.69	1.36	1.74	1.20
1996	4.90	3.94	4.71	2.95	1.46	2.00	1.19
2001	1.56	2.42	6.66	2.00	1.39	1.79	1.17
2006	1.19	1.81	4.03	2.04	1.39	2.62	1.17
2011	1.00	1.79	3.32	2.08	1.39	2.89	1.17
2015	1.00	1.65	2.11	2.37	1.39	2.86	1.17
2016	1.00	1.92	3.06	2.59	1.39	3.34	1.17
2017	1.00	1.88	3.89	2.15	1.39	3.04	1.17

注：名义保护系数（NPC）是由名义保护率（NRP）派生指标，NPC = (PP + PQ)/P_b，其中：PP 为政府对生产者的财政预算支持，等于农业生产者补贴减去市场价格支持；PQ 为单位农产品获得的基于产量的补贴，即 OECD 农业补贴政策分类中 A.2 基于产量的支付；P_b 为农产品边境价格。NPC 数值越大，表明政府对农业生产者或特定农产品的支持力度越大；农业总收入中来自政府财政支持的比重越大，表明政府的农业支持政策对农业生产的影响越大。

资料来源：OECD：Agricultural Policy Monitoring and Evaluation 2018.

削减黄箱补贴，增加绿箱补贴。日本从 1995 年开始实行《主要粮食的供求及价格安定法》，对过去国内具有扭曲农产品价格的政策进行调整，使得粮食价格受到市场主导；1999 年开始实行《粮食农业农村基本法》，使得日本农业补贴措施更注重市场化。一方面，日本对国内农业补贴水平下降。另一方面，国内农业补贴的方式更加科学合理。自 1995 年以来，日本开始削减以价格支持为主的黄箱补贴政策，转向实行以动植物检疫、农业技术研究与农业基础设施建设为主的绿箱补贴政策。在 1998 年，日本政府首次实施直接收入补贴政策，制定了"稻米经营稳定计划",使用由农民和政府共同出资建立的大米稳定基金,在农民完成政府规定任务的基础上,补偿农民因大米价格下跌而造成的收入损失。该政策实质上是一种保险,它保证了日本的大米价格维持在较高的水平,保证了农民种植大米的收益。1999 年,日本颁布《粮食,农业和农村基本法》,粮食补贴政策从过去的价格支持变为直接收入补贴、农业基础设施建设补贴及公共服务等。同年,农业经营对象培训制度的建立,更进一步地保证了骨干农民和重点农民的生产积极性。日本大多数耕地位于山区,山区耕地面积约占全国总耕地的 40%。在自然条件的制约下,山区粮食种植条件远远不如平原地区,这导致了农民种植积极性下降,土地流失现象严重。为了增加山区农民收入,日本政府于 2000 年颁布了《山区和半山区直接支付制度》,对山区和半山区实行粮食直接收入补贴,努力提高山区和半山区的生产水平。2005 年,日本政府推出了三种直接支付方式:水环境保护支付、收入差异支付和生产支付。其中,对绿色农业生产导致农民收入下降的,政府给予水环境保护补贴,鼓励农民改变生产方式,从而促进经济环境协调发展。在高额补贴的作用下,日本农民生产粮食的积极性得到了极大的提升,荒地得到了逐步的开发,农业基础设施建设也日趋完善,保证了日本食品的有效供给。

建立粮食危机保障计划。大豆禁运危机和粮食危机的发生使日本认识到,仅仅依靠进口来保障粮食安全存在许多不稳定因素。为了确保国内粮食供应在紧急情况下仍然得到保障,日本政府已开始关注紧急情况下的粮食安全。1999年的《新基本法》规定,由于粮食收成不好和出口禁运导致国内粮食供给一定时间内出现紧张的情况时,政府可以通过粮食增产和限制流通等方法来保障最低程度的粮食供给。日本在《新基本法》的基础上,于 2002 年 3 月发布了《紧急情况下的粮食安全指引》,并在多次修订后更名为《紧急事态粮食安全指引》,该指引将可能遇到的粮食供应紧迫情况分为三个层次,并对每一层次应采取的措施、应遵守的法律法规和执行的程序给出了明确的指示。鉴于日本自然灾害频发,日本政府还制定了大规模灾害或新的流感疫情等可能影响粮食供应的突发事件应急预案。当灾难或流感发生时,粮食公司往往会受到灾难的影响而停止经营,导致食品供应紧张。为此,日本政府在 2011 年制定了食品企业业务连续性计划,通过建立政府与企业之间的联动机制,实现企业在紧急情况下快速回复经营。

3.2.4 印度粮食安全保障体系的构建

中国的粮食安全与印度的粮食安全有着许多相似之处。首先，从宏观上看，中印两国同为转型中的人口大国，且都面临着农村、农业发展以及改善农民生活的问题；其次，从微观上看，两国农业发展面临着人均耕地资源稀缺、农业生产组织分散化、农业资源禀赋劣势突出、农产品基本自给、部分依赖进口、农村稳定和农民增收等共同问题。毫无疑问，印度的粮食安全体系建立的经验对于我国来说具有重要的借鉴意义。

1. 印度粮食安全体系的变迁

第一阶段：变革农村生产关系。在 1947 年印度宣布独立时，印度的土地分配极为不平等，大约 22% 的农村家庭没有土地，25% 的农村家庭只有 1 英亩以下的土地，而仅占全国农村家庭总数的 5% 的富农家庭拥有着全国 41% 的土地。尼赫鲁政府废除了"柴明达尔"（Zamindar System）[①] 土地所有制，并且借助印度经济建设五年计划，扩大耕地面积；此外，印度政府规定了土地持有的最高限额，在一定程度上改变了农村的生产关系，初步实现耕者有其田；印度在1950 年成立了全印度农产品价格委员会，通过价格支持政策保护农民收入，提高农民粮食生产的积极性。虽然这一系列的改革政策使得印度的粮食生产实现了初步现代化，但小农经济仍然居于粮食生产的主导地位，农业经济依然保持着封建、个体和资本主义共存的局面。

第二阶段：第一次"绿色革命"。1966 年印度政府为了缓解粮食供应压力和提高粮食产量，推动了绿色革命，旨在通过推广优良高产品种、提高灌溉水平以及提高粮食生产机械化等方式促进粮食生产的集约化、现代化发展。在这一时期，印度政府主要推行四个扶持粮食生产的政策。第一，政府设置农产品最低收购价，通过国家采购的方式，以高于最低收购价的价格向农户购买粮食，以此来稳定农产品价格；第二，政府扩大基础设施建设，邦政府负责对农村的

---

① 柴明达尔土地所有制是指英国东印度公司在印度实行的一种税收及土地制度，柴明达事实上是印度语中的"土地所有者"，该制度规定印度政府通过中间人柴明达尔向农民征收田赋。

电力、灌溉及道路等基础设施进行投资；第三，扩大政府对农业投入品的财政补贴以及信贷补贴，加大对化肥、农药和种子等农业生产资料的补贴；第四，从事农业生产基本无须纳税。"绿色革命"使得印度的粮食产量从1964～1965年的7234万吨跃增至1990年的1.7亿吨，不仅实现了粮食的自给自足，还能有余粮出口，从而逐步解决了印度的粮食危机。

第三阶段：市场化改革阶段。从1991年开始，印度实行了大规模的经济改革，其中国营企业私有化、取消外贸许可制度、大力引进外资及技术等措施使得印度经济快速发展。相应地，印度政府对粮食生产也采取了新措施，例如增加对农业基础设施建设的投资、改进农业信贷制度等。但在这一阶段，印度政府取消了对化肥的价格补贴以及农产品出口退税补贴，更多地利用价格支持来刺激粮食生产。

第四阶段：第二次"绿色革命"。印度此前由于大规模地使用肥料、杀虫剂等化学品刺激粮食生产，造成了农业生态失衡、土壤肥力退化和水源污染等环境问题。为了改变这一问题，印度从2006年开始实现农业的第二次"绿色革命"，基本措施主要有：增加国家对基础设施建设和农业科研的投入；推广低息的农业信贷，减轻农民的债务负担和提高农民的生产积极性；促进市场的改善，鼓励农民生产水果、蔬菜等利润较高的新品种；提高土壤肥力和用水效率。2007年，印度政府又出台了国家农民政策（National Policy for Farmers，NPF），该政策不只是注重发展农业，而更侧重于改善农民的经济情况和农村地区的发展，给农民提供更广泛的价格支持政策和风险管理措施。

2. 印度政府构建粮食安全保障体系的经验

价格支持政策。为了确保粮食的有效供给，印度政府实施了多样化的价格支持政策，其中主要包括生产者政策和消费者政策。前者主要通过最低支持价格（MSP）、市场干预价格（MIP）和缓冲库存储备（BSO）粮食生产者产生影响；后者主要通过目标公共配送系统（TPDS）对消费者产生影响。这两项政策的关键是政府支持粮食价格，为不同部门的粮食差额部分提供财政补贴，即粮食补贴。印度目前的粮食补贴政策旨在增加粮食产量，确保有效的粮食供应，针对这一目标，补贴主要集中在粮食补贴、化肥补贴、灌溉补贴和电力补贴。其中，粮食补贴和化肥补贴是补贴的核心。

表 3 – 11　　　　　2011～2018 年印度主要粮食产品最低支持价格　单位：卢比/百公斤

年份	普通稻谷	玉米	芝麻	大麦	小麦
2011～2012	1080	980	3400	980	1285
2012～2013	1250	1175	4200	980	1350
2013～2014	1310	1310	4500	1100	1400
2014～2015	1360	1310	4600	1150	1450
2015～2016	1410	1325	4700	1225	1525
2016～2017	1470	1365	5000	1325	1625
2017～2018	1550	1425	5300	1410	1735

资料来源：Agricultural Statistics at a Glance（2015）；Agricultural Statistics at a Glance（2018）.

　　印度的农产品（主要是粮食）价格支持政策有两个主要目标：一是通过对粮食的支持价格订购，提高农民的生产积极性和确保农民获得稳定的收入，即生产者政策；其次，通过政府的财政补贴，保证以合理的价格向公众提供充足的食物，即消费者政策。在印度政府执行价格支持的过程中，农业产品成本和价格委员会基于农产品的成本、工业和农业产品的比例、供应和需求的比例以及农民的合理利润向政府提供收购农产品的建议价格，经过有关部门的确认后被确定为最低保护价。印度食品公司以最低支持价格购买农产品，在缓冲库存之后，以"中央发行价"向各个邦政府出售农产品。值得一提的是，印度食品公司在购买农产品过程中产生的各种税费、佣金、运费、仓储费等费用，共同构成了购买食品的成本价。当"中央发行价格"低于粮食购买成本时，差额部分由政府补贴，形成粮食补贴。政府在通过直接公共分配系统向消费者提供农产品的过程中，提供财政补贴，实行差别价格，使贫困线以上的家庭高价购买食品，而贫困线以下的家庭低价购买食品，确保不同收入群体能够获得相应的粮食供应。印度充足的粮食采购和有序的粮食配送有助于粮食安全体系的建立，在人民生活和国家粮食安全中发挥重要作用。除了确保居民的粮食安全，印度政府还推出了一些项目来解决妇女和儿童的营养问题，例如实施儿童综合发展服务计划和每日膳食计划。此外，印度政府对园艺产品和易腐农产品等不包括在最低支持价格之内的产品实行市场干预价格（MIP）。如果农产品市场价格低于特定价格水平，政府以市场干预价格购买粮食。其间发生的费用和损失由中央政府和国家政府共同承担，进一步扩大了粮食补贴的范围。

　　对粮食生产投入品的直接补贴。为了进一步改善农业生产条件，提高农业竞争力，从而确保粮食安全，印度政府自20世纪80年代以来对一些粮食生产投入实行直接补贴,主要包括化肥、电力和灌溉用水补贴。根据 WTO 农业协议的有关规定,对农业生产资料的直接补贴是一个对生产和贸易具有扭曲作用的黄箱中非特定产品支持政策,需要削减,但由于支持非特异性产品的支持水平低于农业总产值的 10%,故这部分不需要削减。因此,粮食投入品补贴政策是印度粮食安全政策的重要组成部分。

化肥补贴。化肥补贴是粮食投入品最重要的补贴形式,它主要是通过政府直接支付化肥生产商,以换取农民以低于市场价格的价格购买化肥。实施化肥补贴政策,不仅可以减轻农民的粮食投入负担,而且可以激发农民的生产积极性。自印度独立以来,化肥价格不是由供需决定的,而是由政府决定的,而且化肥补贴政策并非一成不变。2001 年 4 月,印度政府解决了印度农业化肥不平衡的问题。政府对化肥补贴政策进行了改革,提出了"基本营养补贴"(NBS)。该政策主要是通过增加含硫肥料的投入,向缺硫田增加含硫肥料以提高产量。然而,化肥补贴政策也造成了许多负面影响,如土壤养分不平衡、环境污染和地下水枯竭,这些也造成了许多邦的财政赤字。过多的化肥投入会适得其反,不仅不能增加粮食产量,还会降低原有的土壤肥力。

电力补贴。印度的农业电力补贴主要用于弥补电力供应成本与农民支付电费之间的差额。在印度,农民用于农业生产的电力是免费的,用于生活的电力则可以享受一定的优惠。但是对于生活在贫困线以下的农民来说,无论是生产还是用电,都是免费的。可以说,农业电力补贴对印度的农业生产和农民的生活有着重要的意义。

灌溉用水补贴。免费或低成本的电力供应为农民利用地下水资源,满足农业灌溉需求提供了良好的条件。然而,问题是地下水资源的逐渐枯竭对农业的可持续发展构成了威胁。近年来,印度政府开始重视水资源的合理有效利用,增加对农业灌溉设施建设和管理的补贴(见表 3 - 12)。

表 3 - 12　　　　　　　1996~2016 年印度财政主要支农支出　　　　单位:千万卢比

年份	化肥补贴	粮食补贴	电力、灌溉及防汛支出
1996	6235	5715	20928
1997	5906	6420	23192
1998	7322	7907	25407
1999	7806	9009	25570

续表

年份	化肥补贴	粮食补贴	电力、灌溉及防汛支出
2000	8963	9947	27462
2001	13811	12552	33799
2002	11015	17902	38799
2003	11847	24794	39519
2004	16127	26161	70450
2005	19671	26637	63801
2006	26222	24240	80191
2007	32490	25133	83425
2008	76602	46294	96863
2009	61264	62120	103115
2010	62301	67626	106228
2011	70792	76921	129665
2012	65613	90915	149378
2013	70933	99825	156841
2014	71076	125539	191220
2015	72438	151174	261025
2016	70000	144168	289838

资料来源：Indian Public Finance Statistics（2005）；Indian Public Finance Statistics（2011）；Indian Public Finance Statistics（2017）.

粮食仓储管理政策。印度每年由于加工不当、储存设施不足、虫害和物流管理不善造成的粮食浪费数量惊人。此外，由于新鲜水果和蔬菜在收获后的处理、冷藏、加工等基础设施不健全以及销售渠道不方便，很大一部分新鲜果蔬处于巨大的浪费之中。印度在仓库管理方面起步较早。1956 年，国会通过了《农产品开发与仓储公司法》，成立了中央仓储公司。1965 年成立的食品公司也在各地建立了较为完善的仓储设施。然而，印度目前的储备设施大多规模较小，质量结构较差，缺乏及时维护，大大缩短了使用期限。为期三年的《印度仓储法（发展和管理）》于 2010 年 10 月颁布，该法应有助于改善商品融资，增加农产品仓储投资。与以往建立的储备粮库相比，印度现代粮食物流设施、储粮烘干设施、储备储罐建设、仓储维修、农民科学储粮设备配置等方面都取得了重大突破。在未来，印度政府还将在新建仓库的基础上，发挥现有仓库的作用，着力建立粮仓维修改造长效机制，进一步改善粮油仓储设施条件，及时开展自然灾害应急存储运输设施维修改造；设立农民科学储粮专项资金，减少农民储粮损失。

重视发展农业教育与科技。重视农业教育及农业科技的发展，是发挥传统农业精细化以及现代农业规模优势的重要途径。印度政府在农业科研和推广方面积累了大量的经验，形成了较为全面的科研和推广体系。首先，在农业研究理事会（ICAR）的支持下，印度充分发挥农业大学教育体系的作用，分批培养农业专业教育、科研和推广人才。其次，国家农业研究系统（NARS）和 ICAR 附属机构大力赞助了国家农业实验室和农业大学（SAU）农业技术研究所。目前，ICAR 研究单位和协调研究项目的数量从几个增加到大约 100 个，并且印度已经有超过 50 所国立农业大学。在农业教育方面，印度建立了农民三级学习体系：计算机研究所、公共服务中心、信息技术开发部。农民利用三个信息服务平台，形成了"邦—村—个人"的学习体系。此外，印度还加强了农业科技知识的国际合作，如 1998 年世界银行投资的印度国家农业科技项目（NATP），这有利于农民掌握农业知识，利用农业科技。目前，印度更致力于利用各农业大学的资源，促进农业科技的发展；政府还在农业教育、农业研究和农业推广方面推广了私人—公共合营（Public-Private Partnership，PPP）的运营模式（见表 3－13）。

表 3－13　　　　　　　　　印度未来农业科技创新指导原则

原则	主要内容
原则 1	保障国家粮食营养安全、农民生活富裕以及消费者健康，加强未来农业发展的可持续性
原则 2	确保印度农业在现有市场上的战略竞争优势以应对不断出现的新挑战
原则 3	利用自然科学以及社会科学的进步加强农业研究
原则 4	发展农业科学，促进农业的跨学科、跨系统发展，积极培育知识密集型和问题导向型的农业发展原则
原则 5	推进农村建设，促进农村经济的发展
原则 6	增加合作伙伴的互补性和加快农业知识创新，增加农业附加值
原则 7	积极响应政策制定者、合作伙伴、消费者以及农民
原则 8	促进知识转型，构建高效率的创新体系
原则 9	支持农业高等教育，创造良好的学习环境

资料来源：张莉等. 印度农业科技创新与战略发展研究 ［J］. 世界农业，2018（9）.

3.2.5　巴西粮食安全保障体系的构建

巴西是世界上重要的农产品生产国和出口国之一，其大部分农产品产量在世界上名列前茅，如大豆、肉类、甘蔗、咖啡和玉米。在 2015 年全世界农业总出口量中，巴西就占了 5.1%，成为仅次于欧盟和美国的世界第三大农业出口国。值得一提的是，中国是巴西最大的出口贸易伙伴，巴西在 2016 年向中国出口了约 178 亿美元的农产品，占巴西出口总额的 24.9%，比 2012 年增长了 5.6%（见表 3 - 14）。

表 3 - 14　2012～2016 年巴西主要农产品出口量占世界总出口量的份额　　单位：%

年份	大豆	肉类	甘蔗	咖啡	玉米
2012	17.5	15.5	12.9	6.6	5.2
2013	22.7	16.7	12	5.3	6.1
2014	23	17.4	9.7	7.1	4
2015	20.7	14.9	7.9	6.3	5.1
2016	19.8	14.6	11.1	5.6	3.9

资料来源：WTO Trade Policy Review：Brazil（2017）.

1. 巴西粮食安全体系的变迁

从 20 世纪 70 年代开始，巴西开始把农业放在经济发展的首位。在 1975 年以前，巴西出口的农产品主要是可可和咖啡，但自从 1975 年巴西政府开始对豆类和木薯等农产品实行最低价格保障政策后，巴西出口的农产品种类增多，国内粮食生产结构得到改善。1979 年，巴西政府颁布"农业一揽子计划"，对价格支持政策进行修正，使其更符合粮食安全体系建立的需要；同时该计划还规定严格限制粮食进口和大力鼓励粮食出口，具体实施方法有：进口粮食许可证制度、进口配额、提高关税以及为粮食出口的客户提供出口信贷。

然而，在 1985～1995 年，巴西陷入了债务危机，国内经济停滞不前、通货膨胀日益严重，经济形势不容乐观。尽管国内外环境不断恶化，国际农产品价格下跌，巴西的粮食产量仍然增加。在这段时间内，巴西政府开始减少对农业生产的直接补贴，主要实行的是最低价格支持政策（MPP），其主要目的是确保农民的收入。该政策由两个主要措施组成：对粮食产品实行最低价格保障政策以及政府统一采购剩余粮食。

自1995年以来，尤其是在WTO成立以及乌拉圭回合谈判结束后，巴西迎来了更加开放的农业市场，在这一时间段内，巴西对农业信贷、粮食保险和最低价格保障政策进行了全方位的改革。第一，迫于财政压力和WTO的规则，巴西逐步通过采用产品售空计划（PEP）和期权合约补贴（OC）（见表3-15）替代旧的价格支持政策；第二，巴西大力支持家庭农业，通过提供基础设施建设、给家庭农户提供低利率的信贷和免费对农民及技术人员进行培训等方式保障家庭农户的收入；第三，提供多样化的信贷支持，当巴西政府决定补贴一个农产品时，首选的是信贷支持而不是价格支持。

表3-15　　　　　　2012~2015年巴西国内支持情况

年份	2012	2013	2014	2015
国内总支持估计（TSE）（百万美元）	8542	7609	8705	5181
TSE占GDP份额（%）	0.4	0.3	0.4	0.3
生产者支持估计（PSE）（百万美元）	6873	6193	7280	4092
PSE占农场农产品收入份额（%）	3.5	3.0	3.7	2.6
直接补贴占生产者支持估计的份额（%）	53.8	72.3	78.4	83.9
一般服务支持估计（GSSE）（百万美元）	1575	1416	1424	1089
GSSE占TSE的份额（%）	18.4	18.6	16.4	21.0

资料来源：OECD Agriculture Statistics.

2. 巴西政府构建粮食安全保障体系的经验

相比于其他OECD国家，巴西的国内生产者支持水平较低。2012~2015年，巴西的平均总支持估计（TSE）仅相当于巴西GDP的0.35%，远低于OECD国家的平均值0.7%；生产者支持估计（PSE）仅占农场总收入的3.2%，远低于OECD的平均值17.6%；直接补贴（Direct Payment）占生产者支持估计的份额逐步提高，从2012年的53.8%上升至2015年的83.9%。

巴西现行的粮食支持政策主要分为三大类：农村信贷支持、价格支持和农产品服务支持。

农村信贷支持。巴西最主要的粮食支持政策就是给予农业生产部门低于普

通商业贷款利率的信贷优惠，目的就是确保粮食生产部门能够通过金融的手段
降低生产成本。根据巴西信贷政策要求，各级银行对商业贷款和家庭农户给予
不同的优惠贷款利率。巴西给予小型农户的优惠利率为 2%～6%，而普通的商
业贷款利率为 17%。为了鼓励农民，特别是小规模生产者和低收入农民发展粮
食生产，这项政策以低于市场利率的水平提供贷款，以此增加农民的收入，同
时改善农业生产和确保粮食安全。在巴西，国家银行会根据上一年度的耕种面
积及产值向农户发放贷款，大、中、小型农户可以分别获得相当于其生产资金
的 55%、70% 和 100% 的信贷。自 1965 年以来，巴西国家农村信用体系
（SNCR）开始向农民提供优惠利率贷款，尤其是像中、小农户的农业信贷利率
甚至低于个人存款利率。截至 2017 年 1 月，已有 589 家金融机构加入了信用体
系，其中 49 家是私人金融机构。表 3－16 列出了 2015～2016 年巴西生产年度的
主要农业信贷支持政策。

表 3－16　　　　2015～2016 年巴西主要农业信贷支持项目及用途

项目	用途
家庭农业促进项目（PRONAF）	为小型规模的粮农、渔民、养殖户和原住民等提供金融支持
中等规模农户支持项目（PRONAMP）	为年收入达到 175 万雷亚尔并且其中有 80% 的收入是农业收入的中等规模农户提供金融支持
拖拉机车队现代化鼓励项目（MODERFROTA）	为购置拖拉机、收割机、喷涂器、农具和加工咖啡豆的现代化农业设备的农户提供金融支持
保卫咖啡经济联邦基金（FUNCAFE）	为种植咖啡的农户和交易商提供金融支持
农业合作社资本项目（PROCAP-AGRO）	为农业合作社提供金融支持
巴西银行农业信贷项目（BB-agroin-dustrial）	为农业商业化、农产品加工和投入品的产销提供金融支持
低碳农业计划（ABC）	对减少温室气体排放的、绿色生产的农业生产方式提供金融支持

资料来源：WTO Trade Policy Review：Brazil（2017）.

巴西十分重视以金融信贷为核心的粮食安全体系的建立，当政府决定出台
一个补贴政策时，首先想到的不是价格支持，而是金融支持手段[①]。例如，巴西
曾经在 2012 年制定渔业发展的计划，其核心措施是向渔民提供低息的贷款，该
计划规定：只要是年收入低于 32 万雷亚尔的渔业生产家庭都可以申请小额生产

———
① 罗屹，肖莺，武拉平. 巴西现行农业支持政策及近年支持水平分析 [J]. 世界农业，2018（6）.

信贷和低息家庭农业生产信贷，年利率仅为 0.5%；此外，巴西政府还大力投入对渔民的培训，使渔民更充分地了解如何申请和使用政府信贷。

巴西的农业金融支持政策另一大特点是主要为低收入农户和家庭农场提供金融支持。在巴西，农业用地超过 800 公顷的大型农场仅占农场总数的 3%，这些大型农场以生产和出口大豆、甘蔗及玉米为主，但农业用地不足 50 公顷的小型农场却占了农场总数的 62%。由于前者在国际市场上拥有较强的竞争力，因此政府倾向于放开市场，让其积极参与国际竞争；后者数量众多而且关系到国内粮食供应和农民收入，因此对小规模生产者进行必要的金融支持十分重要。这样不仅可以保持巴西在农产品的出口竞争力，又能保证农村的就业及社会稳定。近年来巴西对家庭农户的金融支持力度也在不断增强，主要是通过技术、资金和农产品销售等领域为家庭农业生产者提供低利率的金融信贷。此外，巴西政府还为家庭农户制定了学校就餐计划、食品购买计划、家庭农业保险计划、收获保证计划、消除极端贫困计划、家庭农场价格支持计划和农业推广及技术援助计划等一系列的支持政策，为农民免除了粮食价格波动和生产风险带来的后顾之忧，多重保障了家庭农户的基本收入和农村就业。

价格支持政策。除了农业信贷支持以外，农产品价格支持政策是巴西粮食安全体系的另一重要手段，尤其是 1966 年开始实施的最低保障价格政策（PGPM），其政策目标是保证当农产品价格下跌时，生产者的收入仍然保持稳定。最低保证价格政策涵盖了广泛的粮食产品，例如大米、玉米、小麦、大豆、牛奶、蜂蜜等。它的具体实施者是巴西食品供应公司（CONAB），主要通过商业化工具和为最低价格农产品的储存提供金融信贷（见表 3 - 17）。

表 3 - 17　　　　　　　　　　巴西主要价格支持措施

措施	政策描述
最低保障价格政策（PGPM）	PGPM 每年都会为巴西的一些主要农作物确定最低价格，由国家货币委员会（CMN）公布。在确定最低价格的过程中，政府会综合考虑不同地区的生产成本以及影响国内和国际市场价格的因素。PGPM 通过商业化工具（AGF，PEP，COV，PEPRO 等）进行实施
联邦政府收购计划（AGF）	CONAB 以最低保障价格向生产者和合作社购买农产品，以稳定农民收入和增加粮食储备。这一措施仅限于特定产品和特定地区，且政府 100% 收购农户的产品。在 2014/2015 年度，AGF 仅用于购买 75942 吨的食用大豆以及 20158 吨的玉米，而在 2016 年，AFG 未购买任何农产品

续表

措施	政策描述
产品售出溢价（PEP）	CONAB 为以参考价格从农户购得农产品的批发商提供均衡溢价。溢价一般通过拍卖决定，并且可以反映出市场价格与参考价格之间的差异。PEP 除了为生产者保证最低价格，还经常被用来进行粮食的跨区域调整，保证粮食库存处于合理区间，适用粮食产品主要是玉米、小麦、大米和豆类等
公共期权合约（COV）	政府通过公开拍卖为合作社和生产者提供期权合约，中标者可以获得在未来以执行价格（包括最低价格、仓储成本及金融成本）向政府出售农产品的权利
农产品私人溢价期权出售（PEPRO）	该方法为合作社和生产者出售农产品提供溢价，即参考价和市场价格之差。与 PEP 相反，溢价直接付给生产者。在 2014/2015 年，巴西政府通过 PEPRO 向 905278 吨棉花补贴了 240 万雷亚尔、向 58.03 吨玉米补贴了 2.56 亿雷亚尔以及 850383 吨的橙子补贴了 4710 万雷亚尔；在 2016 年巴西政府通过该工具向 404886 吨的小麦补贴了 1.08 亿雷亚尔

资料来源：WTO Trade Policy Review：Brazil（2017）.

巴西政府每年都会根据生产成本、国际粮食价格以及国内供求情况来调整最低保障价格覆盖的产品。例如在 2014 ~ 2015 年度，AGF 承诺收购食用大豆和玉米，而随着国际农产品价格上涨，在 2016 年度 AGF 未购买任何农产品。此外，巴西还专门针对家庭农户制定最低价格保障措施，自 2010 年起，用于家庭农户价格支持的财政支出至少占全部价格支持财政支出的 20%。

农业服务支持。巴西的农业服务支持包括保险政策、建立合作社、基础设施建设和国际合作。基础设施薄弱是制约农业经济发展的重要因素，自 1969 年以来，巴西政府逐步建立了供销农村电气化合作社，为农民提供技术支持服务，购买生产、仓储、运输设备，改善农民生产生活条件。在国际金融机构的支持下，巴西于 1985 年投资 43 亿美元，制定并实施了"东北百万公顷灌溉计划"。从 1990 年开始，巴西政府增加了对农村道路建设、农产品储存和灌溉设施的资金。在 2004 年，为了有效提高农民对农业生产风险的抵御能力以及保障农民收入，巴西联邦政府颁布法令，实施农业保险费补贴计划（PSR）。为鼓励农民参与保险计划，巴西政府规定对参保农民享受优惠利率的农业贷款额度将增加 15%。保险费用由政府承担一半，另一半直接从农业贷款中扣除，减轻了农民在收获季节前承担保费的压力。2007 年，巴西政府进一步制定了农村基础设施加速发展规划（PAC），通过政府投资和吸引民间资本，向农村水利、供电、生物燃料管道和道路等与农业生产运输密切相关的领域投资 13 亿美元。

3.3 发达国家和发展中国家构建粮食安全保障体系对我国的启示

尽管各国的自然条件、经济发展水平、政治及社会文化环境存在差异，但随着工业化和经济的发展，各国的粮食安全政策也随之调整。在各国粮食安全保障政策逐步转变过程中，无论是已完成工业化的发达国家（美国、欧盟、日本等），还是正处于工业化进程中的发展中国家（印度、巴西等），其粮食安全保障体系及政策调整的具体路径及一般经验，对我国紧平衡条件下构建粮食安全保障体系及财政支持政策具有重要的借鉴意义。

3.3.1 支持和保护农业是保障粮食安全的必然选择

没有农业就不可能有粮食生产。农业生产的主要任务是生产以粮食为核心的农产品。从理论上讲，农业是一种比较利益低、风险性大的弱质产业。根据国际贸易中的比较利益理论，在市场经济条件下，农业是很难得到资金支持和保护的[1]。然而，囿于农业在国民经济中的基础性地位，以及农业的公共产品属性、外部性和政治经济学特征，各国均不同程度地对农业进行支持和保护。国际经验表明，支持与保护农业，政府除了给农业生产者和农产品市场以良好宽松的环境政策外，重要的是给予农业财政资金的支持，这是农业克服其弱质性特征得以顺利发展的物质保障。根据 OECD 公布的数据，其成员国对农业的整体支持规模由 1986 年的 2750.26 亿美元上升到 2011 年的 4067.49 亿美元，增幅高达 47.89%[2]。从我国农业发展的实际情况看，农业基础薄弱、人均耕地

---

[1]　高志辉，崔计顺，郝娟娟. 发达国家农业补贴政策及其启示 [J]. 前沿，2005 (1).
[2]　OECD PSE/CSE 数据库（2012）。

资源少、农业技术滞后、自然灾害频发以及利润率低等成为制约我国农业发展和农民增收的重要因素。根据国土资源部 2008 年对全国耕地资源的调查，2008 年我国人均耕地面积为 1.37 亩，仅为同期世界平均水平的 40% 左右。在产量方面，2009 年我国人均谷物产量为 362.98 公斤，仍低于同期世界人均谷物产量的平均水平（368.67 公斤/人）[1]。不难看出，保障国家粮食安全、促进农民收入增加，成为我国政府亟待解决的关键性问题，而我国当前总体上已进入以工促农、以城带乡的发展阶段，国家经济创造了持续快速发展的奇迹，政府财政收入持续攀升，产业结构不断优化，城镇化进程势头良好，适度加大政府财政对农业的补贴支持力度不仅是今后农业发展的基本取向，更是实现农业增产、农民增收和农村可持续发展等政策目标的理性选择。

3.3.2 优化财政对粮食生产的补贴政策，提高补贴资金的使用效益

尽管我国财政实力不断提升，但由于我国农业基础相对薄弱，需要补贴的领域和环节众多，补贴资金需求量大，而我国正处于工业化中期阶段，国力财力相对有限，这就需要不断优化农业补贴结构，提高补贴资金的使用效益。而事实上，补贴结构的划分宏观上可以从不同角度进行界定[2]，例如，根据 WTO《农业协定》的规定，从补贴性能来讲可将农业补贴结构主要划分为"黄箱"补贴和"绿箱"补贴；根据补贴对象的不同，则可以将农业补贴划分为不同品种结构的具体补贴，如良种补贴、农机购置补贴等。

优化补贴结构，应用足"黄箱"政策支持空间，有选择地启用"绿箱"政策项目。首先，"黄箱"补贴可直接影响到农民收入与支出变量，影响到农产品的经营成本与价格，对调动农民积极性有直接影响。然而，从我国"黄箱"政策使用空间看，无论是特定产品支持还是非特定产品支持，政策空间利用率均

---

① 中国统计年鉴（2012），国际统计年鉴（2012）。
② 从宏观上对补贴结构进行划分，可与后文中观、微观层面上对国外农业补贴先进经验的借鉴相区别，避免重复论述。

不高，且存在较大剩余空间（特定产品与非特定产品的剩余率分别为 49.6%、35.9%）[1]。尽管欧美国家"黄箱"政策比重逐渐降低，但充分用足 WTO 框架允许下的"黄箱"政策无疑是各国不同发展阶段的共同选择。其次，应不断拓宽"绿箱"政策的使用范围。由于"绿箱"政策是 WTO《农业协定》规定的可以免于削减的补贴类型，因而有选择地启用"绿箱"政策工具，优化"绿箱"补贴结构，形成覆盖全局的补贴体系，是一项具有战略意义的庞大工程，应随着国家经济和财力的增长不断加大补贴力度。如美国 2009 年"绿箱"政策支持总额在国内支持结构中所占比重高达 96.03%，占据绝对优势。欧盟自 20 世纪 90 年代起也逐渐扩大"绿箱"政策使用范围，补贴方式逐步由生产控制型向农业服务型转变，夯实农业发展的基础，促进农业可持续发展。

从农产品消费需求角度看，随着我国经济发展和人民生活水平的提高，人们的消费理念、偏好及行为更加多样化，客观需要农产品生产与供给向多样化的方向发展，进而不断扩大社会消费结构范围。进一步讲，由于各类农产品具有不同的比较利益，且受到农民的"经济人"决策行为的影响，市场经济条件下农业生产结构优化难以达到效率水平，这就需要政府扩大补贴范围，优化补贴结构，通过改变农业生产者的"成本—收益"水平，调动其从事农产品多样化生产的积极性，进而保障不同类型农产品的供给，满足市场需求。例如，日本政府改变原有的以稻谷为主的补贴结构，将供给不足的农产品（肉类、水果等）纳入补贴范围，不断增加对猪肉、葡萄、洋葱等农产品的扶持规模，进而增加国内稀缺农产品的有效供给，优化农产品供给结构，从而增加了国内消费者的社会福利水平。

显然，在一定时期财政收入总量一定的情况下，通过不断优化农业补贴结构，改规模扶持为结构扶持，既可以夯实农业发展基础，增加农业发展动力，减少原本用于农业综合开发的财政资金的投入，既可以满足广大人民群众日益多样化的农产品消费需求，提升消费者的社会福利水平，又提高了财政补贴资金的使用效率，同时相对减轻了政府的财政负担，并有助于在一定程度上促进宏观财政支出结构的优化。

---

[1] 高玉强. 农业补贴制度优化研究［D］. 东北财经大学博士学位论文，2011.

3.3.3　选择更加有效的价格支持方式促进粮食生产

我国现阶段及今后相当长的时期内均以保障国家粮食安全及基础农产品供给为农业发展的主要任务。由于价格支持政策指向明确、作用直接，对于像我国这样补贴能力不强、保障农产品供给压力较大的发展中大国而言，是一项首选措施。发达国家的经验表明，价格支持政策对农业生产具有显著的激励作用，将其作为保护和支持农业发展的基础性措施，可有效解决国家（如欧盟、日本、印度等）粮食短缺问题。资料显示，农业资源富裕的美国、欧盟，目前市场价格支持仍占农业生产者支持估计的 20% 左右，而农业资源短缺的日本更是达到70% 以上[①]。换言之，由于我国正处于工业化中期阶段，以直接补贴全面代替市场价格支持的条件和时机尚不成熟。

此外，鉴于市场价格支持会对农业生产、价格及农产品贸易产生一定的扭曲，因而应选择更加有效的价格支持方式，在保证农产品供给和农民利益的同时，尽量减少对市场的扭曲。具体讲：首先，对价格支持措施进行合理的制度设计，如日本的"稳定价格带制度"，其以市场机制为基础，合理确定稳定价格带，当价格波动超过稳定区间时，政府通过市场化的购销运作，调整供求关系，使价格合理回归到稳定价格带以内。如此，既维持市场价格稳定、有效保障农民利益、激发农民生产热情，又可以充分发挥市场机制配置农业资源的基础性作用，最大限度地减少补贴对农业市场的扭曲。其次，应合理确定价格支持水平，以防止国内农产品价格与国际市场的背离。例如，截至 2009 年，日本国内农产品生产者价格平均仍高出国际市场 80%，相应的国内部分农产品价格与世界市场完全隔离，加重了国内消费者的负担。最后，应将国家需求量大、供给不足的重点农产品纳入价格支持的范畴。发达国家的经验证明，市场价格支持在整个农业生产者支持估计中所占比重长期是呈现逐步下降的趋势的，这就需要利用有限的价格支持措施保障重点农产品的生产和供给，如事关我国粮食安全的稻谷、小麦等重点口粮品种，应继续坚持以价格支持为主。

---

① OECD PSE/CSE 数据库（2012）。

3.3.4 逐步加大财政对农业一般服务支持的投入力度，优化一般服务支持结构，夯实农业基础，加速农业现代化进程

从规模上看，由于历史上我国城乡二元结构下形成城乡异体的基本公共服务供给制度，造成农村基本公共服务供给总量不足、效率不高，而农村基本公共服务的"短板"又严重制约着农业生产的发展和农民收入的提高。[①] 国外经验表明，对农业一般服务支持的重视，会带来本国农业生产长期、稳定的发展，并与政府对一般服务支持的补贴共同构成一种良性的循环模式，不仅在相当程度上减轻补贴对市场的扭曲，还可以有效减少国际贸易摩擦。因此，逐步加大公共财政对于农业一般服务支持的投入力度，可有效改善当前我国农村地区基础设施建设滞后、科学研究及技术推广不足、农民生产技能偏低、农产品外销困难等困境，进而夯实农业发展基础，带动农业生产的顺利发展和农民收入的稳步提升。

从结构上看，一般服务支持中的"科研和发展"可加速农业技术的推广和成果转化，提高农业生产效率及农产品的质量；"检验检疫服务"可保障食品安全，促进农产品对外贸易的发展；"基础设施"可夯实农业发展的基础，增强农业生产动力；"营销和推广"是实现农产品顺利销售、保障农民生产收益的重要措施；"公共储备"则是保障国家粮食安全、调节不同时期国内外粮食供给的有效手段。显然，不同类型的一般服务支持项目对于一国农业发展、农民增收均有着重要的现实意义。合理分配不同时期的财政补贴资金、实现补贴结构的动态优化，对于释放一般服务支持的各项功效显得尤为重要。值得注意的是，国外（如日本、印度、巴西等）对农业一般服务支持中尤其注重对基础设施、科研和发展的投入力度，而这两项一般服务支持项目的充分发展也正是"检验检疫服务""营销和推广""公共储备"得以存在并发挥作用的前提。因此，针对我国人口多、底子薄、人均耕地面积少的现实状况，应尤其注重加大对农业基

[①] 根据农村公共产品的功能和不同发展阶段的需求变化，可将其划分为经济发展型（如农村基础设施、农田水利、农业气象、农业科研与技术指导等）、社会保障型（如农村公共卫生、农村医疗保险、农村养老保险、农村社会救济等）、公共服务型（如乡村基层政权组织的公共管理、公共安全等）和生态保护型（如环境建设、村庄绿化等）四类，其中经济发展型公共产品对农业生产尤为重要。

础设施和农业科技研发与推广的补贴力度，通过改善农业生产经营条件，以加速农业现代化进程，并最终达到提高单产、增加总产，稳定农业收入的目的。

3.3.5　建立和完善与农业投入品、粮食种植面积、产量、收益、资源与环境等相挂钩的粮食直补制度

　　农业补贴由间接补贴向直接补贴转变是当今发达国家对农业扶持和保护的基本趋势，由于我国正处于工业化中期，尚不具备全面实施脱钩直接补贴的环境和条件，因而应建立并完善与农业投入品、粮食种植面积、产量、收益、资源与环境等相挂钩的粮食直接补贴制度。具体讲：一是继续完善对种子、化肥、农机等生产性投入品的专项补贴制度，尤其注重补贴环节的转变（如美国），即将农业补贴由对中间环节、流通部门的支持转向对农业生产者的直接支持与服务，以降低农业生产成本，提高农产品竞争力。二是加大对农业保险补贴的力度，完善补贴实施细则，建立重大灾害补偿制度，切实减轻自然灾害给农业生产者带来的损失，保障农民基本收入水平（如美国、日本、印度、巴西等）。三是注重强调农业的多功能性，适时采取"亲环境"的投入品补贴政策，将农业补贴与农业资源节约、农村环境保护及食品安全保障等有机结合，以引导农民进行土壤及水资源保护、退耕还林还草，使用清洁能源、有机肥进行生产活动，减少化肥、农药的使用，进而减轻农业污染，保护生态环境资源，促进农业的可持续发展。四是在强调补贴效率的同时注重补贴利益的公平分配。尤其对于我国中西部偏远山区、林区、老区、少数民族地区的农民而言，应结合当地农业发展实际情况及城乡收入水平，制定相应的补贴政策（如日本、巴西），以保障农民基本收入水平，缩小城乡收入差距，抑制人口的不合理流动及由此产生的社会问题。

3.3.6　实现粮食安全保障体系的法制化，建立健全有关粮食安全的各项政策法规，确保粮食安全保障制度的有效性和持久性

　　市场经济的本质是法制经济，粮食安全保障体系只有通过立法形式加以确

定并固定下来，才能够避免粮食安全保障政策目标的短期性、保障措施的模糊性，而美国、日本粮食安全保障的法制化进程及实施效果也充分证明这点。结合我国紧平衡条件下的粮食安全形势，将粮食安全保障体系纳入法制化轨道，应着力做好以下几个方面的工作：第一，粮食安全保障体系的法律条款应具体细致，减少柔性条款，增加刚性条款，并增加粮食安全的法定性和程序性的规定。第二，粮食安全保障体系的各项法律条款，既要符合我国的基本国情，又要遵守 WTO 框架下的农业协议条款，充分体现 WTO 有关农业协议的核心精神，避免不必要的粮食贸易争端。第三，构建分工明确、功能互补、衔接配套的粮食安全保障体系，以发挥政策合力。美国、欧盟结合本国实际情况所制定的各项粮食安全保障政策之间目标明细、分工明确、衔接有序、配套合理，进而相互协调，发挥政策合力，提高了粮食安全保障程度。例如，在农业补贴政策上，应着力构建价格支持与直接补贴、综合补贴与专项补贴、生产性补贴与收入性补贴分工清晰、功能互补、有机结合、衔接配套的农业补贴政策体系，从而增强各项补贴政策的有效性，努力形成政策合力，切实调动种粮农民的积极性，最终保证粮食生产的稳定和种粮农民收入的持续增长。

第4章
新时期我国粮食安全保障
体系的构建

衣食足、仓廪实、天下安。2004 年以来，我国粮食产量创造了连续十二年增产的奇迹，为我国政治稳定、社会发展与经济繁荣起到极为重要的作用。但与此同时，我国又是世界上人口最多的国家，人口增长表现为对粮食需求呈现刚性增长；而我国耕地和水资源十分有限，资源的硬约束使我国粮食增产的难度远大于其他国家。近年来，我国对进口粮食的依赖程度也在逐渐增强，粮食进口量在持续增加，粮食安全保障程度并不乐观。因此，在新时期构建我国粮食安全保障体系很有必要。

粮食安全是一个不可观测的概念，其基本定义涉及粮食供给总量，粮食需求总量，涉及不确定性、不可逆性和选择的约束。饥饿和营养不良都是粮食不安全的体现，粮食安全要能满足粮食供给对个人营养需求的生理需要、能描述粮食安全与健康等方面之间的权衡，能动态反映粮食市场、要素价格、农民利益等综合方面的变化，新时期我国粮食安全保障体系应涵盖粮食安全的各个方面。

4.1 构建我国粮食安全保障体系的目标选择

4.1.1 构建我国粮食安全保障体系的目标选择依据

国以民为本，民以食为天。粮食既是关系国计民生和国家经济安全的重要战略物资，也是人民群众最基本的生活资料。影响我国粮食安全的因素错综复杂，涉及农业、工业、贸易、进出口等多个部门。构建一个科学合理的粮食安全保障体系，要有一个清晰明确的目标。我国的发展形势不断变化，因此确定具体目标应该有一套确定具体目标的准则和依据。建立我国粮食安全保障体系的目标依据主要体现在以下几方面：

1. 根据我国粮食安全供求现状确定目标

新时期我国的粮食安全保障体系应该依据我国粮食的供给现状、需求现状、价格现状等来决定我国粮食安全的长期目标选择。我国人口基数大，对于粮食的需求量也很大，特别是近年来人民生活质量的提高，人民对于粮食的需求越来越走向多样化、营养化，我国粮食供需形势还是非常严峻的。我国粮食供给能力逐年提高，我国已经实现了粮食"十二连增"，但是水资源的污染、气候变化、土壤硬化等自然资源约束，给我国的粮食供给的可持续性提出了挑战。我国的粮食价格在一定程度上受到国际粮价影响，近年来，期货市场等金融市场操作加剧了市场粮价的不确定性。因此粮食安全体系应该以粮食供求及发展趋势为依据，以增强我国的粮食自给能力、加强政府宏观调控、稳定粮食市场的价格为目标。

2. 根据我国粮食的发展趋势确定目标

随着城镇化、工业化、科技化进程的推进，科技在农业发展中发挥着越来越重要的作用，农业科技的发展为我国的粮食增产作出了巨大的贡献，随着科技成果的不断推广，我国的粮食产量处于递增趋势。但是由于全球气候变暖带来了更多的农作物病虫害，粮食供给在一定程度上受到了威胁。我国粮食的未来趋势充满不确定性，因此，依据我国粮食未来的发展趋势，应该以促进农业科技进步、保护生态环境为目标。

粮食安全已经上升到国家安全战略地位，在国内外粮食供给和价格不断波动的情况下，我国粮食安全的未来发展充满不确定性。我国加入 WTO 以来粮食市场放开，农产品市场受到国际市场的干扰。一些西方国家以粮食为武器，打响了国际市场上的粮食贸易战。因此，面对错综复杂的国际环境，中国粮食安全保障体系应该根据我国的粮食发展趋势制定目标，中国经济的长远发展要以粮食安全为基本保障。

3. 以《国家安全法》为法律依据制定目标

粮食安全保障体系的建设和发展应该以法律为依据。2015 年 7 月 1 日第十二届全国人民代表大会常务委员会第十五次会议上《国家安全法》正式通过并实施。《国家安全法》第二十二条规定，国家健全粮食安全保障体系，保护和提高粮食综合生产能力，完善粮食储备制度、流通体系和市场调控机制，健全粮食安全预警制度，保障粮食供给和质量安全。《国家安全法》中对于粮食安全的特别规定，表现了粮食安全对于国家安全的战略意义。党的十九大报告明确提出，确保国家粮食安全，把中国人的饭碗牢牢端在自己手中。习近平总书记确立了"以我为主、立足国内、确保产能、适度进口、科技支撑"的国家粮食安全战略；明确了"解决好十几亿人的吃饭问题，始终是我们党治国理政的头等大事"的战略定位；强调了"谷物基本自给、口粮绝对安全"的战略任务。我国粮食安全保障体系构建应以《国家安全法》为法律依据制定目标。

构建我国粮食安全保障目标体系，应该以习近平总书记的粮食安全战略思想、《国家安全法》第二十二条粮食安全法律条文为依据，保护和提高粮食综合生产能力，完善粮食储备制度、流通体制和市场调控机制，健全粮食安全预警制度，保障粮食供给和质量安全。

4.1.2 构建我国粮食安全保障体系的具体目标选择

在现代公共选择理论中，政府是一种向社会提供公共物品的制度安排，确保粮食安全则是这种制度安排的一种分配手段。政府通过制定相应的粮食生产、加工、流通、储存、进出口、消费等政策，调控粮食市场，达到保障国家粮食安全的目的。

构建粮食安全保障体系是政府支持和发展粮食政策的重要组成部分，其目的不仅仅在于稳定和发展粮食本身，更重要的是维护政治安定、社会稳定和国民经济发展。粮食生产所具有的这种广泛外部性特征决定了政府在粮食安全保障政策目标的选择上，既要考虑粮食生产、加工、流通、储存、进出口、消费等方面的长远发展，又要考虑粮食对政治与社会稳定、对国民经济发展的影响；既要考虑粮食生产的积累水平，又要考虑粮食的产出贡献；既要考虑粮食市场的国际化趋势，又要考虑我国粮食生产形势及其内在规律；既要注重粮食的经济效益，又要注重粮食的政治效应、社会效益和生态效益。在这些原则下，在今后相当长时期，构建我国粮食安全保障体系的目标选择应当包括以下六点。

1. 提高种粮农民收益水平目标

市场经济条件下，粮食生产者的经济行为受利益驱动的影响较大。种植的结构、粮食的播种面积、粮食品种质量、生产成本费用等与生产者的最终收益紧密相连。市场决定粮食生产者的经济行为。因此，将市场和收益水平作为粮食安全保障体系所选择的首要目标，比较符合我国的客观实际。

农业的发展、粮食供给的相对稳定、农业生产结构的改善均以农民收益水平的提高为前提。农业生产者的收益水平决定着其经济行为，特别是生产经营行为。在以农户家庭承包经营为主的体制下，农户就是一个独立的生产经营实体，其生产经营的品种或项目及数量也许不同，但寻求生产经营的最大利润目标则是一致的。单纯依靠行政手段来干预农户的生产经营行为既不符合市场经济的准则，又与政府的农业发展政策相违背。因此，从提高种粮农民收益水平入手，才是保障粮食安全的关键。

在短缺经济和传统体制下，我国曾长期面临着两大压力：粮食等主要农产品供给严重短缺和工业发展所需资金严重不足。为缓解这些压力，政府不得不通过政权力量，利用计划指令性行政手段，从农业中获取工业发展所需资源，以较低价格取得粮食等主要农产品，保证城镇居民生活所需。可以说，农民为国家所做的贡献是巨大的。采取这种取得方式与当时的政治经济制度及其背景分不开，有其存在的客观必然性。新中国成立之初，由于受极"左"思潮的严重影响，片面强调公有制的优越性，极力推行"一大二公"政策，商品生产与商品交换受到严格限制，农民生产积极性难以发挥，农产品生产量一直难以大幅增加，食品供给严重短缺。在此情形下，国家只有通过强制性的行政手段，才能取得所需粮食等主要农产品及其他要素资源，才能保证社会经济的正常运转，保障城镇居民生活必需品的供给。但这种取得方式使过多的农业资源要素流向工业，农业长期得不到有效发展，使本不富裕的农村集体经济组织和农民一直处于相对低下的经济地位，自身积累薄弱，且同样面临粮食等主要农产品短缺，自身及其家庭生活维持在较低水平。现阶段，在经济社会快速发展的今天，如果仍采取这一极端做法，显然有失公平。从经济增长和分配制度角度讲，种粮农民收益水平应随经济的不断增长而逐渐提高，这一方面说明国家向种粮农民"取"得少了，另一方面说明农民分享了经济增长的成果。相反，如果在经济增长过程中，种粮农民收益水平不是没有提高，反而在降低，就只能说明国家"取"之过多，"予"之过少。在经济增长中，种粮农民的贡献过于突出，这在当今时代是不公平的。

从 20 世纪 90 年代开始，中国农民的人均纯收入出现连年增长的局势，其中，粮食主产区的农民人均增长小于全国农民人均增长水平。从图 4 - 1 可以看出，从 1999 年农村居民家庭人均纯收入 2210.3 元到 2018 年的 14627 元，农村居民家庭人均纯收入的收入翻了 7 倍，说明农村居民收入总体提高迅速，我国的农业农村改革取得一定成效，但我国种粮农民的收益水平提高并不明显。由于经济的不断发展，农村居民与城镇居民的可支配收入都在不断增长，尽管农民的人均纯收入和可支配收入不断增加，但是与城镇居民相比，农民人均可支配收入增长速度远远小于城镇居民可支配收入的增长速度。从图 4 - 2 可以看出，随着经济的不断发展，1999 ~ 2007 年，中国城乡收入差距不断变大。但进入 21 世纪以来，由于我国政府更加注重 "三农" 问题，出台相关保护农民利益的政策，城乡居民的收入差距呈现下降的趋势。农民的收入不仅是重要的经济问题，同时也关乎农民生产粮食的生产积极性和社会的稳定问题。在统筹城乡发展的道路上，应该更加注重增加农民的利益，统筹城乡一体化发展。在精准扶贫的背景下，减少农民的贫困问题，保证农民的利益不被损害，增强农民生产粮食的积极性，这一举措有利于减少农村贫困人口，增加农民收入，这对于稳定粮食生产起着至关重要的作用。因此，粮食安全保障体系应该保障农民的基本利益，增加相关的农业补贴，保障农民的利益，缩小城乡差距，增加农民的收入。

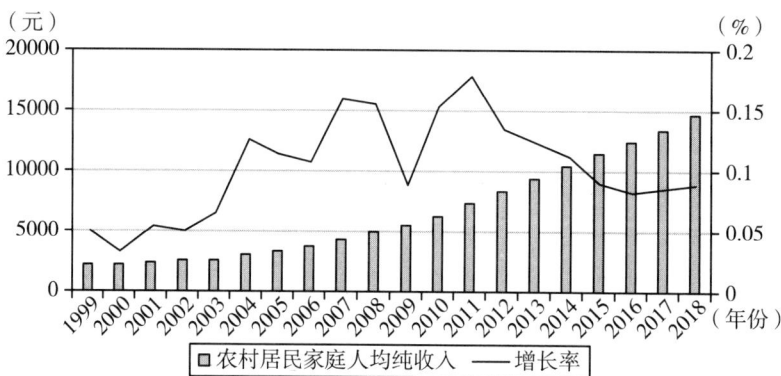

图 4 - 1　1999 ~ 2018 年全国农村居民人均纯收入

资料来源：中国统计年鉴（2018）。

农民的种粮收益低是新中国成立以来长期存在的问题。农民的种粮收益难以满足日益增长的消费需求，劳动力进城务工收益远远大于农民种粮收益。农民生产粮食的机会成本很高，尽管政府发放农业补贴，但是农业补贴对于农民

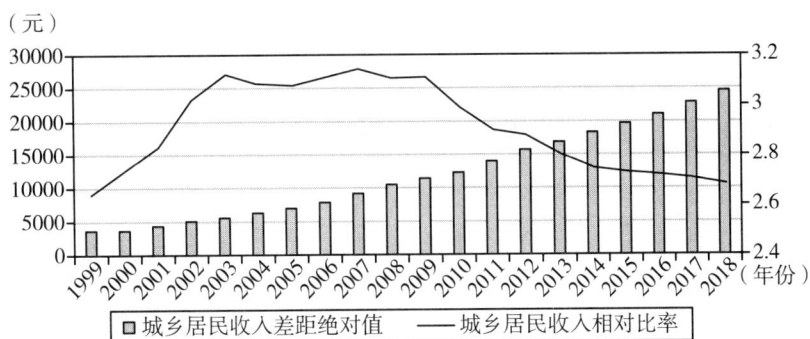

图 4 - 2　1999 ~ 2018 年中国城乡居民收入差距

资料来源：中国统计年鉴（2018）。

收入增长的效果比较小，因此大量农村劳动力向城市流失。由此带来的后果是我国农村空心化非常严重，农村年轻劳动力大量涌向城市，农村劳动力结构老化越来越明显。我国正处于向现代化农业的发展和转型时期，农村劳动力结构老化使得农业技术推广困难，农业机械化进程变慢，粮食生产的现代化步伐放缓，因此提高农村居民收入是防止农村劳动力大量向城市流失的关键举措。如我国长期实行的粮食最低收购政策取得了良好的效果，应该贯彻落实粮食收购的价格增长机制，切实保障农民利益。在政府宏观调控的背景下，积极发挥财政职能的作用，提高农业补贴的效率。加强产供销粮食生产流通储备等的协调性，不断推进农业与工商业合作经营，提高农民种粮效益，增加农民收入。

种粮农民收益水平不仅仅是农民收入量的增加，更多是可支配收入的增加。种粮农民收益水平受多种因素的制约，如成本、价格、费用等。如果仅以粮食本身的收益来衡量政府支持粮食生产的效果或给种粮农民所带来的收益，显然是不够准确、全面的。如果国家一方面在加大对粮食生产、流通、储存、进出口、消费等环节的财政支持力度，另一方面一些种粮农民并未从中获得实际利益，那就说明政府支持粮食生产的功效还有待提高。因此，发挥政府职能作用，保证粮食安全目标的实现，还需有相应的保障种粮农民利益的措施予以配合。

粮食安全的宏观调控政策最终目标也是种粮农民利益。宏观调控是市场经济条件下政府干预经济的有效手段，但宏观调控不等同于行政干预，而是以市场为导向，以公平分配为原则。以种粮农民利益为目标而构建的粮食安全保障体系，真正能让种粮农民得到实惠，才会充分调动种粮农民生产积极性，也才能充分发挥政府在粮食安全保障体系上的宏观调控作用。

2. 稳定粮食市场，保证粮食基本自给目标

粮食安全始终是一个国家繁荣稳定的基础，"无粮不稳"被许多发展中国家和发达国家所证实。这也是绝大多数发达国家和发展中国家在工业化进程中，尽管农业在国民经济中所占份额持续下降，但仍然十分注重对农业的投入，以保持粮食等基本农产品供给的稳定。我国历史上曾长期遭受粮食短缺的困扰，导致社会经济发展停滞，严重时还出现社会动荡，民不聊生，其教训非常深刻。

在城市化工业化等"四化"背景下，自然资源的约束对于粮食生产日趋严峻，粮食基本自给目标应该成为未来很长时间内应该长期坚持的目标。首先，在城市化进程的不断推进情况下，城市不断向农村扩张，导致可用于耕种的面积不断变小，各地粮食生产面积受到不同程度的冲击。根据国家统计局的数据显示，上海浙江的人均耕地面积均低于联合国规定的人均 0.795 亩的警戒线，由此可见，城市化进程的发展会进一步减少耕地面积。其次，工业化进程的发展向大自然排放大量的废水、废气、废渣等严重破坏了生态环境，粮食生产的基本条件遭到了破坏。全国第二次土地调查的主要数据显示，相当数量的耕地和林地受到了中度及重度污染，未来耕地的质量发展不容乐观。为了达到我国的粮食基本自给目标，应该重点治理耕地污染、农业用水污染以及耕地流失问题。最后，气候灾害的频发也是影响我国粮食安全的重要因素之一。粮食生产除了受到水资源、耕地资源的制约之外，自然灾害的频发也是导致粮食减产的重要因素之一。我国每年由于自然灾害导致的粮食损失大约占当年粮食总产值的 13% ~ 20%，对于粮食产区来说，这不是一个小的数字。近年来，全球极端天气频发，暴雨、台风、泥石流等自然灾害给农业带来了极大的负面灾害，严重的自然灾害会带来当地农民颗粒无收的后果。我国也是自然灾害频发的灾害频发的地区之一，我国的灾害具有破坏力大、分布范围广、频率高的特点，这些特点给我国农作物的种植带来了巨大的冲击。我国的主要产粮大省在 2016 ~ 2017 年受到旱灾和洪涝灾等自然灾害比较严重，给我国的农业造成了一定的损失，如表 4-1 所示。因此要保障我国的粮食安全体系，应该做好自然灾害防患体系以保障我国的粮食自给能力。

表 4-1　　　　　　　　　　　2016~2017 年各地区农作物成灾面积

地区	成灾面积合计（千公顷）		旱灾（千公顷）		洪涝灾（千公顷）	
	2016 年	2017 年	2016 年	2017 年	2016 年	2017 年
全国	13670	9201	6131	4444	4338	3022
黑龙江	2664	424	2166	129	65	96
山东	228	311	85	265	59	25
河南	238	649	74	148	125	480
吉林	457	522	337	167	43	319
江苏	67	59	10	32	44	0.4

资料来源：国家统计局。

　　稳定粮食市场，保证粮食的自给能力是我国粮食安全保障的重要目标之一。粮食的自给能力是指人民对于粮食的需求基本可以靠国家的资源生产粮食得到满足，不需要大量依靠进口，即一个国家的供需基本达到平衡状态。由于粮食商品的供求弹性小，以及粮食是人类基本的不可替代的生存资料，粮食价格的波动对粮食安全影响较大，因此应该加大对价格的调控作用。

　　农产品中粮食是主要的产品，是农户家庭经营的主要收入来源，粮食生产与流通的特殊性决定了粮食市场具有与其他产品不同的特征。粮食生产周期较长，收获期集中，实物量大，周转困难，需求弹性小。这就需要有巨额的购销资金和庞大的库存容量。这是任何个人或农村集体组织难以做到的，只有靠政府强大的财政和信贷资金，才能保证粮食的收购储备和库存。因此，政府的粮食购销、储备政策、农产品补贴政策等，都是稳定粮食价格和粮食供应量的关键。

　　一般情况下，农产品价格以粮食价格为中心，其他农产品价格以粮食价格作为依据。稳定了粮食价格，也就稳定了主要农产品的价格。粮食不同于工业品，工业品的替代效应决定了绝大部分工业品可以由市场供求来决定，当某种工业品供过于求时，生产制造商如果继续生产，则会导致产品积压，出现亏损。市场完全可以决定这种产品的生产量，甚至决定停止生产。但粮食的不可替代性、安全保障性决定了粮食不能完全由市场来调节，而需要政府的调控和保障手段，结合市场供求状况、农业收益状况来决定粮食价格与生产量。这也是发达国家和发展中国家普遍采取的政策。显然，如果将粮食购销完全放开，让市场调节，就必然出现粮价和粮食产量的大幅波动，粮食歉收时，市场供给短缺，粮价暴涨，引发工业品价格上涨，出现通货膨胀，社会不安定；粮食丰收时，市场供给过剩，粮价暴跌，而且卖不出去，农民利益受损害，不仅引发工业品在农村市场的萎缩，而且导致粮食播种面积的锐减，粮食产量骤降，从而引发新一轮粮食供给短缺的危机，形成恶性循环。

结合粮食生产与购销市场的特点，构建粮食安全保障体系的重点和目标宜放在粮食生产环节上，政府应采取加大对农业基础设施建设投入、建立和完善农业灾害补偿机制、农业补贴机制等方式，保证粮食播种面积和产量的稳定。

3. 农业科技进步目标

农业科技进步是推动农业发展的主要动力，是提高农业劳动生产率的最有效措施。农业科技的每次突破都会带动农业的长足发展，并为人类提供了巨大的生存与发展空间。自第二次世界大战以来，世界人口增加了 1.5 倍，相应地，世界粮食产量也同步增加，使可能出现的贫困和饥饿得到有效控制。这一时期农业的快速发展主要得益于 20 世纪 60～70 年代的第一次绿色革命，即以矮秆高产品种（水稻、小麦等）代替产量较低的高秆品种，化肥、农药的推广使用，以及兴修水利发展灌溉等，使亚洲乃至世界的粮食产量大幅增加。此外，边际土地开发利用在局部地区也缓和了人口增加与粮食供给紧张的矛盾。但是，随着农业生产持续进行，第一次绿色革命的潜力已得到充分挖掘，化肥、农药使用的回报率不断下降；水利失修及积水农田的肥力退化，已使灌溉农业的增产效益日趋下降。另外，化肥、农药的大量使用引起土地肥力减退，土壤、地表水和地下水污染日益严重；草场的过度放牧、边际土地的不合理开发与使用所造成的水土流失、江河淤积和大气污染的问题日益加重。这些都给农业的可持续发展带来非常不利的影响。

21 世纪人类将面临人口快速增长、环境资源退化和粮食短缺的严峻形势。据预测，到 2050 年世界人口将达到 100 亿。要满足全球粮食需求，农业生产必须在现有基础上增加一倍以上。目前世界上有 13 亿人口生活在贫困线以下，并且绝大部分分布在资源缺乏和生态环境脆弱地区。从表 4-2 中 2001～2017 年的数据可以看出，我国农用机械总动力和总用机械拖拉机数量都出现大幅上升，我国农业科技在近二十年内得到大力发展和推广。因此，在 21 世纪要实现世界粮食产量翻番，以满足人口迅速增加的需要，只有依靠科技进步，充分应用近现代农业科学技术，尤其是生物技术和信息技术。

表 4 - 2　　　　　2001～2017 年我国农业基础设施基本情况

年份	农用机械总动力（亿千瓦）	农用大中型拖拉机数量（万台）	农用大中型拖拉机配套农具（万部）	小型拖拉机数量（万台）	小型拖拉机配套农具（万部）
2001	5.52	82.99	146.94	1305.08	1882.18
2002	5.79	91.17	157.89	1339.39	2003.36
2003	6.04	98.06	169.84	1377.71	2117.15
2004	6.40	111.86	188.71	1454.93	2309.69
2005	6.84	139.60	226.20	1526.89	2464.97
2006	7.25	171.82	261.50	1567.90	2626.57
2007	7.66	206.27	308.28	1619.11	2732.96
2008	8.22	299.52	435.36	1722.41	2794.54
2009	8.75	351.58	542.06	1750.90	2880.56
2010	9.28	392.17	612.86	1785.79	2992.55
2011	9.77	440.65	698.95	1811.27	3062.01
2012	10.26	485.24	763.52	1797.23	3080.62
2013	10.39	527.02	826.62	1752.28	3049.21
2014	10.81	567.95	889.64	1729.77	3053.63
2015	11.17	607.29	962.00	1703.04	3041.52
2016	9.72	645.35	1028.11	1671.61	2994.03
2017	9.88	670.08	1070.03	1634.24	2931.43

资料来源：国泰安数据库。

　　科技是第一生产力。在我国耕地资源、水资源等有限的情况下，科学技术的发展在一定程度上可以解决粮食安全和农产品的有效供给问题。科学技术的发展是未来粮食不断增产的潜在动力，农业科技的创新使得农业技术集成化、机械化和生产经营的信息化、智能化，这是实现现代农业和保障粮食安全的重要途径。每年的中央一号文件都会提及农业科技创新，以科技创新带动农业生产力的进步，这是在我国人多地少国情下的必由之路。在工业化、城市化、信息化、全球化的大背景下，农业科技创新的目标主要可以从以下三方面实现：一是发展农业教育。应增加农业教育投入经费，培养农业科技人才。农业教育的发展对于我国农业科技的发展具有重要意义。二是增加农业科研投入。加增农业科研站点，提升科研人员素质，提高科研经费。三是加速农业技术推广，农业技术的推广及运用才能真正提高生产力。

4. 生态环境目标

耕地、土壤、水分、养分、气候等资源决定着粮食生产产量与品质，而这些又构成粮食生产的生态环境。缺乏一个良好的生态环境，也就谈不上粮食安全，耕地沙漠化了，如何耕种粮食？土壤和水分被污染了，种出来的粮食重金属超标，"毒大米"谁敢吃？长期施用化肥、农药、除草剂，土壤内固有的有机养分没有了，今后如何长出稻子、小麦、大豆？当前国家已不断提高对耕地地力保护的重视程度，倡导绿色生产。2016 年，全国化肥施用量多年来首次下降，2017 年又出现下降，如表 4 - 3 所示。

表 4 - 3　　　　　　　2009 ~ 2017 年中国化肥施用量及增长率

年份	化肥施用量（万吨）	增长率（%）
2009	5404. 40	3. 16
2010	5561. 68	2. 91
2011	5704. 24	2. 56
2012	5838. 85	2. 36
2013	5911. 86	1. 25
2014	5995. 94	1. 42
2015	6022. 60	0. 44
2016	5984. 10	- 0. 64
2017	5859. 41	- 2. 08

资料来源：中国农业统计年鉴。

1960 ~ 2017 年，世界上大部分的国家的耕地面积占土地面积的百分比保持稳定的状态，但是近年来由于气候变化，全球气候变暖，水平面上升，全球陆地面积开始减少，如图 4 - 3 所示。根据数据显示，全球土地面积由于海平面上升大面积减少，不少低海拔地区被淹没。因此，从联合国粮农组织的数据来看，由于气候变化和城市化工业化进程的影响，全球可用耕地面积不断减少，且耕地面积占土地面积的比重不断下降。生态问题的出现，使得粮食安全成为全球需要面对的问题。

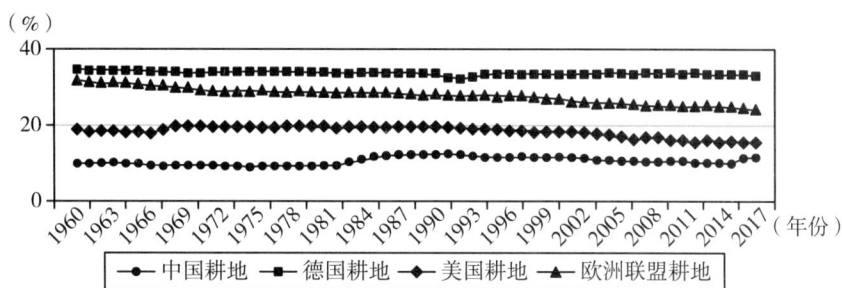

图 4 - 3　1960 ~ 2017 年世界各地耕地面积变化

资料来源：联合国粮农组织。

从历史长河中来看农业的发展与生态环境的变化历程，粮食安全和生态环境一直是一对矛盾综合体。气候灾害导致的受灾面积和成灾面积对粮食产量有较强的削弱作用，降低了粮食的综合生产能力。在过去改革开放的四十多年来，我国的农业发展实现了质的飞跃，在短短几十年解决了十几亿人的温饱问题，同时也大大提高了农民的生活水平和生活质量。但是粮食产量的迅猛增长的同时，我国农业生产资源的可持续问题被凸显出来，农业的迅速发展造成了土地荒漠化、资源利用效率低、气候变化、水体污染、土地盐碱化、化肥过量使用等问题，这对未来我国粮食安全造成了威胁，严重影响了我国农业的可持续发展。因此，生态环境和农业的可持续发展应该是我国未来粮食安全应该重点关注的问题。

从消除贫困与饥饿到应对气候变化和维护我们的自然资源，粮食与农业是2030 年议程的核心重点。生态环境对我国粮食安全造成的威胁主要有以下几点：水土资源的短缺影响粮食安全的数量和质量；环境污染对粮食安全带来了潜在危机；气候变化加重了粮食生产的不确定性。应针对性地采取措施，减弱甚至消除生态环境对粮食安全造成的不利影响。

5. 提升农业竞争力目标

农业发展新阶段，社会对粮食等主要农产品的需求由数量扩张转向质量提高。农业生产结构性矛盾日益突出，优质粮食等主要农产品相对不足，低质粮食等农产品销路不畅，积压严重。在此情形下，农民仍在继续大量生产，这不仅造成资源浪费，而且影响粮食等主要农产品的国际竞争力，限制了农民收入的增加。随着农业国际化趋势的不断增强，我国农业发展面临着国际分工与合作的机遇和挑战。因此实施农业发展比较优势战略，根据市场需求，依托地区优势，优化农业生产结构，因地制宜地发展优质、高效粮食等主要农产品，按照比较优势原则确定农业的发展战略与方向，提高农业竞争力，将是农业发展的长期政策选择。

世界农业科技的发展和农业生产力水平的提高要求世界农业发展专业化生产，并实现国际分工。农业国际化主要表现在世界农业多边管理框架基本形成，农业国际交流日益频繁，农业技术合作日益增强，农业外国直接投资大规模增加，粮食等主要农产品国际贸易日益扩大。其主要特征是农业管理规则国际化、生产国际化和市场国际化。随着产品专业化和国际分工的日益深入发展，世界范围内新的农业生产体系正在形成，不同国家和地区按照比较优势组织生产已成共识。在国际竞争日趋激烈的格局下，一些大型农业企业和涉农企业为扩大市场占有份额，越来越多地选择在国外办厂，充分利用大企业特有的生产、管理、营销网络、商品和技术开发能力，与国外的劳动力与市场等优势相结合，实现生产要素的最佳配置和企业持续稳健发展。

随着科技革命的不断深入和农业资本技术国际化趋势的不断加强，依托高新技术发展农业，实现资源的最优配置，在更大范围内开展国际协作和专业化生产已成为农业发展的必然趋势。按照比较优势原理，我国首先需提高具有比较优势粮食品种的国际竞争力，促进这些粮食品种参与国际竞争。由于比较优势具有相对性和动态可变性，因此，及时把握机会，积极发挥比较优势，才能在激烈的国际竞争中保持优势，从中获取比较利益。其次，减少资源利用效率低的粮食品种的生产，适度进口一些缺乏国际竞争力的农产品，如大豆等。由于土地资源的不可再生性，加之财力的限制，我国完全没有必要追求所有主要农产品的高度自给。将农产品视为高于一切的利益，时刻担心适度增加进口缺乏比较优势的农产品会损害我国农业和农民利益，其实是不利于农业资源的合理配置，不利于提升农业生产率和农产品的国际竞争力。对资源成本高，缺乏比较优势的少数土地密集型粮食品种调减其生产，利用国际资源和市场来调剂国内需求；同时，集中资源发展收益高、市场潜力大的优势粮食品种，将更有利于农业的发展。再次，在进一步开放农产品市场的同时，加强对重点农产品（主要是粮棉油等）的支持与保护，使农业对外开放与农业保护有机结合起来。

农业保护是世界各国的一项旨在支持与发展本国或地区农业的普遍政策，也是国际农产品贸易谈判的焦点，世界各国尤其是发达国家对于开放本国农产品市场，减少对农业的支持，均持特别慎重的态度。我国发挥农业比较优势并不是减少对农业的支持与保护，相反，任何国家产业结构的成功调整均离不开政府的有力支持，尤其是政府的财政投入。2009～2017 年，我国中央和地方对于涉农支出的绝对规模和相对规模都在上升，我国发挥比较优势需要国家对农业的大力支持和保护，如表 4 - 4 所示。

表 4 - 4　　　　　　　　　　　中央和地方涉农支出及占比

年份	中央财政支出 （亿元）	中央财政农林 水事务支出 （亿元）	中央涉农 支出占比 （％）	地方财政一般 预算支出 （亿元）	地方财政农林 水事务支出 （亿元）	地方涉农 支出占比 （％）
2009	15255.79	318.7	2.09	61044.14	6401.71	10.49
2010	15989.73	387.89	2.43	73884.43	7741.69	10.48
2011	16514.11	416.56	2.52	92733.68	9520.99	10.27
2012	18764.63	502.49	2.68	107188.34	11471.39	10.70
2013	20471.76	526.91	2.57	119740.34	12822.64	10.71
2014	22570.07	539.67	2.39	129215.49	13634.16	10.55
2015	25542.15	738.78	2.89	150335.62	16641.71	11.07
2016	27403.85	779.07	2.84	160351.36	17808.29	11.11
2017	29857.15	708.74	2.37	173228.34	18380.25	10.61

资料来源：国家统计局。

6. 加强制度建设，保障粮食安全目标

高效的制度体系和法治体系可以从制度层面保障我国粮食安全。从粮食安全的产业链条来看，粮食的生产、流通、储备、进出口、贸易等多环节的高效运转才能真正保证粮食安全。粮食安全不仅仅取决于生产，更取决于粮食的流通环节。随着生产力的发展和粮食产业的快速发展，我国粮食流通体制不断发展和改善。我国粮食实现了"十二连增"，粮食产量的高度增长为我国粮食安全提供了基本保障。但是流通环节多、成本高、效率低等问题使得我国部分粮仓粮食出现腐烂变质等严重问题，不仅造成了资源的浪费，还给我国粮食安全制

度建设敲响了警钟。制度建设有利于我国粮食产业的健康发展。我国制度和法律建设目标内涵丰富，主要包括以下三方面：

一是促进产供销的协调机制运转。促进粮食生产部门信息沟通，检测各个环节的流通情况，做到粮食主产区和粮食主销区的有效对接，保障粮食安全体系高效运行。我国粮食的供求结构不平衡，玉米、大豆等粮食品种南北分布不均匀。随着我国粮食产量的增加，制约我国粮食安全的不再是总量问题，结构性问题更加凸显出来。我国粮食生产差异性明显，我国粮食主产区、粮食主销区、粮食平衡区等地区的分布格局不均衡，我国粮食核心产区逐渐向北方转移，生产格局不断变化，有效的流通体制能够进一步解决这一结构性问题。

二是加强法制建设，推进粮食安全法的建设进程。现有的粮食安全相关的法律有《农业法》《森林法》《渔业法》等，这些法律和粮食安全相关，但是没有直接关注粮食安全问题。法律保障具有强制性、严谨性、准确性等优势，可以和生产保障、生态保障、科技保障等相互协调，取长补短，共同促进我国粮食安全体系的建设。粮食安全关乎国家公共利益，必须加以重视和保障。目前我国还没有出台正式的《粮食安全法》，我国的粮食安全法律正处在不断发展中，《农产品质量安全法》《食品安全法》、中央一号文件等为粮食安全提供了法律基础。美国、日本、欧盟等发达国家不断推进粮食安全立法和改革，粮食安全法在发达国家农业发展中起到了重要的保障作用。中国应该汲取发达国家农业发展的成功经验，加快我国粮食安全法的立法进程。

三是加强宏观调控，加快行政管理建设。粮食产业是一种特殊的产业，粮食是人类最基本的物质生产资料，粮食产业也是国际经济发展的基础产业。粮食安全关乎国家公共利益，在充分发挥市场配置资源的基础性作用前提下，应加强政府粮食宏观调控的作用。粮食市场既有市场风险，又有自然风险，这加剧了我国粮食市场的复杂性和波动性。政府必须加强宏观调控，稳定市场的粮价，保护我国粮食市场稳步发展。一方面，积极推进现代粮食流通产业发展，促进农业生产和流通基础设施建设，如增加农业生产基础设施，对农业生产器械提供补贴，建设粮食流通仓储站，增加连接粮食主产区和粮食主销区的铁路建设。另一方面，加强粮食行政管理体系建设，形成统一、有力的指导服务，保障粮食宏观调控需要。加强政府间国际合作，通过粮食进出口保障我国国内供需平衡。

4.2　构建我国粮食安全保障体系应遵循的原则

随着经济、政治、科技、文化、军事环境的不断变化，世界日益走向全球化、科技化、信息化、数据化、开放化，这也使得粮食安全保障遵循原则随着时代不断发展和变化。一些老旧的指标体系在当今时代已经不适用，因此在构建粮食安全保障体系的过程中应该适应时代的发展，结合新时期背景下的粮食安全问题，合理科学地构建衡量粮食安全保障的遵循原则。

粮食安全保障体系的构建一直是我国政府工作的重点，在新时期下，为了实现我国粮食安全体系的总体目标，稳定农业生产及供应，促进农业发展，构建和谐社会，有必要建立和完善我国的粮食安全保障体系。粮食安全问题是一个综合性强、复杂度高、影响因素多的一个复杂问题，应依据我国的国情以及粮食发展状况，构建我国粮食安全保障体系的遵循原则。

4.2.1　构建我国粮食安全保障体系应遵循的基本原则

1. 代表性和根本性原则

新时期下构建我国粮食安全体系的应遵循代表性原则。在构建粮食安全保障体系时，应该综合考虑影响粮食安全的各方面因素，根据粮食安全保障体系的特点，选取具有典型代表性并且和粮食安全紧密相关的粮食安全保障体系，例如生产、流通、进出口、贸易、储备等重要的代表性环节。粮食安全关乎国家安全的根本利益，也关乎人民群众的根本生存需求。粮食需求是人类最基本的物质需求，也是经济发展的根本保障。粮食安全保障体系构建应牢牢遵循根本性原则。

2. 科学性和总体性原则

由于粮食安全问题影响因素众多，并且涉及农业、工业、金融业、进出口、国际贸易等多个行业和领域。粮食安全问题关乎国计民生，关乎社会的稳定和谐发展，因此在构建粮食安全保障体系应该全面体现科学性，通过合理的测度分析，研究我国粮食安全保障的现状和趋势，分析借鉴国外成功的粮食安全保障体系构建经验，立足新时期我国的粮食安全现状，建立一套科学的粮食安全预警决策体系。此外，在构建粮食安全保障体系时，应该从总体出发，全面考虑多方面因素，选取的指标尽可能全面地反映粮食安全的各个维度，涵盖粮食安全保障体系的各个方面。粮食安全是整体全面和不可分割的，要着眼于总体层面和具体层面粮食供求平衡和抵御粮食风险的能力。粮食安全的影响因素有很多，涉及粮食生产、储备、流通、进出口等多个环节，涉及农业部门、贸易部门、生产部门、工业部门等多个领域，粮食安全供应链应该是涉及各个产业的方方面面。在研究粮食安全问题时，应该充分考虑、协调、联系粮食产业链的多个环节和多个方面。

3. 可持续性原则

粮食安全是一个动态性概念，不断随着时代发展而变化。粮食安全是保障一个国家粮食供求的长期稳定，粮食安全既关系当前，又关系未来，粮食的可持续发展原则要求我们不仅要保障当代粮食安全，也要保障后世的粮食安全。不能牺牲后代的发展资源，例如不能过度使用耕地资源等。政府和人民要以长远的发展的眼光，以可持续原则为指导，构建我国粮食安全保障体系。

4.2.2　构建我国粮食安全保障体系应遵循的具体原则

1. 维护政治安定、社会稳定原则

粮食安全不仅在我国具有重要的农业战略地位，更加在维护政治安定、社会稳定和国民经济发展中起到不可替代的作用。在元末明初时期，因为国家赋粮食税太重以及连年旱灾使得农民基本吃饭问题难以解决，引发了著名的朝代更迭的朱元璋起义。在历史上的大饥荒时期，人民基本的温饱需求受到威胁，引发了严重的社会动荡。由此可见，为了确保一个国家的长治久安，一个国家的粮食安全问题是国家治理的重中之重。农业问题主要是粮食问题。解决 14 亿人口的吃饭问题始终是我国国民经济的头等大事，是经济发展、社会安定、国家自立的基础。

2. 保障国民经济发展、经济效益原则

　　粮食安全保障不仅和我国的农业生产息息相关，同时粮食安全在我国的经济政治发展中发挥重要的作用。粮食安全保障的发展应该保障国民经济发展、增进农产品经济效益为具体原则。农业是我国国民经济的基础，农业在经济发展中起基础性作用。粮食产业是我国经济发展的基础产业。农业在国民经济中的基础性地位和作用，主要表现在农业是人类社会的衣食之源，生存之本；农业是工业等其他物质生产部门与一切非物质生产部门存在和发展的必要条件；农业是支撑整个国民经济不断发展与进步的保障。

　　在我国经济快速发展的过程中，农业是国民经济中最基本的物质生产部门。如果将国民经济比作一座高楼大厦，那么农业就是这座大厦的基石。粮食生产不仅要满足社会效益，还要满足经济效益，提高种粮农民的收益水平。习近平总书记曾指出，要推进农业供给侧结构性改革，发挥自身优势，抓住粮食这个核心竞争力。延伸粮食产业链、提升价值链、打造供应链、不断提高农业质量效益和竞争力，打造粮食安全与现代高效农业相统一，提高粮食生产的经济效益。

3. 自主创新、保护生态资源原则

　　我国粮食刚性需求不断增长，但是耕地资源、水土资源流失问题十分严重，要保障我国粮食生产能力，必须坚定不移地坚持自主创新、保护生态资源原则。中国具有世界上最复杂、最多样化的土地资源及开发利用方式。按人口自然增长率千分之五计算，预测 2020 年我国人口总数将增至 14.1 亿人。但我国耕地资源受到城镇化、工业化以及自然灾害的影响，耕地数量和质量不断下降，这给

我国粮食供给提出了巨大挑战。

保护粮食生产的生态环境就是保障农业的基本生产。粮食生产最重要的就是耕地资源。农业粮食生产要严守耕地资源红线，耕地资源是粮食供给的命根子，要强化地方政府主体责任，完善土地执法监管机制，坚决遏制土地违法行为，严守耕地资源红线。同时，我国政府应该出台以保护水土资源为中心的一系列政策。

农业粮食产业必须开拓一条自主创新的道路，形成强大的原始创新、集成创新和引进消化能力，特别要加强自主创新，开展理念创新、体制创新、机制创新、科技创新、发展方式创新等，通过创新加强粮食安全的持续内生力与保障力。

4. 减少贫困，促进农民收入增长原则

我国粮食安全的关键在于粮食的生产，保持粮食生产的积极性在于保障农民的利益。由于农村种粮收益较低，农民种粮的机会成本变高，每年大量农村劳动力向城市流失，导致大量耕地闲置荒漠化。在我国致力于大力减贫脱贫的背景下，生态与贫困问题是我国实现两个一百年奋斗目标必须补齐的短板。绿色脱贫概念是指基于保护生态环境的国策，在贫困连片地区，利用当地生态环境优势，因地制宜，开发生态旅游及政府适量补贴粮食生产，减少贫困率。

4.3　新时期我国粮食安全保障体系的构建

如前文所述，我国粮食安全形势并不乐观，人口增长与粮食生产制约因素增多决定了我国未来粮食供给的长期紧平衡格局。基于此，为确保粮食安全保障体系目标的实现，有必要构建既有利于我国粮食的长期稳定供给又有利于充分利用国际粮食市场和国外粮食生产资源的粮食安全保障体系。

粮食安全保障贯穿于生产、加工、储存、流通、进出口、消费等多个环节，这些环节之间相互联系、相互作用，构成一个复杂的系统，即粮食安全保障体

系。粮食安全保障体系主要由粮食生产保障体系、粮食储备保障体系、粮食流通保障体系、粮食进出口保障体系组成（见图 4 - 4）。

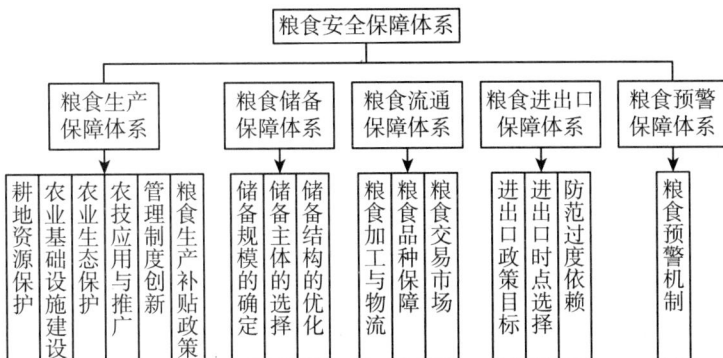

图 4 - 4 新时期粮食安全保障

4.3.1 粮食生产保障体系

粮食生产是粮食安全保障体系最基础的环节，实现粮食安全目标核心是保障粮食生产的稳定。我国是一个人口大国，应坚持立足国内粮食自给的目标和原则，提高粮食综合生产能力，夯实粮食保障体系基础。粮食生产保障体系由以下六点要素构成：

1. 提高农民生产积极性

粮食生产保障体系首先要保障农民的生产积极性。农民是生产粮食的主体。粮食的收益率逐年下降，种植粮食的机会成本逐年提高。从经济学角度来看，理性的农民应该放弃种植粮食，选择外出打工，优化劳动力资源配置。但是这样导致的后果是，越来越多的农民进入城市，农村劳动力流失严重。从人力资源的社会保障部公布的数据显示，在 2016 年，进城务工劳动力已经达到 2 亿人次。为了提高农民生产积极性，应该要加大农业补贴政策力度，提高农业补贴效率，使得农民的生产积极性提高。

我国的粮食生产体系的方向之一是保障农民受益，提高农民积极性。在我国，农民生产粮食保障要从两方面推进：一是提高种粮农民受益，具体措施是充分发挥财政的职能作用，改革粮食补贴制度，使得种粮农民的生产积极性提高；二是鼓励农民多种粮、多售粮。保障农民的利益是我国粮食生产的重要组成部分，只有保障了农民的利益，我国的粮食生产才有保障。

2. 耕地资源保护和中低产田改造

耕地是粮食生产最重要的生产资料，是无弹性的农业生产要素。随着我国城镇化和工业化发展，耕地数量在不断减少，耕地肥力在不断下降。据中国工程院院士、沈阳农业大学陈温福教授（2014）的检测，我国东北黑土地正面临日趋板结、可耕性变差的问题，黑土地原来有 1 米的厚土层，现在只有 40 ~ 60 厘米。"要知道形成 1 米厚的土层需要 3 亿年，而现在的退化速度是一年 1 厘米。如果再不注意提高耕地质量，农业可持续发展将受到严重威胁。"东北地区长期过量使用化肥造成土壤板结，土壤有机质含量下降，不改变掠夺式的农业生产方式将会严重威胁粮食稳产高产。承载吉林 60% 粮食的黑土地，土壤有机质含量已从新中国成立之初的 8% 下降至现在的不足 2%；黑龙江省、辽宁省耕地有机质平均含量也在持续下降。

据农业部 2014 年 12 月 17 日发布的《全国耕地质量等级情况公报》披露，全国 18.26 亿亩耕地质量等级由高到低依次划分为 1 ~ 10 等，其中 1 ~ 3 等的耕地面积为 3320 万公顷，占耕地总面积的 27.3%。这部分耕地基础地力较高，基本不存在障碍因素，应按照用养结合的方式开展粮食生产，确保耕地质量稳中有升。4 ~ 6 等的耕地面积为 5453.33 万公顷，占耕地总面积的 44.8%，这部分耕地所处环境气候条件基本适宜，农田基本建设具备一定基础，增产潜力最大。按照耕地基础地力平均提高一个等级测算，预计到 2020 年这部分耕地可实现新增粮食综合生产能力 800 亿公斤以上。7 ~ 10 等的耕地面积为 3400 万公顷，占耕地总面积的 27.9%，这部分耕地基础地力相对较差，生产障碍因素突出，短时期内较难得到根本改善，需要持续开展农田基本建设和耕地内在质量建设。近 20 年来，我国粮食生产一直采取高投入、高产出方式，耕地长期处于高强度、高负荷利用，耕地质量呈现出"三大""三低"态势，其中"三大"表现为在我国现有耕地中，中低产田所占比重大、耕地质量退化面积大、污染耕地面积大。我国现有中低产田占耕地总面积的 70%；全国耕地土壤污染超标率达到 19.4%，南方地表水富营养化和北方地下水硝酸盐污染，西北等地农药农膜残留较多；耕地质量堪忧，主要是重金属和有机物污染。耕地污染不仅导致土壤理化性质变差，影响粮食等农作物生长发育，降低耕地生态功能和生产能力，而且在土壤中积累、在农作物中残留，影响到农产品质量安全。"三低"表现为耕地的有机质含量低、补充耕地等级低、基础地力低。

"十分珍惜、合理利用土地和切实保护耕地"是我国的基本国策。耕地是农业的基础，更是粮食安全保障的基础。实行最严格的耕地保护制度，特别是基本农田保护制度，需要有效控制基本农田转化为建设用地，强化对耕地的保护政策，确保全国耕地面积保有量到 2020 年维持在 12033.33 万公顷之上，守住1.2 亿公顷耕地红线不放松；建立与完善耕地保护激励与约束机制，强化地方政府、农村基层组织和农民保护耕地的责任与义务；强化耕地占补平衡的法定责任，防止地方政府以占补平衡为借口，使用偏远贫瘠土地置换近郊良田的行为发生。

中低产田改造是一项庞大工程，耗资巨大。我国农业综合开发项目已实施20 多年，在改良中低产田项目上的投入累计达到近千亿元，项目的实施对提高粮食单产，增加粮食产量，提高种粮农民收益起到了重要作用。改造中低产田是一项长期过程，需要政府和社会投入更多资金，统筹规划，集中连片改造，逐步改变种植习惯，培养地力，让中低产田真正成为可持续的高产田。

3. 农业基础设施建设

农业基础设施建设是提高农业综合生产能力的根本保障。目前我国农田基础设施仍然比较薄弱，虽然近 5 年来国家投入了大量建设资金，但由于工程不配套、项目投资规模大，导致建设效果并不明显，农田抗灾能力仍然很弱。2014 年秋季东北地区发生了严重的干旱，辽宁省有近 1/3 的农作物受灾，且大部分绝收；吉林省的农安、公主岭等 10 个产粮大县因干旱而大部分绝收。2013年夏秋季节东北爆发了特大洪灾，仅黑龙江省就有 3000 多亩农田受灾，损失巨大。吉林省大多数灌区建于 20 世纪 60 年代，设施老化年久失修，长期带病运行，40% 的水利工程不配套或建成不久就老化破损。在吉林省中西部旱区仅有23 万眼机电井和部分喷滴灌设施，远远满足不了灌溉需要，大部分地区农作物因干旱而绝收。

从我国目前的国情来看，农业基础设施建设薄弱依旧是我国农业粮食生产条件的一大问题。总体来说，我国的水利设施还比较薄弱，这成为制约我国农业生产水平提高的重要因素之一。水利建设是现代农业生产中必不可少的基础设施。水资源的污染问题日益严重，可供使用的淡水资源连年下降，提高水资源的利用效率、节约利用水资源迫在眉睫。现代农业科技的发展促进喷灌、滴灌、节水灌溉等节水灌溉的发展，大力提高了水资源的使用效率，使有限的水资源灌溉面积大大提升。在我国农业基础设施建设中，应该把水利建设放在重要战略位置上，优先发展水利建设。

农业基础设施建设需要政府、农村基层组织和农户共同建设，只有通过建立权责明确、管理规范、运行高效的建设管理机制，才能保证农业基础设施的长期、高效使用，发挥其应有功效。这就需要做到以下三点：一是建立农田基础设施建设财政投入持续增长机制，严格管控资金使用情况，加强对项目建成后项目使用状况的监管，提高财政资金的使用效率。二是向粮食主产区倾斜，在粮食主产区建设一批高标准旱涝保收农田，提高主产区粮食综合生产能力。三是制定针对我国农田基础设施建设和维修的制度办法，建立中央为主导、多级多层共同建设的农田基础设施建设维护体系。

4. 农业科技的应用与推广

在农业发展历程中，科学技术发挥着重要作用。几千年来，农业都是伴随着科技进步而不断得到发展，可以说，没有农业技术研究、推广和应用就没有当今发达的农业，就不可能养活全球 70 多亿人口。30 多年来，正是由于我国大面积推广高产杂交水稻、玉米、大豆等粮食作物，才有今天粮食产量连创新高，才有今天粮食供给的充裕。

近年来，政府不断提高对农业科技的支出，但是科技支出的效率还有待提高，因此针对这类问题，政府应该加强对农业科技支出使用用途的监管。科技是第一生产力，提高农业科技水平，应该重视以下三个方面的发展建设：一是要加强农业教育，教育水平的提高有利于农业科技人员的总体基本素质。增加农林院校和农林专业的设置，特别是注重吸收农村生源，发展农业教育是用农业理论指导实践的重要手段，这将使得农业科技更好地运用到农业生产实践中来。二是加强农业科研。农业科研决定了农业科技的研发水平，由于农业科研具有较大的不确定性和自然风险性，农业科研的产出效益不高，因此应深化农村科技体制改革，增加农业科研人员和农业科研经费支出。三是加强农业技术推广。由于农民的总体受教育水平偏低，农业科技人员应该深入基层，积极推广农业技术，建立覆盖面广、人员设备齐全的农业科技推广站，利用农业科技帮助农民提高粮食产量，构建我国粮食安全生产体系。

农业科技应用与推广是粮食生产保障体系的重要组成部分。在构建我国粮食安全体系过程中应该注重增加科技投入，促进农业技术的研发和推广，提高粮食作物科技水平。合理利用农业科技力量，增强中低产田的生产能力，从源头上预防粮食短缺问题。加强农业科技的应用与推广，需要逐步增加对农业科技投入；建立健全良种选育、扩繁和供种体系；改善农业科技创新条件，充实农业科技队伍，提高农业技术推广能力；建立与完善农业社会化服务体系。

5. 粮食生产经营与组织形式创新

农业生产组织在不断的发展变化中，但从历史上来看，我国的土地制度不断发展变迁，自从我国实行井田制以来，农业生产组织主要以家庭为生产单位，这对于我国农耕文明的发展、农民生产积极性的提高以及农业生产效率的上升都具有重要意义。新中国成立以来，我国在改革开放后开始实行家庭联产承包责任制，这一举措大大提高了农民的生产积极性，我国的粮食产量大幅提升。农业专业合作社加强了合作社成员生产技术的培训、小额信贷资金的借贷、纳税的申报程序等方面。由此可见，适合国情的粮食生产经营模式在农业生产中有助于提高农民生产积极性、提高农业生产的效率、提高粮食的产量。

粮食生产组织是粮食生产要素实现有效配置的具体形式。家庭联产承包责任制创造了农业微观组织基础，有效促进了粮食生产的发展，扭转了长期粮食短缺的局面。随着现代农业发展，提高农业生产效率和农业竞争力越来越重要，而原有的小规模土地经营和细碎化、分散的土地承包经营格局，已难以实现现代农业发展要求。因此，创新粮食生产经营与组织形式，鼓励耕地向种粮大户、联户经营、家庭农场和农民专业合作社流转。同时，确保农民合法权益，通过耕地确权颁证方式，以法律形式确立农户家庭长久不变、更加充分而有保障的土地承包经营权。建立土地承包经营权流转市场，加强土地承包经营权流转的管理和服务，为培育适应现代农业发展的新型规模化粮食生产经营主体创造良好环境。

6. 粮食生产价格补贴政策

粮食是效益比较低的产品，现行的农业补贴体系，对粮食生产起到了一定的促进作用，鼓励和刺激农民发展粮食生产，确保了国家粮食安全。从 2004 年至今我国实施粮食直补政策后的粮食种植面积和粮食产量增长来看，农业补贴对促进粮食生产的效果比较明显。保障粮食安全的作用部分地得到了一定实现，全国粮食种植面积和粮食产量逐年增加，尤其是在我国不断地城市化进程中造成可供种植利用面积萎缩和近年来自然灾害等不利的情况下，仍然获得粮食的丰收，农业补贴政策功不可没。

财政对农业的补贴是保障粮食生产的有效手段，是维系粮食安全的重要物质保障。通过农业补贴，对农业生产者以利益诱导，从而引导农户的经济行为，对农业生产与农产品流通产生积极影响。在这一过程中，财政对农业的补贴目标、补贴力度、补贴方式、补贴重点与结构等政策取向对补贴所取得的经济社会效益和生态效益起着决定性作用。因此，借鉴国外农业补贴政策经验，不断优化农业补贴政策对于促进粮食生产和稳定粮食播种面积，具有重要意义。

4.3.2 粮食储备保障体系

粮食储备体系对调节粮食供给波动、平抑粮食价格、稳定粮食市场起到重要作用。粮食储备能够救灾备荒、应付战争等突发事件，不仅关系到公共利益，更关系到国家的战略安全和社会稳定。我国目前粮食储备制度存在的问题突出表现在两个方面：一是粮食储备管理权责不统一，部门多、协调难。国务院主管储备粮，具体行政管理由国家粮食和物资储备局负责，运行时涉及国务院及其粮食局、发改委、财政部、农业发展银行和国家储备粮管理公司等单位，运行过程中由于部门太多，往往延误操作最佳时机。二是中储粮及其分支机构对地方代理储库管理不力，一些代理储库未经严格资格认证就代理储粮，中储粮对代储库的相关信息掌握不充分，导致一些地方的代储库以代理储粮名义冒领甚至骗取国家财政粮食储备补贴资金的违规违法行为发生。因此，有必要建立与完善垂直管理的中央储备体系。事实上，《国家粮食安全中长期规划纲要

(2008～2020 年)》中已明确加强中央储备粮垂直管理体系建设计划，该纲要指出：建立中储粮总公司负责中央储备粮食管理，中储粮总公司直接管理各个分公司，并负责监督各分公司的人、财、物；负责协调各个区域间的粮食储备；以法定形式确定公司权利义务、责权和运作模式。至今，这一计划因各种原因不仅难以全面实施，而且乱象丛生。

在经济形势和国际形势不断变化的情况下，我国的粮食储备体系不断发展和变化。我国的粮食储备体系主要经历了五个阶段：粮食自由收购时期、粮食统购统销时期、粮食购销双轨制时期、粮食托市收购时期、新的粮食价格机制形成时期。

在我国，粮食安全储备体系的构建主要起到三个作用：一是在战略应急作用，在发生地震、洪水、海啸等自然灾害和战争等突发事件时，国家粮食安全体系为国家战略应急提供储备粮食，为国家安全提供有力的基本保障。二是在市场粮价剧烈波动或者粮食价格大幅上涨或下降时，中央粮食储备中心开仓放粮来稳定市场平抑粮价，通过政府宏观调控的作用来调节市场需求。三是调节我国区域之间粮食生产不平衡，由于我国国土面积多达 960 万平方公里，南北跨度大，粮食生产生态条件存在巨大差异，因此国家粮食安全体系在区域间发挥了良好的资源配置和资源再分配作用。

我国的粮食储备体系在多年的理论与实践中，形成了中国特色的粮食储备体系特点。一是中央与地方的双主体储备体系，我国的储备体系分为中央储备体系和地方储备体系，两部门合作分工、各司其职共同形成了我国粮食安全储备保障体系。二是政府储备在粮食安全的保障体系中发挥着重要的宏观调控作用。三是逐步形成与市场机制相结合的粮食储备体系。在计划经济时期，我国粮食储备方式比较单一，由政府和国有粮食部门承担国家粮食储备的任务。

目前我国粮食储备市场机制还不太完善，依旧存在许多需要解决的问题。粮食储备机制没有充分发挥其作用，主要是没有解决市场化的问题。在粮食储备方面，由于储备不善造成的粮食腐烂变质问题导致浪费大量人力、物力。粮食储备和粮食安全具有公共物品的属性，应该由国家来提供。但是公共物品由于制度设计不合理提供效率较低，因此应该提供一种更加灵活合理的融入市场调节机制的粮食储备方式。应建立企业与市场共同调节粮食储备质量和数量的储备体系，这有利于减少政府的粮食储备成本、及时更新粮食储备和周转，政府给予合作企业贷款和补贴优惠、企业不断根据市场更新周转粮食储备，在政府的监管下，发挥市场的作用，政府和企业达到互利共赢的目的。这种市场与政府合作的储备粮食机制有利于减少财政开支、节约成本、降低储备风险。

目前，构建粮食储备保障体系，主要需要解决的问题是"储备多少粮食，由谁储备、储备在哪里的问题"，因此需着重解决三方面问题：

一是合理布局储备规模。粮食储备作为我国粮食供求的"蓄水池"，合理的储备规模是粮食供给平衡的基本条件，也是粮食储备的难点。粮食储备不足，可能会造成国家粮食供给紧张，甚至引起社会动荡，危及国家安全；粮食储备过多，导致财政支出过大，造成资金浪费。合理的储备需要既能保障粮食安全，又能节省开支。我国应科学测算粮食储备规模，合理分配中央与地方、产区与销区的储备比例，以避免因为中央与地方储备不合理，导致突发情况时中央紧急运粮；同时避免销区粮食储备过少、产区储备多，给粮食产区带来沉重的财政负担。

合理的粮食储备规模应该考虑多方面因素，首先，科学合理测算粮食的需求和供给；其次，降低储备成本减少粮食浪费情况。在制定合理的储备规模时，应该考虑城乡居民粮食消费结构的变化，随着我国人均消费水平的提高，城乡居民对于口粮的消费逐渐下降，城市居民的下降幅度大于农村居民的下降幅度，城乡居民更加注重自肉奶蛋等影响物质的摄入。在储备粮食过程中，应该考虑粮食的储备成本和储备周期，合理规划粮食的储备品种和结构。

二是理清粮食储备主体。我国目前粮食储备采取政府储备、企业储备和农户储备三位一体形式，其中政府储备占粮食储备总规模的80%以上，是我国粮食安全的重要保障。从2000年开始，中央政府为保障粮食的充足储备，成立中国储备粮管理总公司（简称"中储粮"），形成了中央和地方两套储备系统。当前应着重解决中央与地方储备职责不清、结构趋同问题。这就需要中央储备在原有职能职责基础上满足国家宏观调控和应急调控的要求；地方储备集中保障区域市场的粮食安全稳定，实现中央储备与地方储备的合理分工、功能互补。

三是协调粮食储备基地。近年来，我国的粮食安全储备已经实现了总量矛盾到结构矛盾的转变。地区间粮食生产数量差异大、南北方粮食品种差异大。在我国区域之间的粮食结构矛盾更加突出，根据数据显示，我国粮食品种和数量之间的供求结构的发展有进一步加剧的趋势。粮食储备作为我国粮食安全保障的重要的组成部分，在粮食供求矛盾上的不断变化的情形下，储备的重点要集中优化储备结构，细条中央与地方、产区与销区、品种结构间的平衡机制，深入探究我国的粮食空间区域合理布局，实现粮食储备的宏观调控和紧急预警目的。

4.3.3　粮食流通保障体系

我国的粮食流通体系发展至今，已经形成了以粮食购销为核心，以粮食加工为依托，以交易方式和物流方式为手段，以政府宏观调控为辅助的现代化流通基本框架。粮食流通是连接粮食生产到粮食消费的重要环节，粮食作为一种商品，粮食流通环节贯穿粮食产供销过程，粮食流通过程的实现是粮食从生产到消费的一个巨大飞跃。粮食流通市场的深入改革推进了粮食流通的市场化进程。粮食流通在粮食生产和再生产的过程中起着主导作用，作为现在农业粮食安全体系的重要组成部分，构建科学合理的粮食安全流通体制对于我国国民经济的稳定发展具有重要地位。

我国的粮食流通体制随着粮食供求实际情况和市场发展发生了巨大的变化，新中国成立后我国的粮食流通主要经历了由统购统销高度集中计划经济体制到以市场需求为导向的社会主义市场经济体制的漫长过程，可以分为以下四个阶段：一是粮食自由购销时期。新中国成立初期，我国的生产力水平极为低下，农业生产基础设施非常缺乏，我国人民的温饱问题极大地制约了我国经济的进一步发展。我国是农业大国，从事农业的人口占比非常大，但是我国的粮食生产水平非常低。根据相关资料显示，年我国粮食产量仅为 113138 万吨，平均到每个人头上仅有 100 公斤左右，国家开始关注粮食流通领域的监督和调控。二是统购统销时期。我国进入了计划经济时期，借鉴苏联的模式，我国的粮食进入了凭粮票换取粮食时期，这一阶段直到 1985 年才结束。三是粮食市场化改革与粮食购销价格实行"双轨"制时期。四是建立以市场化为导向的粮食流通体制时期。进入市场化流通体制以来，粮食流通以市场为主导，政府只发挥辅助作用，我国粮食流通体制逐渐发展成熟。

我国的流通体制主要有以下三个特点：一是市场机制和政府机制相结合的

流通机制。我国的粮食流通机制自从改革开放以来就开启了市场流通机制,减少了部分在计划经济时期、双轨制时期、统购统销时期的弊端,粮食的经营和流通更加走向市场化。二是经营主体更加多样化。在计划经济时期,我国的粮食主要由政府和国有粮食部门垄断,集体合营安排造成了供销效率不高,甚至居民的温饱都出现了问题。三是在改革开放后,粮食的流通和经营主体走向多样化,家庭联产承包责任制的实施,极大地提高了农民粮食生产的积极性,我国粮食产量开始大幅提升。这些成功的历史改革经验给我们为今后的粮食流通体系改革提供了经验。历史经验表明,完善我国粮食流通体制,主要可以从以下几方面做起,一是建立统一高效的粮食管理机制,提高粮食的管理效率。二是健全完善粮食立法执法体系,包括增强粮食安全法律法规的建设和提高相关部门的执法效率。三是加强基础设施建设,改善粮食流通过程中的仓储建设基础设施和物流设施状况。

基于我国粮食流通体制现状,构建粮食流通安全保障体系需从三个方面加以完善:

一是粮食物流环节的完善。我国粮食物流体系存在低效率、高成本问题。据粮食部门统计,我国有85%的粮食采用传统包装和运输方式,包装上大多采用麻袋、塑料编织袋;在粮食储存环节实行拆包散储,但到了粮食中转和运输环节又转为包装形态,费工费时费力;在运输方式上,从粮食产区到粮食销区的物流成本占粮食销售收入的20%~30%,由此造成粮食物流成本高和损失率高。完善粮食物流环节,当务之急是建设统一标准的粮食物流设施体系,以降低物流成本,提高效率。这就要求整合粮食物流资源,鼓励大型粮食企业之间通过相互参股方式建立合作关系,提高粮食运输的集约化、规模化、标准化,培养拥有仓储、加工、贸易等一条龙企业。同时,完善粮食运输的物流基础设施建设,开发水路潜力,在重要粮食通道和节点建立粮食现代化物流园,使其具有物流、加工、贸易等多种功能。

二是粮食深加工能力的提升和粮食质量安全标准的制定。目前,在我国大多数粮食主产区粮食加工主要依赖规模扩张,科技含量、品牌价值、营销手段等都不高,粮食附加值难以提升。因此,有必要利用现有资源和区域优势,推进适度集中发展,形成一批具有较强竞争力的现代化粮油加工基底,支持粮食产业化龙头企业创建粮油加工园区、延伸产业链,实现粮食加工的专业化、规模化、集中化；促进粮油加工企业的品牌化建设，完善粮食加工的标准化体系建设，健全粮油食品加工质量安全产业链，全面提高粮油食品加工的质量安全水平。

三是粮食交易市场的完善。粮食交易市场是粮食交易的场所和空间，是粮食交易的一种服务性组织。粮食交易市场是粮食生产与最终消费的中间环节，是粮食流通保障体系的核心。我国现有的粮食交易市场包括粮食期货市场、粮食批发市场、城市零售市场和农村粮食收购站，其中粮食交易市场的骨干是批发市场。完善粮食交易市场应本着市场经济理念，遵循市场经济规则，避免政企不分、过度干预市场；规范发展粮食期货市场，善于利用粮食期货市场功能；有效监督粮食批发市场、粮食零售市场违法违规行为，加大对粮食品质与安全性的检测力度，严格防范霉烂变质、重金属含量超标、农药残留超标等有害粮食的销售。

4.3.4　粮食进出口保障体系

随着我国人口的增长、经济的发展、城市的扩张，国际粮食市场已逐渐成为粮食安全保障体系的重要环节，国际粮食市场对我国粮食供需平衡、粮食价格、粮食储备、粮食加工等都具有重大影响。以国内粮食生产为基础，有效利用国际粮食市场，是维护我国粮食安全的重要手段，是构建我国粮食安全保障体系的重要内容（见图 4 - 5）。

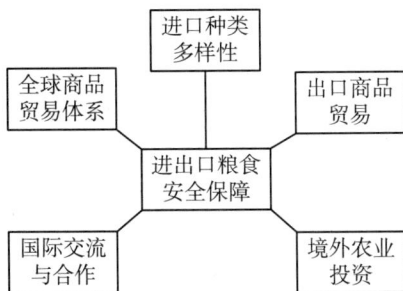

图 4 - 5　我国的粮食安全进出口构建框架

粮食进出口保障体系的建立，首先，需要明确粮食进出口政策目标，把握粮食进出口时点选择，利用替代品防止过度依赖粮食进口。其次，选择与多个国家签署粮食进口协议，改变粮食进口仅限定在少数粮食生产国的做法，分散风险，充分保障我国粮食进口有稳定来源和可靠质量。

建立全球粮食安全观，不断扩大农业开放程度，建立和完善我国农业进出口体系对于我国的粮食安全体系构建具有重要意义。在国际市场上，从长期来看，国际市场粮食产量的增长超过了全球人口的增长，总体来说国际市场的供求格局是比较稳定的。根据比较优势原理，我国应该从国际市场上粮食生产成本比较低的国家进口粮食产品，发挥粮食生产的比较优势，从而保护国内资源，促进国内农业的可持续发展。

进入新时期以来，由于城市化、工业化的不断发展，我国的经济高速增长，我国城乡居民的消费结构发生了巨大变化，农村居民的消费结构也不断全面升级，联合国粮农组织预计我国的粮食需求会不断增长。对于中国这样的资源紧张的国家来说，应该放眼于全球市场，实施"立足国内、全球供应"的国家粮食安全战略。在我国，水稻、小麦等口粮基本可以实现自给，玉米的需求缺口不断扩大，预计未来玉米等粗粮需要大量依赖进口，因此今后中国的粮食基本依靠自给基本不可能，所以应该进一步扩大农业开放程度，建立出口粮食安全保障体系。

我国进出口粮食安全保障主要可以从以下五方面进行改善。一是增加进口多样性。在1997年以前，我国主要进口小麦，进口品种比较单一。2005年以后，我国开始进口玉米、大豆等农产品，目前我国进口产品品种增多，我国进出口应该根据市场供求情况，增加进口农产品多样性。二是加强农产品全球贸易体系，促进与全球贸易交流，利用比较优势原理，达到合作共赢目的。三是加强国际交流与合作，加强农业科技交流，促进农业生产效益提升。四是加强境外农业投资。五是出口商品贸易应该根据供求状况来决定出口品种和出口数量，优先保障国内粮食安全。

总体来看，我国进出口粮食处于比较安全的阶段。从品种上来说，我国的水稻基本可以满足自给目标，我国主要进口小麦、玉米、大豆等品种，说明国内这些品类的农产品存在较大的供求缺口。从进口国家来看，我国进口粮食的主要来源是美国、加拿大、澳大利亚、印度、缅甸等国家，粮食进口市场较为分散。

4.3.5　粮食预警保障体系

当前我国粮食市场既受国内约束条件制约，又面临国际粮食市场影响，这无疑加大了我国粮食安全形势的不确定性。因此，有必要建立一个有效的粮食安全预警保障体系，通过对我国粮食安全状况进行科学预测，在粮食安全出现危机时及时发出预警信号，以便提前采取应对措施，减少粮食危机给我国带来的损失和危害。

粮食安全分为不同的等级层次。一般认为，粮食安全分为无警、轻警、中警、重警和巨警。洪涛等[①]将粮食的安全警级和粮食供求状况相挂钩，形成了一套粮食安全等级与预警体系对照表。从粮食供求关系角度看粮食安全问题，粮食过多会导致粮食过剩的危机，粮食过多也会导致粮食短缺的危机。粮食安全等级与预警体系对照表启示要合理设置粮食储备的规模，选取合理的粮食规模指标，做好预警机制以保障粮食安全体系的构建（见表 4 - 5）。

表 4 - 5　　　　　　　　　粮食安全等级与预警体系对照

警度级别名称	安全等级名称
短缺巨警	粮食危机
短缺重警	粮食不安全
短缺中警	粮食比较安全
短缺轻警	粮食比较安全
无警	粮食安全
过剩轻警	粮食比较安全
过剩中警	粮食比较安全
过剩重警	粮食不安全
过剩巨警	粮食危机

长期以来，我国注重粮食安全保障体系中生产、流通、进出口、消费等环

---

① 洪涛等. 中国粮食安全发展报告（2013 ~ 2014）［M］. 北京：经济管理出版社，2014.

节的控制和评估，但在一定程度上忽略了粮食预警机制的建设。我国的国情比较复杂，影响国家粮食安全的因素错综复杂、形式多样。为了防患于未然，有必要建立一个运行有效粮食安全预警体系，运用预警系统对我国的粮食的趋势作出合理的预测。并针对预警信号作出相应决策预防我国的粮食安全危机，这对于应对未来的粮食危机具有重要意义。建立我国的粮食安全预警体系，应该要坚持从全局出发，综合考虑多种影响粮食安全的因素，采用现代科技化的测量手段与我国实际情况相结合，运用经济、政治、法律手段构建我国粮食安全预警体系。

构建粮食安全预警保障体系首先需要建立粮食安全预警机构，设立中央粮食安全预警中心，下设省、市级地方机构。根据需要还可设立粮食安全预警点，以全面、客观、准确地收集国内和国际粮食安全预警信息，对粮食安全状况进行综合分析，定期发布粮食安全形势。

粮食安全预警是对长期或短期的粮食供需量、价格等进行趋势分析，作出科学合理的预测，并及时发布预警信号作出应对风险的措施。联合国粮农组织（FAO）1975 年即开发了粮食与农业的全球信息及预警系统（GIEWS），定期或不定期提前发布有关粮食方面信息（FAO，2000）。借鉴发达国家的经验，美国、欧盟、澳大利亚、加拿大等发达国家已经建立了完善的粮食安全预警机制。发达国家粮食预警的基本原理是通过对本国的粮食产量、消费量进行监测，及时预测粮食供需量，适时发出预警信号，农业局、财政部等及时作出相应措施应对粮食安全危机。借鉴李孟刚（2014）[①] 等粮食安全体系构建的思路，我国粮食安全预警机制如图 4 - 6 所示。

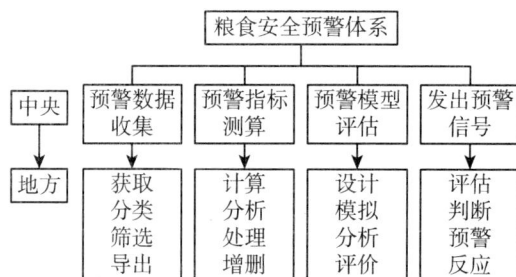

图 4 - 6　我国粮食安全体系构建

[①]　李孟刚等. 国家粮食安全保障体系研究［M］. 北京：社会科学文献出版社，2014.

粮食安全既包括宏观层次的粮食安全也包括微观层次的粮食安全，宏观层面上粮食不安全必然存在微观层次上的粮食安全，培养整个国家的粮食获取能力是实现粮食安全的基础。微观层次的粮食安全粮食不安全既包括长久性粮食不安全也包括暂时性（突发性）粮食不安全，增强粮食稳定供给能力和人们收入获取能力，减少贫困，才能防范粮食不安全风险。粮食短缺是一种不安全，同时粮食过剩也预示着风险。严重的粮食过剩必然影响仓储、价格、政府政策，进而影响未来粮食生产和供给的积极性，最终可能导致粮食不安全问题。因此，建立粮食安全预警系统，从各方面分析、衡量粮食安全状况，提前对粮食安全信息提前对粮食安全信息发出预报，并及时作出政策调整，是全面实现粮食安全的必然选择（见表 4 - 6）。

表 4 - 6　　　　　　　我国粮食安全预警体系指标构建

	指标层面	具体指标
粮食安全 预警指标体系	宏观层面	粮食自给率
		粮食库存量
		粮食现货指数
		粮食期货指数
	微观层面	人均耕地面积
		人均粮食产量
		恩格尔系数
	自然因素	成灾面积
		年降水量

从发达国家建立粮食安全预警体系的角度来看，我国粮食的粮食预警体系的构架还有许多需要完善的方面。第一，应该完善我国的粮食预警指标体系。我国粮食预警体系比较单一，预测准确度方面还有待加强，应该综合考虑影响粮食供需量和价格等多方面的因素，建立健全粮食安全预警指标体系。第二，预警指标体系应考虑国际数据和指标。近年来，随着全球化、信息化的发展，我国的粮价波动随着国际市场粮价波动的范围越来越大，我国的粮食预警体系充分考虑国际粮食市场进出口贸易机制带来的市场风险、汇率风险、利率风险。第三，发挥期货市场的预警功能。大宗农产品期货市场具有价格发现、风险规避、套期保值的功能。研究表明，大宗农产品的期货价格和现货价格具有很强

的相关性，利用期货价格预测现货价格是粮食安全预警的有效手段。第四，建立多部门相互协调的粮食预警机制。粮食安全涉及农业、工业、科技、贸易、环境等多个部门，粮食预警机制应该协调多个部门，采用合理的预警指标和预警体系，预测粮食的粮食供求量和价格趋势，以达到粮食安全预警目的。

第5章
我国粮食安全保障体系财政支持政策的演进及政策评价

5.1 粮食安全保障体系财政支持政策的演进

粮食安全问题始终是关乎国计民生、社会稳定和国家自立的战略问题。随着我国经济发展水平及农业在不同发展阶段的定位和角色的转变，我国对粮食安全保障体系的支持政策经历了长期、复杂的调整过程。结合不同的历史阶段和时代背景，以及政策发展演变的程度，我们将新中国成立以来的粮食安全保障体系财政支持政策划分为四个阶段。

5.1.1 第一阶段（1949～1978年）：新中国成立后至改革开放前，特定历史时期的财政政策

从新中国成立后至改革开放初期，中国经济均处于高度集中的计划经济时代。新中国成立初期，农业作为工业化原始积累的重要来源，农业税以及农产品的统购统销政策成为国家实施"农业支持工业、农村支持城市"的重要途径。在此时期，农业税征收主要以粮食为主[①]。统购统销即在全国范围内实行计划收购和计划供应，国家在农村统一征购粮食，农民自用的粮食经国家批准后方可留下。在城市发放粮食，禁止粮食自由流通。国家以较低的粮食价格控制粮食市场，维持了工业企业较低的生产要素成本。顺应不同历史时期的情况，统购统销政策经历了不断调整，实现了工业化的资金积累。在这一时期，对于粮食生产和流通环节的财政支持较为单一，在20年代50年代，主要实行以"机耕定额亏损补贴"为内容的粮食支持政策，但资金来源渠道和投向较为单一，政策作用效果有限。为维持粮食低价，在投入品方面，国家对化肥、农药、农膜等给予补贴，补贴方式主要通过对农用生产资料的购销差价进行补贴，及对生产

---

① 1958年出台的《中华人民共和国农业税条例》明确指出农业税征收主要以粮食为主。

企业的经营管理费用的补贴。此外，对农资生产企业实施包括低于市场价的原料供应价和电价等的优惠性政策补贴。

在此阶段，农业税的征收以及统购统销政策的实施，与其说是对粮食安全的财政支持，更不如说是索取。虽然在当时特定历史时期的粮食政策对稳定粮食价格，保证粮食供应起到了一定作用。但其严重损害了农民的生产积极性，割裂了农民与市场的联系，抑制了粮食市场的良性发展，实质上实行的是"农业支持工业"的负补贴政策。

在进出口方面，根据现实需要，国家对粮食进出口进行严格的计划管理。对于出口粮食的定价，在实行粮食统购统销政策之前，按市场价格收购；在实行粮食统购统销政策之后，按统购价格收购。1956 年成立了中国粮油食品进出口总公司，各省也先后建立了分公司，具体负责粮食进出口业务，实行垄断经营。对进口粮食的销售实行统销价格，盈亏由国家财政与中国粮油食品进出口总公司统一核算。1958 年经济上出现冒进主义，在国内粮食供应紧张的情况下，仍保持了较大规模的粮食出口，进一步加重了国内粮食供不应求的程度。1961年，国家意识到问题的严重性，实行粮食进口，开始大规模进口粮食，以缓解国内粮食供应紧张的问题。

5.1.2　第二阶段（1978～1990 年）：改革开放后至 90 年代，控制粮食价格的财政政策

1978 年十一届三中全会的召开，拉开了中国农村改革的序幕，此阶段的政策目标从获得积累转向提高农民收入和恢复发展农村经济。为调动农民积极性和创造性，提高农民收入。1979 年，中央开始采取"减购提价"的粮食收购政策。一方面，政府实行超购加价，对粮油的超购加价的幅度由 30% 改为 50%。棉花也实行了超购加价，加价幅度为 30%[①]，结束了粮食统购价格多年未变的局面。另一方面，减少粮食征购指标。国家在提高粮食收购价的同时，维持粮食销售低价，购销之间的差价以及粮食购销企业的费用由国家财政进行补贴。在

---

① 王文元，夏伯忠. 新编会计大辞典 [M]. 沈阳：辽宁人民出版社，1991.

此阶段，粮食补贴主要集中于对粮食收购企业的经营费用及对粮食购销差价的补贴，后者实际是通过直接补贴城市居民，间接对农村居民进行补贴。

1985 年的"85 粮改"将粮食统购改为合同定购，实现了政府管控和自由市场并存的局面①。政策规定取消粮食统购，改为合同定购，即由国家通过合同订立，按定购价收购一部分，农民可将剩余部分粮食按市场价自由流通。若市场价低于定购价，国家仍然按定购价进行收购。此次改革在一定程度上放开了粮食流通市场，实现了粮食购销和价格"双轨制"。在此阶段，国家在流通领域的粮食补贴政策依然集中对收购企业的经营费用及"高购低销"的购销差价补贴为重点，且以后者为主。在价格支持方面，政府在 1987～1989 年有计划地调高了粮食及食用油的收购价格；在 1989～1990 年调高了棉花收购价格。

除了在粮食购销领域的政策，国家也在生产环节对农业生产资料进行财政支持。在 1978 年，国家就对农资进行价格补贴，保证农用生产资料维持低价。1979 年规定对农用工业品在降成本的基础上降低价格，让利于农民。1985 年，随着实行双轨制的实行，化肥、农膜等农资市场开放，农资价格上涨，农民的生产成本上升。1986 年国家出台政策要求稳定农用生产资料销售价格，继续对农用生产资料进行补贴。1987 年为给予农民一定的经济补偿，出台了生产领域的"三挂钩"补贴政策，即粮食的合同定购要与供应平价化肥、柴油和发放预购定金挂钩。具体来说，1987 年每百公斤贸易粮挂钩平价优质标准化肥 12 公斤、柴油 6 公斤；粮食部门按合同定购粮食原统购价款的 20% 预付定金，利息由国家财政负担。此外，国家财政一直注重对农业基础设施、农林水利气象、小型农田水利和水土保持、农村农技推广和植保补助费等农业支出的投入。

除了国内的财政政策调整外，随着粮食进出口形势的变化，国家对粮食进出口政策也进行了较大调整。改革开放初期，依然实行粮食的净进口。1984 年粮食取得大丰收，粮食进出口格局出现较大变化，呈现了多年未见的粮食净出口。"85 粮改"之后，农民种粮积极性下降，开始调整粮食种植结构，粮食产量下降。1987 年粮食又回到了净进口的局面，并一直持续到 1991 年。

---

① 1985 年，中共中央、国务院发布《关于进一步活跃农村经济的十项政策》，其中规定，粮食取消统购，改为合同定购。

5.1.3　第三阶段（1991～2003 年）：90 年代至农业税的取消

为了解决粮食连年增产带来的"谷贱伤农"和政府储量困难的问题。1990年，中央决定对粮食收购实行最低保护价政策。规定各地向农民收购粮食的价格不得低于国家规定的最低保护价，并建立起调控粮食供求和市场价格的粮食专项储备制度。随着统销制度的瓦解，粮食价格逐渐放开，原用于粮食差价的补贴款得到了大幅度压缩。政策规定中央和地方财政减下来的粮食加价和补贴款全部用于建立粮食风险基金。与此同时，为解决粮食购销价格倒挂问题，减轻政府财政补贴的负担，政府决定实行粮食"购销同价"，并在某些地区放开粮食经营和价格。随着"粮食放开"试点的逐步推行，国家出台了"保量放价"政策，即定购数量不变，收购价格随行就市。至此，粮食补贴的重点从对粮食企业的经营费用和购销差价的补贴转向通过粮食风险基金形式补贴粮食企业的流通环节。在此阶段，为保障农民的利益，政策保留了对农民实行的"三挂钩"政策，但将挂钩的实物转为现金补贴，在农民完成定购任务，向国家上交定购粮时一次性支付给农民。

由于我国粮食市场刚刚放开，再加上 1993 年底至 1994 年出现的通货膨胀，出现了粮食价格上涨和生产下降的局面。粮食出现供不应求，发生了抢购和囤积粮食的现象。在这样的形势下，中央为稳定局面，立即采取了行政干预的方法，加强粮食合同定购，限定粮食销价。与此同时，实行了米袋子负责制，即"中央统一管理、分级负责"的粮食省长负责制，规定各省区的行政首长负责本地区粮食的供需平衡和粮价的相对稳定。同时于 1994 年和 1996 年两次提高四种粮食（小麦、稻谷、玉米、大豆）的定购价格，在高价收购的同时完成"政府的定购任务"。到这个时候，"保量放价"正式转换为"提价定购"。这一时期的粮食流通体制并没有很大变化，粮食补贴的政策和方式也基本维持原有办法，对粮食企业进行补贴。1997 年出台了按保护价收购农民余粮的政策，敞开收购小麦、玉米和稻谷以及国务院或者省、自治区、直辖市人民政府确定的其他粮食品种，保证农民生产粮食的生产积极性。

1998 年，随着粮食购销的财政补贴日益加重，依托国家储备粮补贴和粮食风险基金，政府开始对粮食的流通体制进行改革，即"98粮改"。改革原则是"四分开、一完善"，即政府和企业分开、中央与地方政府责任分开、政策储备与商业经营分开、新老财务账目分开和完善粮食价格形成机制。工作重点是"三项政策、一项改革"，即按保护价敞开收购农民余粮、国有企业对收储的粮食实行顺价销售，粮食收购资金封闭运行和加快国有粮食企业自身改革。此时期对粮食流通环节的财政补贴主要包括对粮食生产资料的补贴、对国有企业储备粮食的利息费用补贴、对粮油的差价补贴以及对粮食出口的亏损补贴等项目。主要措施是对流通环节相关粮食生产资料划定最高限价，并对粮食收购规定最低收购价，从而保障粮食安全，促进粮食市场的平衡供求。2001年，政府开始进行放开粮食购销市场改革的试点。国务院对主产区的合同定购粮食仍执行定购价，余粮按保护价敞开收购，对主销区粮食购销及价格放开。

除了对流通环节的财政支持，在农用生产资料领域，国家要求对计划内农用生产资料执行国家定价，对化肥、农药、农膜、农用柴油等实行计划外最高限价。同一时期，国家实施积极的财政政策，加大了对国有粮食仓库的建设支持，利用国债资金加大对粮仓储备库的建设，同时加大投资农业基础设施建设和生态环境建设。

在进出口方面，1992年根据国内购销价格调整，对粮食进出口价格作了相应调整，提高到国内定购价格水平。由于价格提高幅度较大，用于粮食进口的财政补贴大幅度减少。1993年，粮食实行出口配额管理，经营企业必须取得计划配额才能经营出口业务。随着粮食价格与市场的放开，对先前由政府对进出口价格实施干预定价的机制改为粮食进出口企业根据国际市场自行定价。随着外贸体制化改革，1994年我国粮食进出口不再实行价格管理，改为主要配额形式的管理体制。1996年当年国家取消了大豆进口配额，取消了配额之外征收114%关税的政策，导致大豆进口量激增。1997年起，对小麦、大米、玉米、大豆等实行进口关税配额管理，配额内执行低关税，配额外征收普通关税或优惠关税。为了促进出口，对粮食出口实行5%的出口退税。1997年之后，国内粮食连年丰收，出现供过于求的局面，粮食企业库存成本高，国家财政补贴压力大，国家通过粮食出口退税、运费补贴等措施鼓励粮食出口。

2001年，我国加入世界贸易组织。为顺应形势，我国粮食进口政策随着作了较大调整。2002年4月起，对铁路运输的稻谷、小麦、大米等征收的铁路建设基金实行全额免征。此外，2002 年 4 月起，对我国大米、小麦和玉米实行零增值税政策，并免征销项税。同时对三大粮食品种实行进口关税配额制度。2003 年，商务部和发改委发布《农产品进口关税配额管理暂行办法》，规定实施进口关税配额管理的农产品品种为：小麦（包括其粉、粒，以下简称小麦）、玉米（包括其粉、粒，以下简称玉米）、大米（包括其粉、粒，以下简称大米）、豆油、菜籽油、棕榈油、食糖、棉花、羊毛以及毛条。

5.1.4　第四阶段（2004 年至今）：支持农业的新时期

2004 年国家提出要"以工促农、以城带乡"，对农业的基本方针是要"多予，少取，放活"，国家进入城乡统筹发展的新时期。工业反哺农业，给予农民最大利益成为新时期农业补贴政策的指导理念。国务院发布《关于进一步深化粮食流通体制改革的意见》，指出要积极稳妥地推进粮食流通体制改革，全面放开粮食购销市场，实行购销多渠道经营。有关部门要抓紧清理和修改不利于粮食自由流通的政策法规。此后，农业补贴方式也随之改变，由暗补变明补，由间接补贴变为直接补贴，切实维护农民利益。

1. 农业税减免

2000 年，中共中央、国务院发出《关于进行农村税费改革试点工作的通知》。从根本上减轻农民负担，建立规范的农村税费制度，开始了农业税费改革。2003 年，全面推进了农村税费改革试点工作，试点范围由 20 个省份扩大到了全国，农民平均负担减轻 30% 以上。中央财政为支持农村税费改革共安排资金 305 亿元，省级财政及有条件的市县财政也相应安排了部分资金支持这项改革[①]。同时我国加快了取消农业特产税步伐，十几个省份取消了农业特产税。2004 年出台《关于促进农民增加收入若干政策的意见》，提出"农业税税率总体上降低一个百分点，取消牧业税和农业特产税（除烟叶外）"。2005 年全国各地继续深化农村税费改革，中央财政为深化农村税费改革提供大量转移支付。

---

① http：//www.gov.cn/gongbao/content/2004/content_62717.htm.

2006 年，我国全面取消农业税。

2. 价格支持政策补贴

（1）最低收购价格。随着粮食购销市场的放开，粮食连年丰收，粮食价格下行压力加大。政府为稳定农民预期，保障农民利益，维护粮食安全，在放开市场的同时，建立粮食调控体系。2004 年，国务院颁发《关于进一步深化粮食流通体制改革的意见》，指出必要时可由国务院决定对短缺的重点粮食品种，在粮食主产区实行最低收购价格。具体来讲，发改委每年在春播之前发布最低收购价。在粮食收获后，当粮食市场价低于国家规定的最低收购价格时，由国家委托中储粮等国有粮食企业以最低价进行收购，当粮食市场价不低于国家规定的最低收购价格时，不执行最低收购价预案。2005 年，率先在南方稻谷主产区启动稻谷最低收购价预案；2006 年，第一次在小麦主产省启动小麦最低收购价执行预案。自此以来，最低价格收购政策在稳定粮食价格、促进农民增收方面发挥了显著作用。

近年来，我国稳妥推进稻谷和小麦的最低收购价制度改革，以增强政策的适应性和灵活性。2016 年，国家开始下调稻谷最低收购价，并从 2018 年起对有关稻谷主产省份给予适当补贴支持，以保持优势产区稻谷种植收益基本稳定。2018 年首次下调小麦最低收购价，2019 年进一步下调。

（2）临时收储政策。2007 年以来，国家在东北三省和内蒙古自治区实行玉米临时收储政策。2008 年，金融危机导致大豆、棉花等农产品价格暴跌。由于并未建立相关保护价制度，为稳定此类农产品价格，国家启动大豆、玉米、棉花、油菜籽等收储政策。具体来讲，当市场粮价过低时，由国家按照托市价格（临时收储价）在市场收购原粮，通过减少市场中流通的粮食供给数量促进粮价合理回升，以保护种粮农民利益。在价格上涨时，再审时度势，将临时收储粮食通过公开拍卖、定向投放等方式投放市场。在特定的历史时期，临时收储政策对激发农民种粮积极性，保护农民利益，保障国家粮食安全具有重要意义。

然而，随着国内外经济形势和粮食供需格局的变化，近年来，中国粮食供求结构性矛盾逐步凸显，临时收储政策逐渐变得不合时宜。随着临时收储政策弊端的不断显露。2014 年，国家取消了新疆棉花和东北地区大豆的临时收储，并启动目标价格补贴试点。接着逐渐取消对棉花、食糖和玉米的临时收储。对食糖收储，各产区制糖企业临时储存从 2014 年起采取中央财政贴息，制糖企业承储，储存期满后企业自行销售、自负盈亏的市场化方式运行，充分发挥市场配置资源的决定性作用，避免了政府对食糖市场价格的直接干预。2015 年起，国家对油菜籽实行临时收储政策，由地方政府负责组织各类企业进行油菜籽收购，国家财政设立专项补贴对种植油菜籽的农民进行直补。对玉米临时收储政策的改革也在渐次推进，国家在 2015 年下调东北地区玉米临时收储价格，2016 年全面取消玉米临时收储，调整为"市场化收购 + 生产者补贴"的新机制。

（3）目标价格制度。随着临时收储制度的弊端不断显露，国家逐渐开始了对临时收储制度的改革。2014 年 1 月 19 日，中共中央、国务院印发《关于全面深化农村改革加快推进农业现代化的若干意见》，强调完善粮食等重要农产品价格形成机制。一号文件指出要坚持市场定价原则，将农产品价格机制与政府补贴脱钩，逐步建立起农产品目标价格制度。目标价格制度实质上是在探索价补分离，其操作方式是由政府设定农产品的目标价格，当一定时间内市场平均价低于目标价格，国家将差价补贴给生产者，保证农民利益。当市场价较高时，补贴低收入消费者。2014 年，对新疆的棉花以及东北和内蒙古的大豆实行了目标价格的改革制度，启动直补试点。其基本思路是大豆和棉花的市场价格将由市场供求自发决定，政府不再进行调控干预。继续执行稻谷、小麦最低收购价政策和玉米、油菜籽、食糖临时收储政策。2015 年，国家取消了油菜籽临时收储政策。2017 年三年试点期满后，继续在新疆实行并完善棉花目标价格补贴政策。东北和内蒙古大豆目标价格补贴政策由于收效不显著，被调整为实行"市场化收购"加"补贴"机制。

（4）"市场化收购"加"补贴"政策。2007 年以来，玉米临时收储政策在提高农民种粮积极性、保护农民利益、维护农业市场稳定和保障粮食安全方面发挥了重要作用。但是，随着粮食供求的结构性矛盾逐步显现，玉米量价齐涨。且国内外价格严重倒挂，玉米及其替代品进口量激增，玉米出现了阶段性过剩的特征，国家财政负担加重。随着玉米临时收储政策的弊端不断显露，2016 年，在东北三省和内蒙古自治区将玉米临时收储政策调整为"市场化收购"加"补贴"的政策①。具体来讲，一是玉米的价格充分体现市场机制，由市场供求自发

---

① https：//m. huanqiu. com/r/MV8wXzg3ODU2MDJfMjM1XzE0NTkxNjgyNTY = ? __from = cambrian.

决定，生产者随行就市出售玉米。二是取消临时收储政策，不再由中储粮总公司作为执行主体组织临时收储，而是由多元市场主体随行就市收购农民出售的玉米。三是建立玉米生产者补贴制度，保持东北优势产区玉米种植收益基本稳定。按照市场定价、价补分离和保障农民合理收益的三个核心原则，积极稳妥地推进玉米收储制度改革。至此，我国的玉米临时收储政策退出历史舞台。

3. 挂钩直接补贴政策

（1）"三项补贴"政策的历史变迁。我国农业"三项补贴"即种粮农民直接补贴（种粮直补）、农作物良种补贴（良种补贴）和农业生产资料综合补贴（农资综合补贴）。2002 年，我国便开始在安徽、吉林省的三个县市进行粮食直接补贴方式改革的试点。2003 年，粮食直补政策推广到 13 个粮食主产区。为调动农民积极性，促进农民收入增长，2004 年，中央一号文件《中共中央国务院关于促进农民增加收入若干政策的意见》出台，指出使用粮食风险基金的部分资金对主产区种粮农民进行直接补贴。

为引导和鼓励农民在生产中使用农作物优良品种，2002 年，国家安排财政资金，在东北三省和内蒙古高油大豆生态适宜区进行良种推广，补贴品种主要为高油大豆（高油大豆是指含油率 21% 以上、蛋白质含量不低于 38%，主要用于榨油的大豆）。2003 年，国家开始对优质强筋和弱筋小麦品种和优质高中筋和中筋小麦品种实施良种补贴。2004 年，对青贮玉米、高淀粉、高油等专用玉米实施良种补贴，并开始水稻按种植面积实施良种补贴政策。2007 年，又将棉花和油菜纳入良种补贴范围。2009 年，对水稻、小麦、玉米三大主粮品种实现补贴全覆盖，大豆良种补贴在东北地区全覆盖。2010 年，扩大了马铃薯原种生产补贴试点规模，并启动了藏区青稞良种补贴和花生良种补贴试点。在实际操作中，按照各品种良种的实际种植面积和一定补贴标准对农民和农场职工购买、繁育和使用农作物良种给予补助。

除上述对种粮农民的直接补贴和对农作物的良种补贴外。2006 年，在国家油价上涨、柴油配套调价的背景下，财政部发布《关于对种粮农民柴油、化肥等农业生产资料增支实行综合直接补贴的通知》，决定对种粮农民的柴油、化肥、农药等农业生产资料实行综合直接补贴。至此，以我国"三大补贴"为主的直接补贴政策体系初步形成。农业"三大补贴"的实行，对促进粮食生产和农民增收，保障国家粮食安全发挥了积极的作用。

2014 年，中央《关于全面深化农村改革加快推进农业现代化的若干意见》指出，要按照稳定存量、增加总量、完善方法、逐步调整的要求，积极开展改进农业补贴办法的试点试验。继续实行种粮农民直接补贴、良种补贴、农资综合补贴等政策，新增补贴向粮食等重要农产品、新型农业经营主体、主产区倾斜。在有条件的地方开展按实际粮食播种面积或产量对生产者补贴试点，提高补贴精准性、指向性。2015 年，财政部、农业部发布《关于调整完善农业三项补贴政策的指导意见》，指出随着农业农村发展形势的发生深刻变化，农业"三项补贴"的效能递减，出于转变农业发展方式，提高政策效能的需要，迫切需要完善调整。决定在全国范围内调整 20% 的农资综合补贴资金用于支持粮食适度规模经营；选择安徽、山东、湖南、四川和浙江等 5 个省，由省里选择一部分县市开展农业"三项补贴"改革试点。试点的主要内容是将农业"三项补贴"合并为"农业支持保护补贴"，政策目标调整为支持耕地地力保护和粮食适度规模经营。2016 年，财政部、农业部发布《关于全面推开农业"三项补贴"改革工作的通知》，指出农业"三项补贴"政策的试点取得了预期效果，决定在全国范围内全面推开农业"三项补贴"改革。

（2）农机购置补贴。从 1998 年开始，中央财政开始设立专项资金，用于大中型拖拉机更新补贴。2000 年以前专项名称为"大中型拖拉机及配套农具更新补贴"，2001 年调整为"农业机械装备结构调整补助费"，2003 年改名为"新型农机具购置补贴"，每年补贴 2000 万元。2002 年，《国务院办公厅转发国家经贸委等部门关于进一步扶持农业机械工业发展若干意见的通知》规定，各商业银行要严格按照国家产业政策要求，对农民购买属于促进农业结构调整和资源保护、推广农业新技术、节本增效的新型农机产品，提供信贷支持。同时对农民购买上述农机产品，给予适当补助。2004 年，《中共中央　国务院关于促进农民增加收入若干政策的意见》指出，对农民个人、农场职工、农机专业户和直接从事农业生产的农机服务组织购置和更新大型农机具给予一定补贴。2004 年，为了鼓励、扶持农民和农业生产经营组织使用先进适用的农业机械，促进农业机械化，建设现代农业制度。国家出台《中华人民共和国农业机械化促进法》，于 2004 年 11 月 1 日施行。2005 年 2 月，财政部、农业部联合印发《农业机械购置补贴专项资金使用管理暂行办法》，规定了农机购置补贴的实施细则。之后，针对农机购置补贴政策实施中的新情况、新问题，相继推出一系列新的改革举措，不断完善农机购置补贴的实施。2008 年起，中央财政农机购置补贴实行定额补贴，将补贴范围内的农机具按所属种类品目及关键参数分成若干档次，同一档次的产品享受相同补贴额。补贴额由各省农机化主管部门负责确定，主要依据同档产品上年市场销售均价测算，原则上测算比例不超过 30%。2017 年 4 月，财政部、农业部联合印发《农业生产发展资金管理办法》，指出农机购置补贴支出主要用于支持购置先进适用农业机械，以及开展报废更新、新产品试点等方面。

（3）农业保险保费补贴政策。农业保险保费补贴，是指财政部对省级政府引导有关农业保险经营机构开展的符合条件的农业保险业务，按照保险费的一定比例，为投保农户、农业生产经营组织等提供补贴。由于农业风险较高，要实现农业保险业务的财务平衡，保险费率会很高，完全靠农民承担并不现实。因此，需要财政提供一定比例的补贴，以促进农业保险持续健康发展，完善农村金融服务体系。2004 年中央一号文件指出"加快建立政策性农业保险制度，选择部分产品和部分地区率先试点，有条件的地方可对参加种养业保险的农户给予一定的保费补贴"，拉开了农业补贴的序幕。随后，国家始终坚持将农业保险列为支持支持农村发展，完善农村金融服务体系的重要内容，政府不断加大对农业保险的支持力度。2007 年，财政部出台《中央财政农业保险保费补贴试点管理办法》，选择部分地区开展中央财政农业保险保费补贴试点工作[①]。补贴险种的保险标的为玉米、水稻、大豆、小麦和棉花。对于中央确定的补贴险种，在试点省份省级财政部门承担 25% 的保费后，财政部再承担 25% 的保费。其余部分由农户承担，或者由农户与龙头企业，省、市、县级财政部门共同承担，具体比例由试点省份自主确定。种植业方面，2007 年 8 月，《能繁母猪保险保费补贴管理暂行办法》分布，我国正式实施了以生猪保险为代表的养殖业保险及补贴政策。2008 年，财政部出台《中央财政种植业保险保费补贴管理办法》的通知，决定扩大农业保险补贴的试点范围，种植业保险品种享受补贴的省份从原来 6 省份扩至全国主要粮食产区。补贴品种除原有品种外，新增花生、油菜。中央财政补贴比例由 2007 年的 25% 增加至 2008 年的 35%。养殖业方面，《中央

① 2007 年试点省份为内蒙古、吉林、江苏、湖南、新疆和四川。

财政养殖业保险保费补贴管理办法》指出，除能繁母猪外，财政开始对产奶大省的奶牛养殖给予保费补贴。2009 年，国家又将森林纳入保费补贴的范畴。

2016 年，财政部印发《中央财政农业保险保险费补贴管理办法》的通知，进一步扩大农业保险保费补贴的范围。中央财政补贴险种标的主要包括：种植业中的玉米、水稻、小麦、棉花、马铃薯、油料作物、糖料作物，养殖业中的能繁母猪、奶牛、育肥猪，以及森林和青稞、牦牛、藏系羊（以下简称藏区品种）、天然橡胶等其他品种，并根据地区差异，进一步提升财政补贴费率。除了对农业生产的补贴，为了促进我国制种行业长期可持续发展，稳定主要粮食作物种子供给。2018 年，国家出台《关于将三大粮食作物制种纳入中央财政农业保险保险费补贴目录有关事项的通知》，规定对农户、种子生产合作社和种子企业等开展的符合规定的水稻、玉米和小麦的作物制种，对其投保农业保险应缴纳的保费，纳入中央财政农业保险保险费补贴目录。

4. 脱钩直接补贴政策

（1）退耕还林补贴。退耕还林补贴是主要用于退耕农户退耕后的日常生活、教育、医疗卫生等方面指出的专项补贴，以减轻退耕农户的生活负担。为维持生态平衡，保持水土，我国政府于 1999 年率先在甘肃、陕西、四川等三省试点退耕还林工作，随后逐步在长江、黄河流域省份全面展开。2000 年 10 月，国务院下发《国务院关于进一步做好退耕还林还草试点工作的若干意见》，指导退耕还林工作。2002 年 4 月，国务院发出《关于进一步完善退耕还林政策措施的若干意见》，进一步完善了退耕还林补贴的相关细则。2002 年 11 月，财政部印发《退耕还林工程现金补助资金管理办法》的通知，规定的现金补助每亩退耕地每年补助 20 元，补助年限为还生态林补助 8 年、还经济林补助 5 年、还草补助 2 年的标准。2014 年，国务院批准实施《新一轮退耕还林还草总体方案》，指出新一轮退耕还林主要补助政策为：国家按退耕还林每亩补助 1500 元（其中中央财政专项资金安排现金补助 1200 元、国家发展改革委安排种苗造林费 300 元）、退耕还草每亩补助 1000 元（其中中央财政专项资金安排现金补助 850 元、国家发展改革委安排种苗种草费 150 元）。中央安排的退耕还林补助资金分三次下达给省级人民政府，每亩第一年 800 元（其中种苗造林费 300 元）、第三年 300 元、第五年 400 元；退耕还草补助资金分两次下达，每亩第一年 600 元（其中种苗种草费 150 元）、第三年 400 元。2017 年起，国家新一轮退耕还林种苗费每亩补助标准从 300 元提高到 400 元。2017 年 5 月，国务院批准国家发改委、国家林业局等部门上报的扩大退耕还林还草规模的请示，同意调减云南等 18 个省（区）3700 万亩陡坡耕地基本农田用于退耕还林还草，从而使新一轮退耕还林还草总规模扩大了近一倍。到 2018 年 7 月，财政部、国家林业和草原局下发《林业生态保护恢复资金管理办法》，指出林业生态保护恢复资金采取因素法分配。完善退耕还林政策现金补助标准为：长江流域及南方地区每亩退耕地每年补助 125 元，黄河流域及北方地区每亩退耕地每亩补助 90 元。补助期限为：还生态林补助 8 年，还经济林补助 5 年。新一轮退耕还林还草补助标准为：退耕还林每亩退耕地现金补助 1200 元，五年内分三次下达，第一年 500 元，第三年 300 元，第五年 400 元；退耕还草每亩退耕地现金补助 850 元，三年内分两次下达，第一年 450 元，第三年 400 元。

（2）退牧还草补贴。退牧还草补贴主要是为保护和恢复我国西北部、青藏高原和内蒙古的草地资源，以及治理京津风沙源，对退牧还草的牧民给予的生态补偿。退耕还草补贴政策主要采取禁牧、休牧和划区轮牧三种方式进行。退牧还草补贴政策自 2003 年开始在内蒙古、四川、云南、青海、甘肃、宁夏、新疆 7 省区及新疆生产建设兵团试行，2004 年扩大至西藏自治区。2005 年 4 月，农业部下发《关于进一步加强退牧还草工程实施管理的意见》，进一步加强退牧还草工程项目实施管理工作。

2011 年 8 月，国家发改委、财政部、农业部印发《关于完善退牧还草政策的意见》，进一步完善退牧还草政策的重要举措。自 2011 年开始，实行禁牧封育的草原在原则上不再实施围栏建设补贴，重点对划区轮牧和季节性休牧围栏建设给予补贴。配套建设舍饲棚圈和人工饲草地，在具有发展舍饲圈养潜力的工程区，对缺乏棚圈的退牧户，按照每户 80 平方米的标准，配套实施舍饲棚圈建设，推动传统畜牧业向现代牧业转变。在具备稳定地表水水源的工程区，配套实施人工饲草地建设，解决退牧后农牧户饲养牲畜的饲料短缺问题。

为巩固退牧还草成果，不断完善退牧还草补贴政策，中央财政决定自 2011 年起，适当提高中央投资补助比例和标准。具体为：围栏建设中央投资补助比例由现行的 70% 提高到 80%，地方配套由 30% 调整为 20%，取消县及县以下资金配套。青藏高原地区围栏建设每亩中央投资补助由 17.5 元提高到 20 元，其他地区由 14 元提高到 16 元。补播草种费每亩中央投资补助由 10 元提高到 20 元。
人工饲草地建设每亩中央投资补助 160 元，主要用于草种购置、草地整理、机械
设备购置及贮草设施建设等。舍饲棚圈建设每户中央投资补助 3000 元，主要用
于建筑材料购置等。按照围栏建设、补播草种费、人工饲草地和舍饲棚圈建设
中央投资总额的 2% 安排退牧还草工程前期工作费。与此同时，中央财政不再安
排饲料粮补助，在工程区内全面实施草原生态保护补助奖励机制。对实行禁牧
封育的草原，中央财政按照每亩每年补助 6 元的测算标准对牧民给予禁牧补助，
5 年为一个补助周期；对禁牧区域以外实行休牧、轮牧的草原，中央财政对未超
载的牧民，按照每亩每年 1.5 元的测算标准给予草畜平衡奖励。2016 年，国家
发展改革委、农业部在下达关于 2016 年退牧还草工程建设任务的通知时，同时
调整了退牧还草工程建设投资补助标准。

5. 进出口政策

2007 年世界范围内粮价出现大幅度上涨，为了抑制粮食出口，2007 年 12
月，国家取消了粮食的出口退税政策；2008 年，为了进一步抑制粮食出口，对
小麦、玉米、大米等粮食征收 5% ~ 25% 出口暂定关税；对小麦粉、玉米粉等粮
食制粉实行出口配额许可证管理。在国内粮食连年增收的背景下，为调整粮食
结构，2009 年 7 月，我国调整了部分产品的出口关税，并取消了小麦、大米、
大豆等的 3% ~ 8% 暂定关税[①]。

6. 其他政策

（1）粮食储备政策。粮食储备是维护粮食市场供求的"稳定器"，是救灾备
荒的"蓄水池"，对做好丰歉调剂，保证粮食市场供应和粮价的基本稳定，增强
国家粮食市场宏观调控能力具有重要意义。1954 年，国家在《关于粮食征购工
作的指示》中提出，为应付灾害和各种意外，国家必须储备一定数量的粮食，
国家粮食储备体系开始形成。通常将这部分用来应对灾荒的粮食称为"甲子
粮"，是构成中国粮食储备的重要部分。1962 年，中央在《关于建立粮食工作的
决定》明确指出，要求建立粮食储备，做到储备量逐年递增。由此，中国粮食

---

① 刘美秀，杨艳纪. 我国粮食对外贸易政策变迁与粮食进出口贸易的发展 [J]. 农业经济问题，2013 (7).

储备制度逐渐形成。1990 年 9 月，国务院颁布《关于建设国家专项粮食储备制度的决定》，指出国家要建立国家专项粮食储备制度，重点照顾粮食调出省和地区。这标志着我国国家专项粮食储备制度的建立，粮食储备进入了一个新的阶段。1995 年，国务院颁布《关于粮食部门深化改革实行两条线运行的通知》，指出为加强国家对粮油市场的宏观调控，要对粮食部门现行体制进行改革，将粮食部门政策性业务和商业性经营分开，建立两条线运行机制。为实现地区粮食平衡，调控地区粮食市场，粮食产区要建立 3 个月以上粮食销售量的地方储备，销区要建立 6 个月的粮食销售量的地方储备，以丰补歉，确保供应。国家已基本形成了中央、地方、社会粮食储备三位一体的储备格局。

（2）政策性粮食竞价销售。政策性粮食一般指通过最低收购价或者国家临时收储政策收购的粮食。在粮食市场化之前，负责收购粮食的国有企业同时承担着政策性粮食和经营性粮食的经营管理。由于缺乏有效监管，导致国有粮食企业的大量政策性粮食款项被挪用于经营性业务，政策性粮食销售办法变得难以为继。为解决政策性粮食的"委托代理"难题，国家于 2000 年成立中国储备粮管理总公司及其分公司专门负责中央储备粮和政策性粮食的经营管理事务。2005 年实施的粮食最低收购价政策为政策性粮食竞价销售制度规范的出台提供了契机。为做好政策性粮食的销售工作，国家粮食局建立了全国统一粮食电子竞价交易系统，并于 2006 年 4 月实现了大宗粮食现货网上竞价销售。2006 年 12 月，国家发展改革委、财政部、国家粮食局、中国农业发展银行、中国储备粮管理总公司联合印发《国家临时存储粮食销售办法》，指出对临时存储粮采取在粮食批发市场常年常时公开竞价的方式销售，保证市场供应，并制定了粮食竞价销售的具体执行规则。政策性粮食竞价销售与粮食临时收储相关协调，联动发展，构成我国粮食保障体系的重要部分。2016 年 1 月，"全国粮食统一电子竞价交易系统平台"上线，为国家粮食"去库存"，促进粮食产销衔接发挥了重要作用，发挥了重要作用。2017 年 1 月，"全国粮食统一竞价交易系统平台"升级改版为"国家粮食电子交易平台"。

5.1.5　历史进程的变迁特征

我国的农业支持政策经历了一个不断完善发展的变迁过程，农业补贴政策的选择并不是一成不变的，其演变与国家特点历史时期的发展战略、社会约束条件和农业发展问题密切相关。纵观新中国成立以来我国农业补贴政策的演变历程，实际上是国家经济发展战略指导下，与特点社会约束条件相互协调、相互适应的结果。我国国内支持政策的演进表现出以下三个特征：

1. 政策背景从计划经济时代的"农业支持工业、农村支持城市"转向市场经济后的"工业反哺农业，城市支持农村"

在任何时期，国家政策的制定都必须与国家的经济发展水平以及当时的国情和时代特征相适应。在新中国成立初期，国家面临经济萧条、工业原始积累薄弱的局面。在当时，要想发展工业，必须在一定程度上牺牲农业进行初始积累。因此，在计划经济时代，主要依赖统供统销政策以汲取农业剩余、损害农村发展能力来进行工业化建设和城市发展。随着党的十一届三中全会召开、家庭联产承包制的推行，统购统销政策的弊端日益显现，国家经历了由合同定购到国家定购，由粮食购销和价格"双轨制"到彻底放开粮价的政策转换。改革开放以后，国家财力增强，对农支持政策力度不断加大。一系列强农惠农政策对缩小城乡收入分配差距，调整国民经济结构发挥了重要作用。总体来讲，我国的农业国内支持政策经历了对农业从"取"到"予"再到"优先发展"的根本性转变，正是根据历史阶段的不断发展，随着国情变化和时代背景的变迁不断发展和完善的。

2. 农业支持方式从间接补贴的暗补到直接补贴的明补

在计划经济时代，我国对农业的支持主要以间接补贴为主，补贴资金并不直接发放给农户，而是实施对粮食企业的经营费用以及购销差价的补贴，其主要是通过扭曲生产者价格的方式实现销售低价，城市居民得到了更多的补贴。另外，财政支持政策补贴主要体现在流通环节而不是生产环节，缺乏增加农民收入的直接补贴方式，补贴效率不高。"98 粮改"之后，尤其是入世后，国内农业补贴方式逐渐转为直接补贴为主，充分利用"绿箱"政策，调整补贴重点，增加对农民的直接投入，从对流通环节的补贴转向对农村基础设施建设、农村公共物品的投入，更多地实施以改善生产基本条件和生活环境为主的补贴。

3. 从单一的财政支持政策转向多元支持政策

我国财政支持政策的基本点是确保粮食安全，在不同历史时期，财政支持政策的种类发生了变化。早期的农业财政支持政策较为单一，集中于对粮食流通企业的价格补贴，随着国家财力的不断增强，以及相关配套措施的不断完善。农业财政支持政策呈现出多元化的特点，共同运用最低收购价、粮食临时收储制度等价格政策、"四大补贴"等直接补贴政策以及建立村镇银行、农业保险保费政策等农业金融保险政策。财政支持保护的范围从农业生产环节向产前、产中和产后环节延伸，从农业生产环节的生产力层面向生产关系层面延伸，形成了对农业生产体系、产业体系和经营体系的全面支撑。政策目标也从单一的确保粮食供给量转向"保生态、保供给、促增收"。

5.2　现行粮食安全保障体系财政支持政策类型

尽管早在 19 世纪 50 年代，我国农业补贴就以国营拖拉机站"机耕定额亏损补贴"的形式出现，然而由于国家实行优先发展重工业的工业化战略，以至于 19 世纪 50 ~ 90 年代近半个世纪中，政府均采取农业支持工业、农村支持城市的基本政策，农业长期处于负保护状态。1990 年以来，伴随着中国经济快速增长与结构变迁，我国农业发展政策也发生显著变化，逐步由歧视农业、掠夺农业向反哺农业、补贴农业转变。尤其是进入 21 世纪以后，中央更是作出我国总体上已达到了"以工促农、以城带乡发展阶段"的重大论断，制定"工业反哺农业、城市支持农村"和"多予、少取、放活"的基本方针，有力地促进了农业的快速发展。

结合经济合作与发展组织（OECD）及世界贸易组织（WTO）对其成员国农业补贴政策的分类方法，我国农业补贴政策框架如表 5 - 1 所示。

表 5 - 1　　　　　　　　　　我国农业补贴制度基本架构

OECD 分类		现有补贴项目	WTO 分类	备注
农业补贴政策体系	生产者支持项目	价格支持	最低收购价政策	黄箱	核心政策工具
			目标价格补贴政策		
			"市场化收购"加"补贴"政策		
		挂钩补贴	农业支持保护补贴	绿箱	重点政策措施
			农机具购置补贴		
			畜产品养殖补贴		
			农业保险保费补贴		
		脱钩补贴	退耕还林补贴	绿箱	灵活实施
			退牧还草补贴		
			农村扶贫项目		
	一般服务支持		农业综合开发项目、农业基础设施建设、农技推广体系建设、动植物疫情防控体系建设、劳动力转移培训阳光工程、新型农民科技培训工程、农民专业合作社支持专项、测土配方施肥补贴、现代农业示范项目、产粮大县奖励、产油大县奖励和生猪调出大县奖励	绿箱	农业公共服务支出范畴

注：此表中农业补贴政策措施系部分列举。

资料来源：程国强. 中国农业补贴制度与政策选择［J］. 管理世界，2012（1）：12.

5.2.1　价格支持政策

1. 粮食最低收购价补贴政策

为应对粮食市场的价格波动，避免谷贱伤农。2004 年，国务院《关于进一步深化粮食流通体制改革的意见》中提出，必要时可对短缺的重点粮食品种在主产区实行最低收购价，出台了粮食最低收购价政策。国家在每年依据当年粮食生产成本等实际情况确定最低价格水平并确定执行预案，当本年市场粮价高于最低收购价时，不执行预案；当本年市场粮价低于最低收购价时，由中储粮公司为代表的国有粮食收储企业按最低收购价入市收购。

如图 5 – 1 所示，以小麦为例，设 S_1、S_2、S_3 为小麦的供给曲线，D 为小麦的需求曲线。政府确定的当年最低收购价为 P_Z。当市场供求曲线 S_1 为，供求均衡点形成的小麦价格为 P_1，高于最低收购价 P_Z 时，最低收购价预案并不会被执行，市场中的其他收购主体按市场价格 P_1 进行粮食收购。当市场供求曲线为 S_3，供求均衡点形成的小麦价格为 P_2，低于最低收购价 P_Z 时，中储粮集团公司受国家有关部门委托，作为政策执行主体，牵头中粮、中国供销、中化、农垦集团等企业，按规定以最低收购价进行粮食收购。随着市场中流通的粮食减少，粮食供给下降，将引导市场粮价逐渐回升，恢复到最低收购价水平，从而维护农民利益。

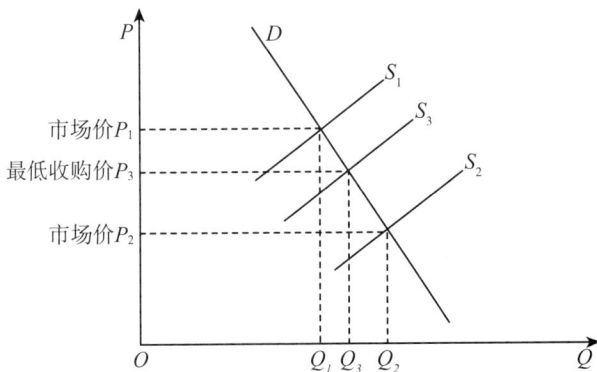

图 5 – 1　粮食最低收购价政策内在机制

国家在 2004 年仅确定了主产区稻谷的最低收购政策，随着小麦价格下行压力加大，于 2006 年开始实行了小麦的最低收购价政策。最低收购价政策对执行区域、粮食品种和执行时间有严格规定①。在执行区域及品种之外的粮食价格由市场供求变化决定，不执行最低收购价政策。为提高收购效率，政策执行时间一般为各粮食品种的收获季节，超出政策执行时间后，农民只能按市场价格在市场进行粮食销售。粮食收购价政策作为国家重要的粮食价格支持调控政策，

---

① 以 2018 年为例，执行区域和时间如下：（1）小麦预案执行区域为河北、江苏、安徽、山东、河南、湖北 6 省，执行时间为当年 6 月 1 日至 9 月 30 日；（2）早籼稻预案执行区域为安徽、江西、湖北、湖南、广西 5 省（区），执行时间为当年 8 月 1 日至 9 月 30 日；（3）中晚稻（包括中晚籼稻和粳稻）预案执行区域和时间为：江苏、安徽、江西、河南、湖北、湖南、广西、四川 8 省（区）当年 10 月 10 日至次年 1 月 31 日，辽宁、吉林、黑龙江 3 省当年 11 月 1 日至次年 2 月末。其他省（区）是否实行最低收购价政策，由省级人民政府自主决定。

至今在稳定粮食供给，保障粮食安全方面发挥作用。

2. 目标价格补贴政策

2014 年，中共中央、国务院印发《关于全面深化农村改革加快推进农业现代化的若干意见》，指出要完善粮食等重要农产品价格形成机制。继续坚持市场定价原则，探索推进农产品价格形成机制与政府补贴脱钩的改革，逐步建立农产品目标价格制度。在市场价格高于目标价格时，补贴低收入消费者，在市场价格低于目标价格时按差价补贴生产者，切实保证农民收益。2014 年，启动东北和内蒙古大豆、新疆棉花目标价格补贴试点，探索粮食、生猪等农产品目标价格保险试点。2017 年，东北和内蒙古大豆目标价格补贴政策由于收效不显著，被调整为实行"市场化收购"加"补贴"机制。目前仅剩新疆实行并完善棉花目标价格补贴政策。

棉花目标价格由生产成本和基本收益相加构成，按照反映市场供求关系、保持与竞争作物合理化比价的原则确定。目标价格并非国家确定的新棉收购价格，而是计算棉农获得补贴的依据。新疆全区制定统一的棉花目标价格，2014～2017 年，价格水平一年一定。为贯彻落实 2017 年中央一号文件精神，经国务院批准，自 2017 年起在新疆深化棉花目标价格改革。棉花目标价格由试点期间的一年一定改为三年一定，2017～2019 年新疆棉花目标价格为每吨 18600 元。

3. "市场化收购"加"补贴"政策

2016 年，为解决玉米产业发展难题，顺应国家供给侧结构性改革的新局面。国家按照市场定价、价补分离和保障农民合理收益的三个核心原则，积极稳妥推进玉米收储制度改革，在东北三省和内蒙古自治区将玉米临时收储政策调整为"市场化收购"加"补贴"的新机制①。第一，玉米的价格充分体现市场机制，由市场供求自发决定，生产者随行就市出售玉米。第二，取消临时收储政策，不再由中储粮总公司作为执行主体组织临时收储，而是由多元市场主体随行就市收购农民出售的玉米。第三，建立玉米生产者补贴制度，保持东北优势产区

---

① https://m.huanqiu.com/from = cambrian.

玉米种植收益基本稳定。至此，我国的玉米临时收储政策退出历史舞台。

新机制具有以下三个特点：（1）市场定价，按照农产品市场价格进行交易，充分发挥市场在价格形成和资源配置方面的决定性作用。（2）价补分离，政府不直接入市参与农产品收购，而是取消价格支持来消除其对市场的干预和扭曲，将粮食价格的形成还给市场机制，将对农民的补贴从价格中剥离出来，另外通过直接补贴来保障农民的合理收益。（3）主体多元，即鼓励并支持与玉米深加工、饲料以及贸易和储备相关的所有下游企业及相关企业入市参与收购。

5.2.2　挂钩直接补贴政策

1. 农业支持保护补贴

为适应经济发展新常态，顺应农业发展新形势，提高补贴政策的指向性、精准性和实效性。2016 年，财政部、农业部发布《关于全面推开农业"三项补贴"改革工作的通知》，指出在全国范围内全面推开农业"三项补贴"改革，将农作物良种补贴、种粮农民直接补贴和农资综合补贴合并为农业支持保护补贴，政策目标调整为支持耕地地力保护和粮食适度规模经营。2017 年，中央一号文件《关于深入推进农业供给侧结构性改革加快培育农业农村发展新动能的若干意见》进一步明确了农业"三项补贴"改革的重点是补贴粮食主产区、适度规模经营、农民收入以及绿色生态。按照政策设计，农业支持保护补贴政策分为耕地地力保护补贴和适度规模经营补贴两部分。下面就这两种补贴的实施方法进行介绍。

（1）加强耕地地力保护。用于耕地地力保护的补贴资金，其补贴对象原则上为拥有耕地承包权的种地农民，补贴标准由地方根据补贴资金总量和确定的补贴依据综合测算确定。补贴依据可以是二轮承包耕地面积、计税耕地面积、确权耕地面积或粮食种植面积等，具体以哪一种类型面积或哪几种类型面积执行，由省级人民政府结合本地实际自定。补贴标准由地方根据补贴资金总量和确定的补贴依据综合测算确定。但对已作为畜牧养殖场使用的耕地、林地、成片粮田转为设施农业用地、非农业征（占）用耕地等已改变用途的耕地，以及长年抛荒地、占补平衡中"补"的面积和质量达不到耕种条件的耕地不再给予补贴。对于补贴资金，《农业支持保护补贴资金管理办法》指出，农业支持保护补贴资金具体补贴标准、补贴依据和补贴方式等由各省结合本地实际确定，确保政策的连续性和稳定性。用于耕地地力保护的资金，可与二轮承包耕地面积、计税耕地面积、土地承包经营权确权登记面积或粮食种植面积等挂钩。

在耕地地力保护补贴政策的实际执行过程中，绝大部分省份都是首先确定补贴资金总额，然后将补贴资金总额逐级分解，依省、市、县、乡、村、户逐级向下分解到户。在各个阶段补贴资金的分解中，各部门一般会根据本地的实际情况，综合考虑各个方面，采取一定的方法，并未"一刀切"地实施统一的补贴比例和标准。

（2）促进粮食适度规模经营。用于粮食适度规模经营的补贴资金，原则上以 2016 年的规模为基数，每年从农业支持保护补贴资金中予以安排，以后年度根据农业支持保护补贴的预算安排情况同比例调整。支持对象重点向种粮大户、家庭农场、农民合作社和农业社会化服务组织等新型经营主体倾斜，体现"谁多种粮食，就优先支持谁"。粮食适度规模经营的资金，可采取贷款贴息、重大技术推广与服务补助等方式支持多种形式适度规模经营。近几年重点用于支持建立完善农业信贷担保体系。对新型经营主体贷款贴息可按照不超过贷款利息的 50% 给予补助。对重大技术推广与服务补助，可以采取"先服务后补助"、提供物化补助等方式。此外，要加快推进农业社会化服务体系建设，在粮食生产托管服务、病虫害统防统治、农业废弃物资源化利用、农业面源污染防治等方面，积极采取政府购买服务等方式支持符合条件的经营性服务组织开展公益性服务，积极探索将财政资金形成的资产折股量化到组织成员。

农业支持保护补贴政策是对原农业"三项补贴"政策的调整与完善。推进农业"三项补贴"改革，是供给侧结构性改革在农业生产领域的具体体现。从补贴对象来看，农业支持保护补贴的对象从种粮农民转向针对耕地地力保护补贴政策的拥有土地承包权的种地农民的补贴，以及对适度规模经营补贴的种粮农户尤其是规模经营主体的补贴，补贴对象更为精准，提升了补贴效率。从政策目标来看，原"三项补贴"侧重于保障粮食安全、维护农民利益，补贴依据固定土地面积，在实际操作中的受补对象是种地农民。而农业支持保护补贴支持耕地地力保护和粮食适度规模经营。一方面，侧重于对耕地地力的保护，补贴面积与耕地面积挂钩，鼓励农民对耕地地力的保护；另一方面，农业支持保护补贴还新增了对新型粮食经营主体的支持，促进补贴由激励型转向功能性、由覆盖性转向环节性转变。从补贴方式来看，原"三项补贴"通过现金直补的方式以一卡通直接发放农户，耕地地力保护补贴沿袭此方式。而适度规模经营补贴的补贴方式更为多样，除通过一卡通为农户直接发放现金直补外，还包括物化补助、贴息、政府购买服务、以奖代补、担保补助等，补贴方式更为多样。

2. 农机购置补贴

2017 年 4 月，财政部、农业部联合印发《农业生产发展资金管理办法》，指出农机购置补贴支出主要用于支持购置先进适用农业机械，以及开展报废更新、新产品试点等方面。2018 年 2 月，农业部印发《2018～2020 年农业机械购置补贴实施指导意见》，指明了当前农机购置补贴的补贴范围、补贴对象、补贴标准及补贴操作流程。其中，中央财政资金全国农机购置补贴机具种类范围（以下简称"补贴范围"）为 15 大类 42 个小类 137 个品目。各省（自治区、直辖市）及计划单列市、新疆生产建设兵团、黑龙江省农垦总局、广东省农垦总局，根据农业生产实际需要和补贴资金规模，按照公开、公平、公正原则，从上述补贴范围中选取确定本省补贴机具品目，实行补贴范围内机具敞开补贴，主要用于支持购置先进适用农业机械，以及开展农机报废更新补贴试点等方面。补贴对象为从事农业生产的个人和农业生产经营组织，其中农业生产经营组织包括农村集体经济组织、农民专业合作经济组织、农业企业和其他从事农业生产经营的组织。中央财政农机购置补贴实行定额补贴，补贴标准由各省农机化主管部门负责确定，其中，通用类机具补贴额不超过农业部发布的最高补贴额。补贴额依据同档产品上年市场销售均价测算，原则上测算比例不超过 30%，补贴额按年度进行调整。农机购置补贴政策实施实行自主购机、定额补贴、先购后补、县级结算、直补到卡（户），操作流程为发布实施规定、组织机具投档、自主选机购机、补贴资金申请和补贴资金兑付。

3. 农业保险保费补贴

农业保险保险费补贴，是指财政部对省级政府引导有关农业保险经营机构（以下简称经办机构）开展的符合条件的农业保险业务，按照保险费的一定比例，为投保农户、农业生产经营组织等提供补贴。

现行的农业保险保费补贴主要依照《中央财政农业保险保险费补贴管理办法》。当前，中央财政补贴险种标的主要包括：

（1）种植业。玉米、水稻、小麦、棉花、马铃薯、油料作物、糖料作物。

（2）养殖业。能繁母猪、奶牛、育肥猪。

（3）森林。已基本完成林权制度改革、产权明晰、生产和管理正常的公益林和商品林。

（4）其他品种。青稞、牦牛、藏系羊（以下简称藏区品种）、天然橡胶，以及财政部根据党中央、国务院要求确定的其他品种。

在地方自愿开展并符合条件的基础上，财政部按照以下规定提供保险费补贴：

（1）种植业。在省级财政至少补贴25%的基础上，中央财政对中西部地区补贴40%、对东部地区补贴35%；对纳入补贴范围的新疆生产建设兵团、中央直属垦区、中国储备粮管理总公司、中国农业发展集团有限公司等（以下统称中央单位），中央财政补贴65%。

（2）养殖业。在各级政府财政至少补贴30%的基础上，中央财政对中西部地区补贴50%、对东部地区补贴40%；对中央单位，中央财政补贴80%。

（3）森林。公益林在地方财政至少补贴40%的基础上，中央财政补贴50%；对大兴安岭林业集团公司，中央财政补贴90%。商品林在省级财政至少补贴25%的基础上，中央财政补贴30%；对大兴安岭林业集团公司，中央财政补贴55%。

（4）藏区品种、天然橡胶。在省级财政至少补贴25%的基础上，中央财政补贴40%；对中央单位，中央财政补贴65%。

在上述补贴政策基础上，中央财政对产粮大县三大粮食作物（稻谷、小麦和玉米）保险进一步加大支持力度[1]。

对省级财政给予产粮大县三大粮食作物农业保险保险费补贴比例高于25%的部分，中央财政承担高出部分的50%。其中，对农户负担保险费比例低于20%的部分，需先从省级财政补贴比例高于25%的部分中扣除，剩余部分中央财政承担50%。在此基础上，如省级财政进一步提高保险费补贴比例，并相应

---

[1]　产粮大县是指根据财政部产粮（油）大县奖励办法确定的产粮大县。

降低产粮大县的县级财政保险费负担，中央财政还将承担产粮大县县级补贴降低部分的 50% 。

当县级财政补贴比例降至 0 时，中央财政对中西部地区的补贴比例，低于 42.5% （含 42.5% ）的，按 42.5% 确定；在 42.5% ～45% （含 45% ）的，按上限 45% 确定；在 45% ～47.5% （含 47.5% ）的，按上限 47.5% 确定。对中央单位符合产粮大县条件的下属单位，中央财政对三大粮食作物农业保险保险费补贴比例由 65% 提高至 72.5% 。

补贴险种的保险金额，以保障农户及农业生产组织灾后恢复生产为主要目标，主要包括：

（1）种植业保险。原则上为保险标的生长期内所发生的直接物化成本（以最近一期价格等相关主管部门发布或认可的数据为准，下同），包括种子、化肥、农药、灌溉、机耕和地膜等成本。

（2）养殖业保险。原则上为保险标的的生理价值，包括购买价格和饲养成本。

（3）森林保险。原则上为林木损失后的再植成本，包括灾害木清理、整地、种苗处理与施肥、挖坑、栽植、抚育管理到树木成活所需的一次性总费用。

鼓励各地和经办机构根据本地农户的支付能力，适当调整保险金额。对于超出直接物化成本的保障部分，应当通过适当方式予以明确，由此产生的保险费，有条件的地方可以结合实际，提供一定的补贴，或由投保人承担。

在此基础上，2018 年 7 月，国家出台《关于将三大粮食作物制种纳入中央财政农业保险保险费补贴目录有关事项的通知》，规定对农户、种子生产合作社和种子企业等开展的符合规定的水稻、玉米和小麦的作物制种①，对其投保农业保险应缴纳的保费，纳入中央财政农业保险保险费补贴目录。

5.2.3 脱钩直接补贴政策

脱钩直接补贴政策是指补贴收入与现有农产品产量、价格、种植面积、动

---

① 符合规定的三大粮食作物制种，指符合《中华人民共和国种子法》规定、按种子生产经营许可证规定或经当地农业部门备案开展的水稻、玉米、小麦制种，包括扩繁和商品化生产等种子生产环节。

物数量、投入品使用、农户经营收入等不挂钩的直接补贴。根据 OECD 分类法主要包括"与产量不挂钩的，基于非现期耕种面积/牲畜数量/收入总额/所得收益的"（PHNR）、"基于非商品标准的补贴"（PN）和"混合支付"（PM）三项。在我国现行补贴政策类型中，退耕还林补贴、退牧还草补贴等补贴项目属于脱钩直接补贴政策。

1. 退耕还林补贴

为维持生态平衡，保持水土，我国政府于 1999 年率先在甘肃、陕西、四川 3 省试点退耕还林工作，随后逐步在长江、黄河流域省份全面展开。2000 年 10 月，国务院下发《关于进一步做好退耕还林还草试点工作的若干意见》，指导退耕还林工作。2002 年 4 月，国务院发出《关于进一步完善退耕还林政策措施的若干意见》，进一步完善了退耕还林补贴的相关细则。退耕还林补贴是主要用于退耕农户退耕后的日常生活、教育、医疗卫生等方面指出的专项补贴，以减轻退耕农户的生活负担。退耕还林补贴政策自 1999 年实行以来已经过多次修订，由最初的现金补助每亩退耕地每年补助 20 元，补助年限为还生态林补助 8 年、还经济林补助 5 年、还草补助 2 年的标准。到 2018 年 7 月，财政部、国家林业和草原局下发《林业生态保护恢复资金管理办法》，指出林业生态保护恢复资金采取因素法分配。完善退耕还林政策现金补助标准为：长江流域及南方地区每亩退耕地每年补助 125 元，黄河流域及北方地区每亩退耕地每亩补助 90 元。补助期限为：还生态林补助 8 年，还经济林补助 5 年。新一轮退耕还林还草补助标准为：退耕还林每亩退耕地现金补助 1200 元，5 年内分三次下达，第 1 年 500 元，第 3 年 300 元，第 5 年 400 元；退耕还草每亩退耕地现金补助 850 元，3 年内分两次下达，第 1 年 450 元，第 3 年 400 元。

2. 退牧还草补贴

退牧还草补贴主要是为保护和恢复我国西北部、青藏高原和内蒙古的草地资源，以及治理京津风沙源，对退牧还草的牧民给予的生态补偿。退耕还草补贴政策主要采取禁牧、休牧和划区轮牧三种方式进行。退牧还草补贴政策自 2003 年开始在内蒙古、四川、云南、青海、甘肃、宁夏、新疆等省区及新疆生产建设兵团试行，2004 年扩大至西藏自治区。2005 年 4 月，农业部下发《关于进一步加强退牧还草工程实施管理的意见》的通知，进一步加强退牧还草工程项目实施管理工作。

2011 年 8 月，国家发改委、财政部、农业部印发《关于完善退牧还草政策的意见》，进一步完善退牧还草政策的重要举措。自 2011 年开始，实行禁牧封育的草原在原则上不再实施围栏建设补贴，重点对划区轮牧和季节性休牧围栏建设给予补贴。配套建设舍饲棚圈和人工饲草地，在具有发展舍饲圈养潜力的工程区，对缺乏棚圈的退牧户，按照每户 80 平方米的标准，配套实施舍饲棚圈建设，推动传统畜牧业向现代牧业转变。在具备稳定地表水水源的工程区，配套实施人工饲草地建设，解决退牧后农牧户饲养牲畜的饲料短缺问题。

为巩固退牧还草成果，不断完善退牧还草补贴政策，中央财政决定自 2011 年起，适当提高中央投资补助比例和标准。具体为：围栏建设中央投资补助比例由现行的 70% 提高到 80%，地方配套由 30% 调整为 20%，取消县及县以下资金配套。青藏高原地区围栏建设每亩中央投资补助由 17.5 元提高到 20 元，其他地区由 14 元提高到 16 元。补播草种费每亩中央投资补助由 10 元提高到 20 元。人工饲草地建设每亩中央投资补助 160 元，主要用于草种购置、草地整理、机械设备购置及贮草设施建设等。舍饲棚圈建设每户中央投资补助 3000 元，主要用于建筑材料购置等。按照围栏建设、补播草种费、人工饲草地和舍饲棚圈建设中央投资总额的 2% 安排退牧还草工程前期工作费。与此同时，中央财政不再安排饲料粮补助，在工程区内全面实施草原生态保护补助奖励机制。对实行禁牧封育的草原，中央财政按照每亩每年补助 6 元的测算标准对牧民给予禁牧补助，5 年为一个补助周期；对禁牧区域以外实行休牧、轮牧的草原，中央财政对未超载的牧民，按照每亩每年 1.5 元的测算标准给予草畜平衡奖励。

2016 年，国家发展改革委、农业部在下达关于 2016 年退牧还草工程建设任务的通知时，调整了退牧还草工程建设投资补助标准。从 2016 年起退牧还草工程将适当增加建设内容，提高投资补贴标准。具体内容如下：一是增加建设任务。具体增加的内容为：黑土滩治理、毒害草治理等建设内容，允许享受舍饲棚圈补助的农牧户使用补助资助金配套建设储草棚和青贮窖，将退化草原补播调整为退化草原改良。二是提高投资补助标准。国家将提高退牧还草工程中央预算内投资补助测算标准。围栏建设青藏高原地区每亩补助由 20 元提高到 30

元，其他地区由 16 元提高到 25 元；退化草原改良每亩补助从 20 元提高到 60 元；人工饲草地每亩补助由 160 元提高到 200 元；舍饲棚圈（舍储草棚、青贮窖）补助由 3000 元提高到 6000 元，舍饲棚圈补助根据实际情况不得高于中央投资补助测算标准的 30%；黑土滩治理每亩补助由 150 元提高到 180 元；毒害草退化草地治理每亩补助由 100 元提高到 140 元；岩溶地区草地治理每亩补助由 100 元提高到 160 元。三是优化工程管理。加强前期工作和后期监管监测。同时工程建设规划每 5 年调整一次，滚动计划每 3 年调整一次。滚动计划和年度建设任务向贫困地区和贫困人口倾斜。

5.2.4　一般服务支持

这些政策是除市场价格支持政策、直接或间接补贴政策以外国内农业支持的重要补充。包括但不局限于：针对特定县市的支持政策：产粮大县奖励政策、产油大县奖励政策和生猪（牛羊）调出大县奖励政策、对国家制种大县奖励政策、农产品质量安全县创建支持政策等。针对农民的支持政策：培养农场实用人才政策、新型农民培训补助、基层农技推广体系改革与建设补助政策，培育新型职业农民政策和水稻机械化育插秧技术培训。针对农机、农资的支持政策：基层农机推广体系改革与建设示范县项目、农机报废更新补贴政策、测土配方施肥补贴等。针对耕地能力提升的政策：农机深松整地作业补助政策、设施农用地支持政策、耕地轮作休耕试点政策、耕地保护与质量提升补助政策、提升土壤有机质补贴和退耕还林还草支持政策等。针对畜牧业的政策，畜牧标准化规模养殖支持政策，畜牧良种补贴政策、"粮改饲"支持政策，振兴奶业支持苜蓿发展政策。农业科技政策：科技入户技术补贴专项资金和农业电子商务支持政策等。农业发展模式探索政策：扶持农业产业化发展政策，扶持农民合作社发展政策，扶持家庭农场发展政策，种养业废弃物资源化利用支持政策，发展休闲农业和乡村旅游项目支持政策，推进现代种业发展支持政策，菜果茶标准化创建支持政策、深入推进粮棉油糖高产创建和粮食绿色增产模式攻关支持政策。以及其他政策：加强高标准农田建设支持政策，化肥、农药零增长支持政策。

5.3 现行粮食安全保障体系财政支持政策的实施效果分析

国家对粮食安全保障体系的财政支持政策实施会产生多方面的影响,这些影响通过影响农户的利益最终影响农户的生产经营决策,影响农民的行为及对粮食生产的投入。农业直接补贴政策对粮食生产和农民收入的影响是主要目标。因此,通过从总量上考察补贴对粮食生产和农民收入的影响,可反映粮食安全保障体系财政支持政策的总体效应;通过对农机购置补贴、市场价格支持政策补贴以及农业保险保费补贴等具体财政支持政策的实施效果进行分析,有助于厘清不同政策的作用效果。

5.3.1 粮食安全保障体系财政支持政策对粮食生产的影响

财政支持政策的实施会影响农民的生产经营决策,通过改变农户种植粮食的收益来影响其种粮积极性,进而影响粮食播种面积和粮食产量。粮食生产呈现出较大的地区差异,要考察国家的粮食安全,需要从宏观上考察全国层面的财政支持政策对粮食生产的影响。

1. 补贴政策对粮食播种面积的影响

近年来,农作物总播种面积呈现稳定上升态势,从 2004 年的 153553 千公顷增长至 2016 年的 165550 千公顷。粮食作物播种面积从 2004 年的 101606 千公顷增长至 2017 年的 134881 千公顷。与此同时,在国家对耕地保护的财政支持政策下,耕地面积基本处于稳定增长态势。从 2008 年的 121716 千公顷增长到 2009 年的 135385 千公顷,增长了 11.23% (如图 5 - 2 所示)。此后,国家耕地面积趋于缓慢下滑。虽然国家一直通过土地整治、农业结构调整等途径增加耕地面积，但建设占用、灾毁、生态退耕、农业结构调整等原因造成了更多耕地面积的减少。

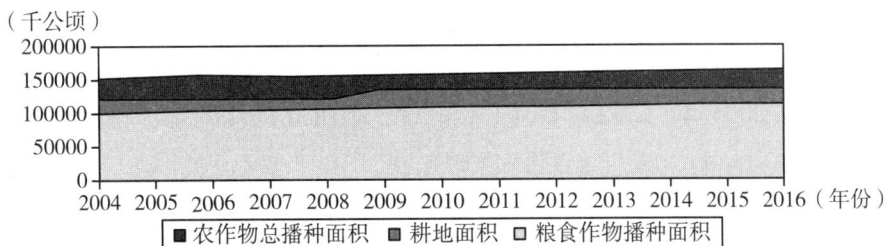

图 5 - 2　2004 ~ 2016 年粮食播种面积变化趋势

资料来源：中国农业年鉴。

一般来说，粮食播种面积占农作物播种面积的比重反映了粮食作物与非粮食作物的种植结构，2004 年占比为 66.2% 。2004 年的农业补贴政策调动了农户的种粮积极性，促进了种植结构的调整，使粮食作物的相对占比增加至 2006 年的 69% 。此后各年略有波动，但基本维持在 68% 的水平，并于 2016 年上升至 71.4% ，达到最高点，表明国家对粮食作物的财政支持政策有其成效（见图 5 - 3）。

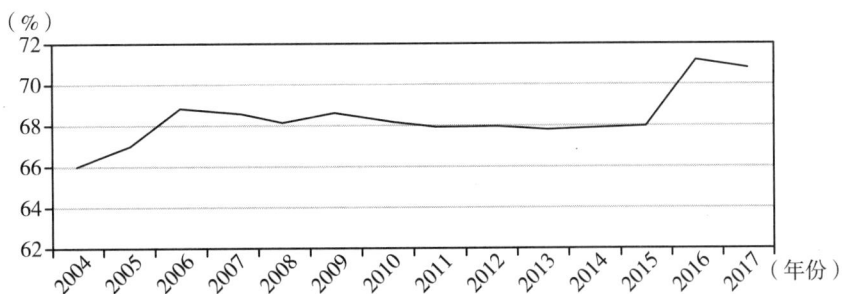

图 5 - 3　2004 ~ 2017 年粮食作物播种面积占比变化趋势

资料来源：中国农业年鉴。

2. 补贴政策对粮食产量的影响

针对粮食下滑，2004 年开始，国家出台了一系列财政支持政策，推出种粮农民直接补贴、农资综合补贴、良种补贴和农机具购置补贴，并推行最低收购价政策以及临时收储政策等价格支持政策。在系列政策的作用下，粮食产量快速增长，从 2004 年的 46947 万吨增长至 2015 年的 66060 万吨，实现了粮食产量的"十二连增"。在 2016 年略有下降，2017 年又回复到 66160 万吨，达到了最高点。同时，粮食作物单产和人均粮食产量总体上也呈现增长态势，粮食作物单产从 2004 年的 4621 千克/公顷长至 2017 年的 5505 千克/公顷，增幅近 20%。人均粮食产量从 2004 年的 362.2 千克/人增长至 2015 年的 481.8 千克/人，达到最高点，在近年来略有下降（如表 5 - 2 所示）。

表 5 - 2　　　　　　　　2004～2017 年各年粮食产量

项目	2004年	2005年	2006年	2007年	2008年	2009年	2010年	2011年	2012年	2013年	2014年	2015年	2016年	2017年
粮食总产量（万吨）	46947	48402	49804	50414	53434	53941	55911	58849	61223	63048	63965	66060	66043	66160
粮食作物单产（千克/公顷）	4621	4642	4716	4748	4951	4871	4974	5166	5302	5376.6	5385	5482.8	5452	5505
人均粮食产量（千克/人）	362.2	371.3	379.9	382.5	403.4	405.2	418	437.8	453.3	464.5	468.9	481.8	479	477.2

资料来源：中国农业年鉴。

如图 5 - 4 所示，三大粮食作物的产量在 2004 年以前，均呈现负增长态势。为遏制粮食产量的不断减少，2004 年开始实行最低收购价制度，分别在 2005 年和 2006 年开始对稻谷和小麦实行最低收购价。2008 年，玉米产量大跌，国家推出对玉米的临时收储政策，以稳定玉米的价格和产量。由图 5 - 4 可以看出，实施财政支持政策之后，实现了稻谷、玉米和小麦产量的高速增长，呈现稳定增长态势。

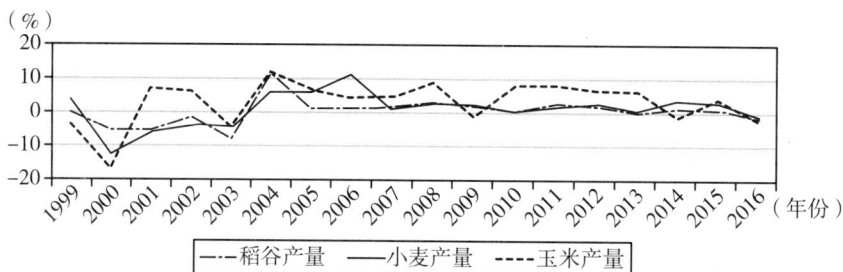

图 5 - 4　1999～2016 年三大粮食作物产量增长率变化

资料来源：中国农业年鉴。

自实施农业补贴之后，粮食播种面积也趋于稳定，且粮食产量稳定增长。从影响粮食产量的这两个指标看，补贴政策达到了良好的效果。

5.3.2　粮食安全保障体系财政支持政策对农民收入的影响

补贴政策对农民人均收入的影响。农民是农业生产的关键，补贴政策通过改变农民收入引导农民的生产经营活动，从而影响粮食安全。因此，必须分析补贴政策对农民收入的影响。

图 5-5 描绘了 1999~2012 年农村居民家庭平均人均纯收入的总量及类别的变化趋势①。可以看出，2004 年国家实行大量补贴政策之后，农村居民家庭平均人均纯收入有了大幅增长。2004 年，农村居民家庭平均人均纯收入仅为 3027 元，2012 年达到 8389 元，实现了农民收入翻几番。分类别来看，2006 年之后，随着经济增长和城镇化水平的不断提升，农民居民家庭平均每人工资性纯收入增幅最大，且在农民总收入中的份额不断提升。除此之外，家庭经营纯收入始终是农民居民家庭收入的最主要来源，且呈现稳步增长态势。农村居民家庭的农业纯收入也呈现不断增长态势，表明国家对农业的支持政策在一定程度上实

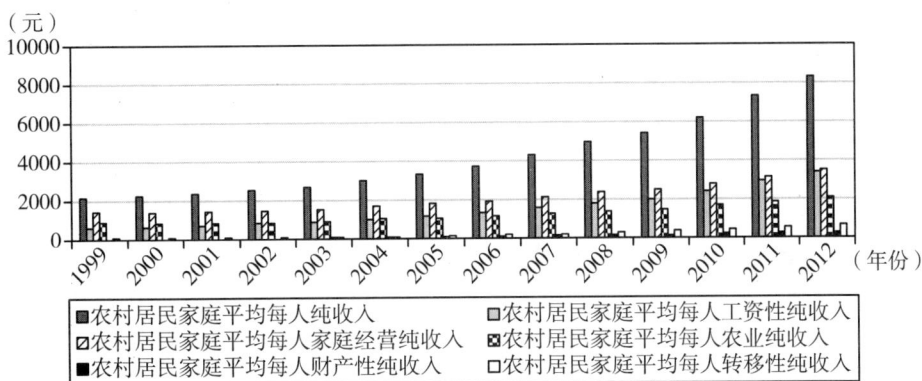

图 5-5　1999~2012 年农村居民家庭平均每人纯收入分布

资料来源：中国劳动统计年鉴。

---

① 从 2013 年起，国家统计局开展了城乡一体化住户收支与生活状况调查，2013 年及以后数据来源于此项调查。与 2013 年前独立开展的分城镇和农村住户调查的调查范围、调查方法、指标口径有所不同。故此部分分析以 2013 年为分界线分开。

现了促进农民增收的目标。同时可以看出，农村居民家庭获得的转移性纯收入也不断增大，自 2004 年的 115 元增长至 2012 年的 687 元，反映了农业政策对农民的直接补贴力度不断加大，补贴额逐渐增加。

党的十九大以来，国家进一步加大对农业的补贴，实施一系列强农惠农政策，促进农民收入增长。如表 5 - 3 所示，农村居民人均可支配收入逐年增加，2014 年农村居民人均可支配收入突破万元大关。之后，农村居民人均可支配收入由 2014 年的 10489 增长至 2018 年的 14617 元，增长近 40%。农村居民人均可支配工资性收入也逐渐增加，并在 2015 年首次超过经营净收入，成为农村居民可支配收入的第一大来源。农村居民人均可支配转移净收入也呈现大幅增长，农民从国家获得的转移性补贴更多。在 2018 年，占农村居民可支配收入的比例高达 20%。

表 5 - 3　　　　　2013 ~ 2018 年农村居民人均收入分布　　　单位：元

指标	2013 年	2014 年	2015 年	2016 年	2017 年	2018 年
农村居民人均可支配收入	9430	10489	11422	12363	13432	14617
农村居民人均可支配工资性收入	3652	4152	4600	5022	5498	5996
农村居民人均可支配经营净收入	3935	4237	4504	4741	5028	5358
农村居民人均可支配财产净收入	195	222	252	272	303	342
农村居民人均可支配转移净收入	1648	1877	2066	2328	2603	2920

资料来源：中国劳动统计年鉴。

5.3.3　农机具购置补贴政策效果

1. 农机具购置补贴的传导机制

农机购置补贴政策主要通过收入效应、替代效应及乘数效应发挥作用。一方面，实施农机购置补贴政策，将产生收入效应和替代效应，这会导致农机购买量的大幅度增加。补贴使得农机具购买者所支付的买价降低，由此引致农户的实际收入增加、购买力增强，农机具的购买量也会相应上升。此外，补贴目录内的农机具价格比未给予补贴的农机具低。当农户购买产品时，会选择用补贴目录内的农机具替代未给予补贴的农机具，从而导致补贴目录内农机具的需求量上升。另一方面，农机购置补贴政策引发乘数效应，带动投入要素的升级。农机的使用与普及使与之相匹配的劳动力、耕地等其他农业生产要素的组合得到优化、配置效率得以提高，进而促成农业生产技术水平的提高。劳动生产率、资源利用率、土地生产率和规模报酬也会大幅度提高。这既降低了农业生产成本，提高了粮食产量和质量，又减轻了农民劳动强度，改善了农民生产生活条件。

2. 农机具购置补贴对农机总动力的影响

据统计，2018 年全国农机总动力达到 10 亿千瓦，比农机购置补贴政策实施前的 2003 年增长了 65%。与此同时，大马力、多功能、高效能以及薄弱环节的农业机械迅速增长，农机装备结构不断优化。2018 年，我国大中型拖拉机保有量达到 670.08 万台，小型拖拉机达到 1634.24 万台。与十年前相比，大中型拖拉机与小型拖拉机的比例从 2009 年的 1∶5 上升到 2018 年的 1∶2.4，大中型拖拉机在不断增长，小拖拉机增长缓慢，农机具结构不断优化（如图 5-6 所示）。

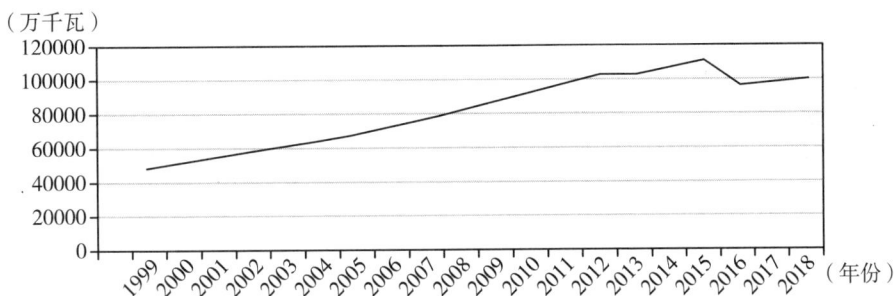

图 5-6　1999~2018 年我国农业机械总动力变化趋势

资料来源：国家统计局网站。

总体上看，总量和人均机械动力均呈现出显著的上升趋势。特别是 2004 年以来，总量和人均机械动力的增长速度明显加快，而且人均机械动力的增长速度明显地超过了总量的机械动力增长速度，这在很大程度上得益于我国从 2004 年开启的农机综合补贴制度。图 5-6 描述了 1999~2018 年我国农用机械总动力的变化趋势。与此同时，农作物耕种收综合机械化水平不断提高（如图 5-7 所示）。截至 2018 年，全国农作物耕种收综合机械化率超过 67%，其中主要粮食作物耕种收综合机械化率超过 80%①。此外，2018 年，《国务院关于加快推进农业机械化和农机装备产业转型升级的指导意见》指出，到 2020 年，要实现农机装备产业科技创新能力持续提升，主要经济作物薄弱环节"无机可用"问题基本解决。全国农机总动力超过 10 亿千瓦，全国农作物耕种收综合机械化率达到 70%。到 2025 年，全国农机总动力稳定在 11 亿千瓦左右，全国农作物耕种收综合机械化率达到 75%。

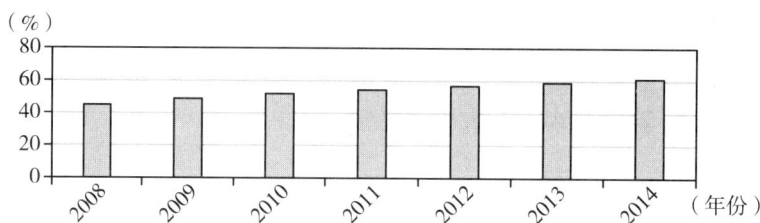

图 5－7　2008～2014 年农作物耕种收综合机械化水平变化趋势

资料来源：中国农业年鉴。

　　研究发现，我国农业机械动力比重的结构呈现出分化趋势，其中小型拖拉机动力比重较高，且呈现稳定增长趋势。这与我国农户家庭经营特点密切相关，中小型拖拉机价格低廉且实用性强。近年来，使用耕牛的农户数量日趋减少，取而代之的是大量使用中小型农用机具。农用排灌柴油机动力比重呈现下降趋势，这与我国近年来加大对水利基础设施的投入力度有关，尤其是国家加大对中小型水利基础设施的投入。农用大中型拖拉机动力比重自 2004 年开始呈现上升趋势，这一结构趋势变化与政府加大对大型农机具补贴政策密切相关（如图 5－8 所示）。

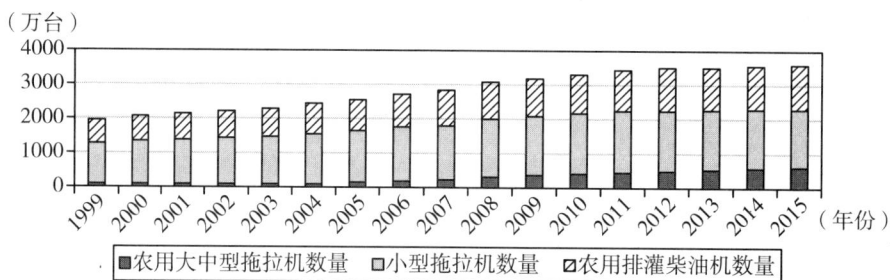

图 5－8　1999～2017 年我国农业机械动力结构变化趋势

资料来源：中国统计年鉴。

①　https：//baijiahao. baidu. com/s？ id＝1623096064556146321&wfr＝spider&for＝pc.

5.3.4　市场价格支持政策

1. 最低收购价政策

粮食最低收购价政策是为保护农民利益、保障粮食市场供应实施的粮食价格调控政策。一般情况下，粮食收购价格由市场供求决定，国家在充分发挥市场机制作用的基础上实行宏观调控，必要时由国务院决定对短缺的重点粮食品种，在粮食主产区实行最低收购价格。当市场粮价低于国家确定的最低收购价时，国家委托符合一定资质条件的粮食企业，按国家确定的最低收购价收购农民的粮食。2005 年率先在南方稻谷主产区启动稻谷最低收购价预案，2006 年第一次在小麦主产省启动小麦最低收购价执行预案。如图 5 - 9 所示，最低收购价政策实施之后，小麦和稻谷产量逐年增长。最低收购价政策发挥作用的机制之一为稳定了种粮农民增收的心理预期，避免"谷贱伤农"局面的产生，调动了农民的生产积极性。此外，最低收购价政策发挥了市场托底和稳定粮价的作用，稳定粮食市场价格，避免粮价大起大落。由此，最低收购价政策维护了粮食市场稳定，促进农民增收，在保障粮食安全方面发挥至关重要的作用。

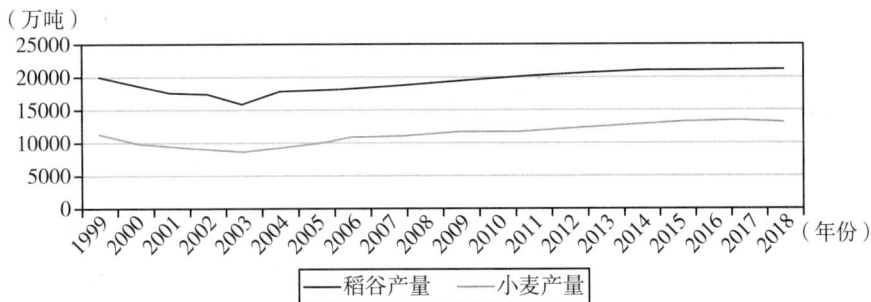

图 5 - 9　1999 ~ 2018 年稻谷和小麦产量变化趋势

资料来源：中国农业年鉴。

2. 目标价格制度

当前对新疆棉花实行目标价格补贴制度。目标价格制度是在市场形成农产品价格的基础上，国家对目标价格和市场价之间的差价进行补贴以保护生产者的利益。当市场价格低于目标价格时，国家根据目标价格与市场价格的差价和种植面积、产量或销售量等因素，对试点地区生产者给予补贴。当市场价格高于目标价格时，国家不发放补贴。具体补贴发放办法由试点地区制定并向社会公布。总体来讲，目标价格制度实施成效显著。一是显著提高了补贴效率。原来的临时收储政策主要作用的主要环节是农产品的流通环节，对农民收入的转移效率较低，中间环节损耗严重，农民的获得感不强。而目标价格制度补贴的对象是农民，直接依据农民的种植面积和产量进行补贴，补贴效率较高。二是有效避免价格扭曲。政府依据农作物成本以及种植者的合理收益确定目标价格，并未干扰市场机制的运行，发挥市场在农作物定价以及资源配置中的决定性作用。三是保护农产品相关行业。之前实施的临时收储政策确定的临时收储价格一般低于市场价，且大量新粮退出流通市场，给农产品加工企业带来压力。实行农产品目标价格制度，农产品价格由市场决定，可以为农产品加工企业提供调整运营的机会。此外，农产品目标价格的确定，会引导农民的生产和经营，有助于实现农业领域的转型升级。

3. "市场化收购"加"补贴"政策

在玉米阶段性过剩和价格倒挂的背景下，2016 年 3 月，国家发布玉米收储制度改革方案。在东北三省和内蒙古自治区将玉米临时收储政策，调整为"市场化收购"加"补贴"的新机制。2017 年 3 月，国家将在东北三省和内蒙古自治区调整大豆目标价格政策，实行"市场化收购"加"补贴"机制。在市场定价，价补分离和保障农民合理收益三个核心原则指导下，"市场化收购"加"补贴"政策稳步推进，取得了良好效果。虽然实行市场化收购短期内可能使玉米价格下跌，会在一定程度上损害玉米种植者的利益。然而，长期来看，市场价收购政策将定价权交给市场，反映市场供求关系，充分发挥市场机制的调节作用，有利于玉米市场的稳定发展。同时，补贴更为精准，有利于稳定农户的种植收益，保障农民利益。

5.3.5 农业支持保护补贴

为提高农业补贴的精准性和指向性，逐步扩大绿箱支持政策实施规模和范围，调整改进黄箱支持政策，国家一直积极开展改进农业补贴办法。2016 年，在前一年试点的基础上，全面推开农业支持保护补贴。将原来的种粮农民直接补贴、农作物良种补贴和农资综合补贴合并为农业支持保护补贴，政策目标为支持耕地地力保护和粮食适度规模经营。耕地地力保护补贴对象为拥有耕地承包权的农民，补贴与农民耕地地力保护挂钩，引导农民自觉保护耕地地力，实现"藏粮于地"。耕地地力保护补贴标准由地方根据补贴资金总量和确定的补贴依据综合测算确定。支持各地以奖惩措施引导和鼓励农民保护和提高耕地地力。对于采取秸秆还田、深松整地、冬种绿肥等绿色技术的农户，各地可适当提高补贴标准予以奖励；对于露天焚烧秸秆的农户，可相应降低补贴标准。

化肥对粮食的增产发挥了重要作用，但化肥也对环境产生了负面影响，破坏了耕地地力。为保护耕地地力，国家逐步推行耕地修复、实行休耕轮作，开展测土配方施肥，努力提高化肥利用率。2016 年，全国化肥施用量由 2015 年的 6022.6 万吨下降至 6005 万吨，自 1974 年起首次下降。随后又经历了两次下降，达到 2018 年的 5823.5 万吨，化肥施用量连续三年出现负增长，一定程度上表明对耕地地力保护补贴的政策发挥了一定的作用（见图 5 - 10）。事实上，耕地地力保护补贴在实践中仍存在许多问题，政策作用效果较为有限。

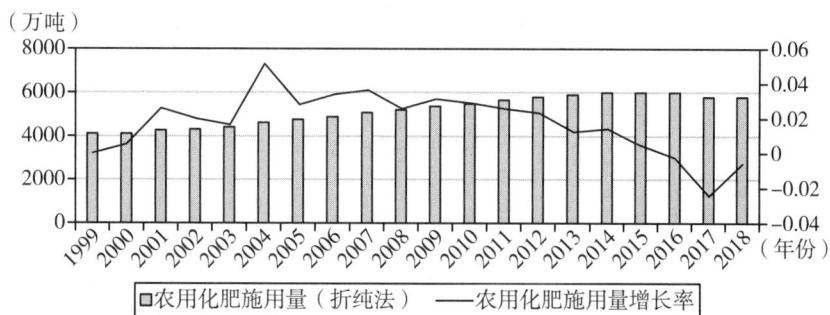

图 5 - 10　1999~2018 年农业化肥施用量变化趋势

资料来源：中国农业年鉴。

适度经营规模补贴主要适用于超过一定种植面积的粮食生产经营者，如种粮大户、家庭农场、农民合作社和农业社会化服务组织等新型经营主体。适度规模经营补贴有助于农业资源优化配置。资源要素的聚集以及经营主体的联合有助于发挥粮食种植的规模效应，促进专业化分工和社会化服务，提高粮食种植效率以及政策实施效率。

5.3.6　农业保险保费补贴

2007 年，国家财政投入 10 亿元专项补贴资金，加上地方配套资金，全国农业保险当年实现保费收入 51.8 亿元，开始了对粮食作物保险予以补贴的历程。随后，国家逐渐扩大政策性农业保险试点范围，逐渐加大对农业保险的政策扶持。2016 年，国家进一步提高了对产量大县三大粮食作物农业保险保费的补贴比例，分别由先前的中西部 40%、东部 35%。提高至中西部 47.5%、东部 42.5%，造成了农业保险保费投入的进一步增长（见图 5 – 11）。2018 年，全国实现农业保险保费收入 572.6 亿元。长期来看，农业保险为农业发展的自然、经济、社会三大风险提供了有效的保障功能，为维护粮食安全作出重要贡献。

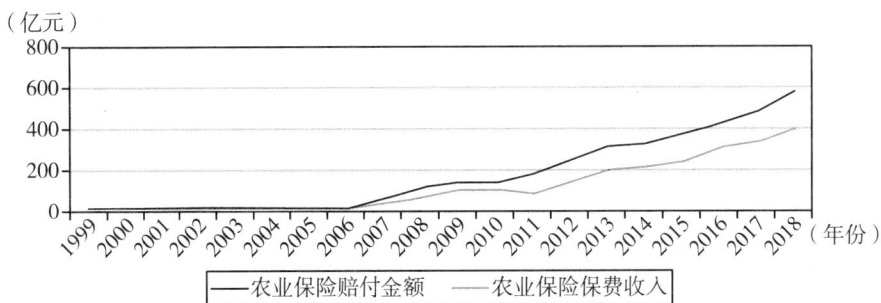

图 5 – 11　1999 ~ 2018 年农业保险保费收入与赔付金额变化趋势

资料来源：中国统计年鉴。

自农业保险实施以来，取得了良好效果。首先，加快了我国现代风险管理体系建设进程，为深化农村金融体制改革作出贡献。农业保险政策的出台为我国建立现代农业风险管理制度奠定了良好的基础，增强了农林渔牧业的抗风险能力。农业保险与农村信贷相结合，改善了农村的信用环境，推动了农村金融体制改革。其次，政策性保险的经济补偿职能不断凸显，目前我国农业保险开办区域已覆盖全国所有省份，承保农作物品种达到 211 个，基本覆盖农、林、牧、渔各个领域。我国农业保险业务规模已仅次于美国，居全球第二位，亚洲第一位。2013 ~ 2018 年，我国农业保险累计收取保险费收入超过 600 亿元，农业保险投入在降低风险、促进灾区迅速恢复农业生产方面起到积极作用。最后，充分体现了保险的再分配功能。农业保险处于农业再生产的分配环节，通过中央财政、地方财政和农户三方筹集，放大了农业保险补贴的补偿和支持力度，而且使农户的再生产得以恢复。

5.4　粮食安全保障体系财政支持政策存在的问题及其原因分析

粮食是比较效益低的产品，现行的粮食财政支持政策，对提高农民种粮积极性、促进粮食生产起到了一定的作用。从我国 2004 年至今实施粮食直补政策后的粮食种植面积和粮食产量增长来看，保障粮食安全的财政支持政策对促进粮食生产的效果比较明显。全国粮食种植面积和粮食产量逐年增加，尤其是在我国不断的城市化进程中造成可供种植利用面积萎缩和近年来自然灾害等不利的情况下，仍然获得粮食的丰收，财政支持政策功不可没。

尤其是近年来，为确保国家粮食安全，把中国人的饭碗牢牢端在自己手中。围绕国家粮食安全战略和乡村振兴战略的实施，以农业供给侧结构性改革为主线，完善强化粮食宏观调控体制机制，国家在加快实现粮食行业转型发展，构建更高层次、更高质量、更有效率、更可持续的粮食安全保障体系方面进行了诸多尝试和探索。当前的财政政策无疑在推动农业供给侧结构性改革和保障国家粮食安全方面发挥了重要作用，但仍然存在许多问题和不相适应之处。本章在前述对其他国家粮食安全保障体系的构建以及对财政支持政策的实施效果分析的基础上，分析了当前粮食安全保障体系财政支持政策存在的问题及原因。

5.4.1　粮食补贴政策总量和结构不合理，刺激粮食增产的可续性不强

我国实行的粮食财政支持政策，在短期内对粮食增产起到了明显促进作用。

近年来，尽管财政对粮食补贴的投入不断增长，但由于财力有限、资金使用效率不高以及结构性矛盾突出等问题，相对于我国农业基础薄弱，农民效益低下的现实，对粮食补贴的财政政策投入依然严重不足。虽然中央每年都强调要加大财政农业支出规模，但与主要发达国家相比，中国的粮食补贴规模依然偏小，尤其是农产品生产者的人均补贴严重偏低。随着城镇化的发展，农民从事非农产业可获取的报酬逐年递增，农民种粮的机会成本增加，加之农用生产资料价格的快速增长，粮食补贴降低粮食生产成本的政策效应几乎被持续上涨的生产资料价格完全抹去，农民的种粮收益下降。在工业化、城镇化进程中，越来越多的农民离开农村和农业，保障粮食安全重任将更多地落在现有的粮食主产区肩上。但国家对粮食主产区的财政支持不足，虽然绝对数在增加，但相对比重在下降。主产区农业在国家政策倾斜中处于不利地位，势必造成地区农业生产条件改造受限，最终导致农业产出效益降低，不利于保障国家粮食安全。

此外，对粮食补贴的结构并不合理，不利于要素配置优化。一是粮食补贴中的行政事业费支出等事业性支出较高，而用于农业基础设施建设、农业生产、改善农村生活环境的比重较低。虽然国家一直加大对农业基础设施、农业产业化引导、农业结构调整、农村基本公共服务等一般性服务供给的支持，但当前的农业基础设置依然难以适应现代农业发展的需要，影响粮食生产和粮食可持续发展。二是国家对科技支出不足，影响粮食发展的科技要素配置。农业科技支出水平不高，影响农业科技要素配置。当前确立了"以我为主、立足国内、确保产能、适度进口、科技支撑"的国家粮食安全战略，虽然国家加大了对粮食生产的科技投入，但仍存在规模不高的问题。再加上各地科技差异显著，造成了现代粮食生产科技投入效率不高的现实。三是对优化农村劳动力要素供给结构的补贴不足。农民是确保粮食生产的关键，由于直接补贴政策成本效益不高，实施较为复杂，国家对粮食补贴多以间接支持为主。政策补贴大多用于流通环节，对农民的直接转移性支出相对不高。从事粮食生产的大多为低素质劳动力，农业领域的高素质劳动力供给严重不足，与农业现代化的需求不相匹配。而我国的粮食补贴中仅有少部分支出用于培育现代化农民培育和农业新型经营主体，不利于粮食生产实现长足发展。四是针对粮食生产绿色化的补贴偏少。我国在农业方面的生产为高投入、高污染模式，造成国内污染严重且耕地地力退化严重，粮食品质竞争力差。在实现国家粮食自给的基础上，食品安全和生态安全也是不可忽略的问题。当前对粮食的生态投入有限，应加大对绿色发展相关的财政支出，实现可持续发展。

　　粮食补贴政策的投入总量和结构存在不合理之处，主要原因有以下几点：一是国家财力有限，而财政支农资金的引资效果较差，单靠国家财政支持，对农业支出的投入力度有限。由于农业具有高风险、低收益、长周期的特点，农业投资报酬率低，社会资本并无激励投资于农业。粮食补贴资金的比较利益低下，补贴资金对其他社会资金投资的示范和引导能力有限，造成我国农村固定资产投资一直以农民个人投资为主的局面，势必不利于农业发展。二是资金使用效率较低。一般而言，粮食补贴支出很大比例来自中央对地方的专项转移支付，而由于农业事项涉及部门较多，支出资金较为分散，各部门协调有限，导致资金效益不高。另外，粮食补贴政策资金在由中央转移至地方时，通常要求地方提供配套资金，地方政府需重新考虑预算安排，且部分地区提供配套资金的压力较大，不能足额提供配套资金，随着资金层层下发，粮食补贴资金到位率低。三是中央和地方职权厘定不清，"越位"与"缺位"并存，且地方政府维护粮食安全的激励不足。造成粮食补贴支出结构不甚合理。在当前的官员绩效考核激励下，基层官员缺乏投资于着眼于长期发展的科技支出、绿色支出以及提升农民技能支出的激励，而是更多投资于水利建设等能提升短期政绩的支出。再加上粮食补贴支出监管机制不完善，补贴项目绩效评价困难，本就有限的涉农支出资金并未真正落到实处，基层支出现实往往与中央政策目标相悖。

5.4.2　粮食价格支持政策的指向性和精准度不高，政策执行效果受限

1. 最低收购价政策有待完善

　　最低收购价政策自执行以来，取得了较好的执行效果，但也产生着一些消极影响，对粮食流通市场产生了诸多不良影响。首先，最低收购价格只能维持或提高，扭曲了粮食的真实市场价格。近年来，国家制定的收购价一般都高于

市场价，导致最低收购价政策扭曲了农产品市场竞争机制，紊乱了粮食市场的价格决定机制。这一方面加重了国家财政负担，且不利于我国农产品国际竞争力的提升。其次，国有粮食收储企业充分享受国家补贴，而其他收购主体风险自担，不利于形成公平的粮食收购市场。最后，不利于粮食下游企业的生存。由于最低收购价政策的执行，大量新粮以最低收购价收入国有粮库，暂时退出粮食流通市场，使粮食加工企业出现用粮短缺。尽管加工企业可通过参与政策性粮食竞价交易来获取粮源，但竞价销售无形中进一步推高了顺价销售的粮食价格，从而不利于整个粮食加工产业的升级。

在政策执行方面也存在一些亟待改善的问题。一是粮食最低收购价格标准的形成机制有待进一步健全和完善。应通过科学的粮食生产成本利润调查研究，确定合理的最低收购价，以最小化最低收购价政策的扭曲效应。二是最低收购价政策的执行主体单一，监管不足。中储粮企业作为政策执行的责任主体，与其他受委托的企业存在委托代理关系，中储粮既要开展收购业务，又要监管其他受托收购企业，易造成监管缺位。三是最低收购价粮食的销售渠道单一。一般而言，收入国库的粮食通过竞价销售重新进入流通市场，渠道较为单一，执行效率不高。

2. 农业支持保护补贴需继续完善

2016年，农业支持保护补贴在全国全面推开，良种补贴、种粮直补、农资综合补贴正式合并为农业支持保护补贴。该补贴起到了一定的积极作用，但在执行过程中依然存在问题。

首先，根据中央政策文件，文件仅指明了改革内容和方向，并未规定具体可操作的手段和方式。中央将资金按各地耕地面积、粮食产量、适度规模经营发展等因素测算切块到省级财政，由省级部门依据当地实际确定补贴方式、补贴标准等具体操作方案。由此造成了各地政策标准不一等问题，使政策作用效果大打折扣。

其次，在政策执行中，对补贴粮食的补贴面积核查存在弄虚作假的问题，按照《关于全面推开农业"三项补贴"改革工作的通知》，享受补贴的农民要做到耕地不撂荒，地力不降低；长年抛荒地、占补平衡中"补"的面积和质量达不到耕种条件的耕地不给予补贴，并且补贴必须发放至耕种者。但在补贴面积确定的实际工作中，为简化工作流程，不少地方依据之前农民申报的耕地面积确定现在的补贴面积后进行申报，不少农民虚报为套取补贴，虚报受补面积。另一方面，耕地面积每年变化，难以核查，村干部监督缺位，更是加剧了"过头补"的现象。因此，与原"三项补贴"相比，虽然改革之后大幅提高了补贴资金，对农户保护耕地的积极性并无影响，保护耕地地力的政策目标并未实现。

再其次，在实际操作中，未按规定发放补贴资金。文件指出，耕地地力保护补贴资金采取财政"一卡通"的方式直接补贴到户，但由于基础信息不完善严重影响粮食补贴资金的发放进度，农民的获得感不强。或者是在现实中，一些地方政府将部分资金安排至村委会，要求用以整治机耕道等小型公益性项目，但村委会并未按要求执行，而是将资金用于事业性支出。

最后，补贴增长后，部分地区土地租金上涨，使实际种粮者并未实际得到补贴带来的好处。适度规模经营补贴政策设计的目标是补贴种粮农民，但在现实中，补贴款的实际归宿取决于承包人和种粮人之间的议价能力。在部分地区，土地流转时往往将补贴作为租金的全部或者其中一部分，导致补贴款变为土地承包人所得。规模种粮者并未得到补贴带来的经济利益，从而降低其土地流转和扩大经营规模的激励。

5.4.3　补贴政策的公平性不够，补贴机制有待完善

一项政策的设计不仅要考虑其实施的效率，而且要考虑其公平性问题。当前农业补贴政策在公平性上存在的突出的问题集中表现在以下几个方面：

一是省际补贴标准相差过大，导致不同省份之间、地市之间农业补贴额的不公平。我国农业补贴政策是由中央政府推动、中央财政主导的。中央财政依据各省、市、自治区耕地面积，按照同一补贴标准每年将补贴资金拨付给省市自治区财政；地方政府承担农业补贴政策的落实及地方财政对中央财政资金的补贴配套。在分税制体制下，由于地方财政财力状况不同，财力越雄厚的地区，其配套补贴标准越高；财力越薄弱的地区，其配套补贴标准越低，有些省份在一些补贴项目上甚至没有配套补贴，完全依赖中央财政给予的补贴。

二是撂荒地的农户在没有任何农产品产出情况下仍可获得全额补贴，有些

农户甚至将补贴资金用于购买粮食及其他生活用品，这显然与农业补贴政策的目的背道而驰。有些地方耕地转包、转租农户，转出或转租耕地后，仍可获得农业补贴，而转入、租入耕地的农户或其他生产经营组织，实际种植粮食却不能获得应有的补贴。

三是缺乏对种粮大户激励政策，补贴力度有限。种粮大户每年为国家贡献了大量商品粮，但获得的补贴与其他不贡献商品粮的自给农户、撂荒而购买商品粮的农户相比并不算多，每亩相差不到 10 元，有些地方每亩仅高出 2 元。

四是我国粮食补贴政策种类繁多，变动频繁，缺乏计划性和长期规划。政策随意性强，缺乏制度和法律保障。我国粮食补贴政策的重点是围绕粮食作物、棉花等大宗农产品设立的一系列政策安排。粮食补贴政策在经济转轨过程中逐渐呈现出不相适应之处，不断产生摩擦和碰撞，迫使政府频繁进行调整。国家政策"朝令夕改"，扰乱了农业经营者的种粮安排，不利于维护公平。

粮食补贴政策缺乏公平性，其主要原因是我国各区域粮食种植差距较大，倘若由中央政府制定"一刀切"的政策，则在政策执行时会遇到很多水土不服的情形。因此，一般而言，国家在制定政策时，只会确定原则性和总括性问题，将具体操作和执行权下放给地方政府，势必造成各地对同一政策因理念和认知偏差作出不同解读，由此造成不同区域执行存在差异。另外，农业政策波动性较强，经济主体对政策的反映千差万别，一项政策安排想要与时俱进，及时作出调整，只能频繁变化。从而造成农业政策的多变性，不利于目标对象的经营安排。此外，政策执行存在时滞性。一般而言，农业生产的短期波动很大程度上取决于自然条件的变化，若政府政策致力于平减周期性波动，应该在灾害较大时增加政策支出，在粮食生产稳定时适度收缩政策。但自然灾害的变动并无规律，政策的制定和颁布需要时间，政策的执行存在时滞，往往在政策出台时，面临的境况已经发生了翻天覆地的变化。较高的政策不确定性极大地影响了政策实施的公平性。

第6章
保障粮食安全的财政支持政策选择

粮食具有战略性质，是国家安全的基础。粮食安全的国家经济安全性质需要财政支持，需要以国家为宏观主体通过市场手段和行政手段激励微观经济主体来实现粮食安全。自 2004 年以来，我国实行"四大补贴"以及价格支持政策，并辅以其他补贴政策，对保障粮食安全和维护农民利益作出重要贡献。全国粮食种植面积和粮食产量逐年增加，尤其是在城镇化进程中造成耕地面积减少和近年来自然灾害等不利的情况下，仍然获得粮食的丰收，财政支持政策功不可没。

新时期，我国农业正从传统农业向现代农业转变，这一转变过程始终离不开政府的财政支持。财政对农业的支持是保障粮食安全的最有效手段，是维系农业基础地位的重要物质保障。当前农业供给侧结构性改革成为当前农业发展的主攻方向，通过政策对粮食生产经营进行利益诱导，引导农户的经济行为转向有益于实现粮食安全可持续发展的方向。在这一过程中，财政支持目标的选择，支持力度、支持方式、支持重点与结构的确定对构建完善的粮食安全保障体系起着决定性作用。

6.1　财政支持目标由单一增产转变为增产与增收相结合

单一增产目标容易导致财政支持政策的单一性，即过于偏重对农业生产过程的补贴，忽视对农业生产外部环境的考量和财政支持。如近年来，为增加粮食产量，稳定粮食播种面积，政府加大了对粮食生产的补贴力度，补贴资金成倍增加，但收效不大。究其原因，一是种粮收益水平长期低下，粮食生产成本失控，粮农收入难以保证；二是农业基础设施、农业科技推广投入不足，粮食生产能力提升缓慢，劳动生产率不高；三是粮农社会保障水平低，依靠粮食收入不仅难以保障自身及其家庭在养老、医疗卫生、子女就读高中及大学学费等长期不可预测的福利支出需要，而且连当前必需的生产生活支出也难以保证。

针对当前国际国内粮食等主要农产品安全形势和国家财力状况，稳步提高粮食等主要农产品价格是实现财政支持政策多重目标的关键。粮食等主要农产品价格上涨，短期内可能不利于控制通胀，但可有效刺激粮食生产，增加供给，最终会使粮食价格回落到正常水平；但是，如果对粮食等主要农产品采取政府管制措施，认为粮食价格高企会危及城镇居民生活，则会打击种粮农民生产积极性，容易出现大面积撂荒现象，导致粮食生产严重不足，供给大幅减少，这反而会引发粮食等主要农产品价格上涨，甚至出现粮食危机。我国曾多次对粮价采取价格管制措施，也着实起到应有的效果。但是，在现有市场经济条件下，简单采取价格管制手段可能难以收到较好效果。在原有体制条件下，非农产业发展不充分，农村劳动力就业渠道狭窄，非农产业就业成本高、收益低，粮食作为传统产品是农业生产的首选，也是主要的收入来源。在现有条件下，非农产业发展迅速，农村劳动力转移渠道拓宽，转移容易，报酬高；而粮食等主要农产品的生产比较利益低，成本高，既不能作为主要收入来源，又不能作为养老、医疗等社会保障的依靠，相反有时还成为一种负担。我国在粮食安全保障的目标选择上，虽然财力不能与欧盟和日本相比，但通过提高粮农的收入水平和福利水平达到粮食等主要农产品自给甚至出口的思路是值得借鉴的。

6.2　注重对粮食主产区和种粮大户的财政支持

首先，完善补贴体制，改变目前补贴政出多门、管理重叠、资金分散、补贴效率不高的状况。逐步实行集中管理，整合各类补贴资金，依法补贴，分类处理，责权利明确的补贴体制。推行补贴项目预算管理办法，保证补贴资金到位，避免挤占、挪用现象的发生。

其次，根据财政收入增长情况，逐渐增加对粮食生产和流通的补贴额度，提高补贴比率。基于我国粮食增产主要由 13 个粮食主产区和种粮大户来承担的现实，按照权利与义务对等的公平交易原则，在补贴标准上应向这些为我国提前实现粮食生产目标作出重要贡献的粮食主产区和种粮大户倾斜。

再其次，为避免省际、地市之间农户补贴标准过于悬殊问题，中央政府除鼓励一些地方政府加大对农业的配套补贴比例外，还可考虑适当缩减经济发达省份的补贴额度，让这些地方政府履行更多的农业补贴责任。中央财政可将腾出的这部分补贴资金优先用于 13 个产粮大省,特别是东北三省和内蒙古自治区。此外,应加大对农业大县的财政转移支付力度,对产粮(油)大县奖励政策和生猪(牛羊)调出大县,不断加大财政投入力度,调动地方积极性。

最后,改进补贴方式,以提高补贴效率。现行按耕地面积补贴方式虽然简便省事,但既不公平又缺乏效率。特别是对撂荒地、转包转租耕地农户以及在耕地上种植非农作物,如树苗、药材等,也给予补贴,显然违背了农业补贴的宗旨,亟待改变,以尽快实现按照实际种粮面积发放补贴。因此,应充分利用现代技术方法和手段,查清农户承包土地的面积和空间位置,加快做好土地承包经营确权登记办证工作,确定土地权属。此外,利用信息技术,建立相应的数据库,确保各部门的信息联通,为今后的工作奠定基础。有些地方通过卫星遥感技术监测农作物播种面积并以此确定补贴标准的做法并不适合在全国推行,比较有效的办法仍是加强基层政府和农村集体组织对农户实际耕种面积的核查工作,以及财政、农业、纪检监察等相关部门的抽查工作。除了相关部门的核查、监督外,对于把粮食实际种植面积作为补贴发放依据的地区,可以建立第三方辅助土地确权、核查面积的工作,保证核查工作的客观公正。真正让种粮拿补贴、不种粮拿不到补贴,在农村形成"种粮才有补贴"的良好氛围。

6.3 加大对农业基础设施和生态农业发展的支持力度

改革以来,按照市场经济条件下政府职能的要求,财政对"三农"投入的重点也由过去直接支持农产品生产经营向支持农田水利基础设施建设、农业科技创新和推广、农业公共服务等体现公共财政性质的方面转变。

农业基础设施建设是农业生产的必要条件,是农业增产增收的基础。基础设施建设具有"乘数效应",能带来几倍于投资额的经济效益和社会效益。一方面,对于农田水利建设、农产品流通、仓储设施建设、农业气象服务、农村道路交通建设等农业基础设施建设,能够显著降低农业生产成本、流通成本、仓储成本等在内的农产品成本，转变生产方式，提高农业生产效率，促进信息流动并促进农民增收。另一方面，农业基础设施的稳固、便捷、可靠能最大限度地抵御自然灾害造成的损失，并有利于农业科技的应用。对提高单产和品质，实现农业生产的高产、优质、高效具有重要作用。由于经济不发达、自我发展能力弱，基础设施对农村地区尤为重要。农业基础设施建设具有较强的外部性，农业基础设施的建设，一靠国家，二靠农民自己。实行责任分摊、农民受益的办法符合市场经济条件下的农业基础设施建设的实际，也是许多国家所采取的办法。对小型农业基础设施建设主要由农民和集体经济组织自筹资金解决，地方政府给予适当补贴；中大型农业基础设施由地方政府立项审核，财政根据建设规模大小按投资总额的一定比例给予补贴，不足部分由集体、受益农户承担。

我国严重的人口负荷、农业资源匮乏与利用率低下以及生态恶化问题，已成为制约农业可持续发展的主要障碍，因此，无论是现阶段还是将来，农业发展的着力点始终是农业科技进步。依靠农业科技进步，把传统农业转变为以现代科学技术和现代管理为基础的现代农业，实现经济、社会和生态的统一。至2030 年，我国农业技术进步目标是粮食年均总产量需要达到 6.2 亿～6.4 亿吨，其他经济作物和林牧渔业全面持续发展，城乡居民生活水平接近中等发达国家水平。这就依靠科技进步，充分应用近现代农业科学技术，尤其是生物技术和信息技术，使农业科技总水平接近世界先进水平，科技进步在农业增长中的贡献率达到 65%～70%[①]。农业科技水平的提高能够提高劳动力生产率、增加农作物单位面积产量并提高农业生产要素的利用率，使有限的农业资源得到更好的配置。首先，加强产学研结合，促进农机农艺融合；其次，加强对农业科技成果的推广应用，完善农业科技创新和应用推广体系，将已经成熟的科技成果，因地制宜地进行试点并逐步推广；再其次，建立健全各种形式的农业技术推广服务组织，大力支持各种专业科技协会以及技术研究会，以为科技的推广应用打通渠道，形成农业科技研发、集成示范和推广应用的良好制度。最后，应进一步加强农村科技队伍建设，培育新型农民，激发各类人才的积极性和创造性，推进乡村人才振兴。

---

① 马世青主编. 现代科技革命与中国农村发展 [M]. 北京：中共中央党校出版社，2001.

生态农业是当今世界农业发展的主线，是我国发展现代农业的基本要求。生态农业兼顾经济效益、社会效益和生态效益，在提供绿色安全农产品的同时又满足可持续发展的要求。高效生态农业以绿色消费需求为导向，以提高农业市场竞争力和可持续发展能力为核心，兼有高投入、高产出、高效益与可持续发展的双重特征。长期以来，我国大多数农户的生产模式依然依靠大量施用化肥、农药和除草剂，导致耕地地力减退，土壤和地下水污染严重；草场过度放牧等问题日益严重。近年来，国家农业补贴政策由增产导向转向提质导向，农业科技由追求增产转向更加注重优质、安全、高效、生态，发展方式由依赖资源消耗的粗放经营转向节约资源的可持续发展。国家应加大绿色发展导向的财政补助政策，引导农业可持续发展，加快农业转型升级，实现从资源依赖到科技驱动的转向。

6.4　建立粮食生产灾害补偿机制

农业保险作为一种风险补偿，在支持粮食安全方面具有重要作用。农业行业的弱质性和弱势性以及农业经营的高风险性，使农业保险具有特殊性，政策性农业保险也是实施农业支持政策的基本策略。在前述分析农业保险政策存在的问题及其原因的基础上，主要从以下六个方面完善农业保险保费财政支持政策。

1. 建立健全农业保险法规，使农业保险成为支持农业发展的一项长期稳定制度

由于农业保险的高风险性和高溢出性，仅凭市场调节难以良好运作，需要建立完善的法律法规体系来支持农业保险发展。因此，我国应继续加快对农业保险相关法律法规的建设。在现有法律的基础上拟定实施细则，对农业保险的权利和义务进行规范，更好地保障农业保险市场的发展，创造良好的市场秩序，切实使农民受益，最大限度地发挥政策目标。

2. 加大农业保险宣传力度

农业保险政策的有效发挥离不开农民的支持。为更好地实现农业保险的政策目标，应当深入贯彻落实"三农"问题的方针政策，加大农业保险的宣传力度，使农民深入了解农业保险带来的好处，培育农民的投保积极性。在此基础上，告知农户投保程序和补贴政策，鼓励具有专业知识的农业保险人才深入农户，宣传农业保险政策，提高农户的参保率。

3. 建立农业保险政策性业务商业化运行的模式

农业保险具有较强的公共性和外部性，虽然农业保险的发展离不开政府政策的支持，一般由政府出资建立初始资本和准备金，但由于政府资本的有限性且纯粹的政府经营存在较多弊端，对农业保险的建设仍应以市场为主。因此，国家可以实行由政府支持下的保险合作社的方式经营农业保险，有助于防范逆向选择和道德风险。如果是实行由政府支持下的相互保险公司经营农业保险，那么经营成本较低，而且扶持力度大，有利于调动商业保险公司和农民的积极性。

4. 加大政府政策性支持力度，构建农业再保险体系

基于农业的高风险性，政府可通过增加再保险主体、选择适当的再保险方式建立健全再保险机制，扩大保险公司的业务量，降低保险的开展成本，在一定程度上分散风险。同时，应依据每年的实际情况适当增加对农业保险承保公司的经营管理费用补贴、农业巨灾风险基金补贴，保障农业保险公司的经营。此外，在发生异常灾害而准备金积累不足以支付被保险农户赔款时，由政府给予补贴支持，以保障粮食安全的稳定。

5. 对农业保险公司实现税收减免优惠

农业保险作为政府支持农业发展的手段，带有明显的政府保护行为，为鼓励农业保险公司扩大经营规模，更好地为农业服务，一般对农业保险公司实行税收减免优惠。美国、加拿大等发达国家对经营农业保险的保险公司的收入和

财产免征一切税收。

6. 创建农业保障信息平台，加强农业保险诚信体系建设

政府应推动创建银保信息共享平台，提高保险公司和银行之间的信息共享水平，从根源上规避行为风险。另外，为了促进农业保险更好的开展，更好地协调政府、农户和保险公司的利益，减少政府腐败及农户道德风险行为的发生。相关部门应加大信息公开程度，做到对农业保险信息的公开透明，信息公开贯穿整个农业保险实施的全流程。具体来说，在宣传农业保险政策前，在村委会设立信息公开专栏，披露相关农业保险信息，增强人们对农业保险的认可度和信任感。在农民受灾后，相关检测部门应及时对受灾情况进行现场勘测，尽快确定受灾面积，确定赔付方案，并及时公开。确定完善的激励惩罚机制，对查明的恶意欺骗、发生道德风险的农户建立"黑名单"机制，对多次不诚信的农户进行罚款处罚。

6.5 支持粮食适度规模经营主体持续健康发展

提升粮食综合生产能力仅靠单一、分散农户是难以办到的。在推进农业供给侧结构性改革的进程中，农业小规模分散经营的局限性逐渐显露。国家高度重视多种形式的适度规模经营，在土地流转方面实现了农民稳定承包权和流转经营权的统一，为适度规模经营创造了良好的基础，并将发展适度规模经营作为"三大补贴"改革为农业支持保护补贴的政策目标之一。事实上，发展适度规模经营，培训新型农民经营和服务主体，是我国构建现代农业经营体系、保障粮食安全的重要举措。

因此，国家应继续推进对农业适度规模经营发展的支持政策。加大对规模适度经营主体的支持力度，将补贴更精准地投向适度规模经营生产者。同时，政府应及时对项目实施进行绩效评价，对成效大的项目加大投入力度，建立稳定的补贴增长机制。各地可根据地方实际情况，创新模式鼓励新型经营主体的

发展，引进高素质人才和建立规模化的经营主体。当前我国农民的知识水平和专业技能普遍较低，仅仅依靠农民并不能实现有效经营。因此，国家应大力扶持高素质经营人才，并注重对基层农村人员的培养，丰富农业经营中的人才要素，使新型职业农民成为农业生产经营的主力军，促进农业的进一步发展。政府应加强对土地流转的制度建设，制定科学的政策，并加强监管，引导土地流转市场的规范发展。对于流转土地的农户，建立土地流转专项资金，为农户可能造成的利益损失进行补偿；建立和完善农村社会福利体系，安排好农民流出土地后的流向，为农民提供稳定有序的就业通道，维护农民利益。此外，政府应加大对适度规模经营者政策保险的扶持力度，创新保险新品种，降低经营风险，为适度规模经营者保驾护航。

农业合作社是适度规模经营的重要方式，合作组织所具有的农业社会化服务功能、集体（社员）利益保护功能、商务谈判功能等是单个农户无法比拟的。日本的农协组织依靠政府补贴，为农民和粮食生产提供全方位服务，运行几十年来，对日本农业发展特别是提高粮食自给率发挥了极为重要作用。我国农民合作组织起步较晚，发育不够成熟，功能还有待加强，特别是粮食等农作物的产前、产中和产后服务与国外合作组织相比还有较大差距，需要加大扶持力度。国家早在 2008 年就出台了对农民合作组织销售农业产品免征增值税的税收优惠政策；之后，国家在财政、税收、注册登记与运行管理等方面出台多项扶持政策，对农民专业合作组织发展起到积极推动作用。2014 年，中共中央办公厅、国务院办公厅又印发了《关于引导农村土地经营权有序流转发展农业适度规模经营的意见》，意见指出：鼓励地方扩大对家庭农场、专业大户、农民合作社、龙头企业、农业社会化服务组织的扶持资金规模；支持符合条件的新型农业经营主体优先承担涉农项目，新增农业补贴向新型农业经营主体倾斜；加快建立财政项目资金直接投向符合条件的合作社、财政补助形成的资产转交合作社持有和管护的管理制度；综合运用货币和财税政策工具，引导金融机构建立健全针对新型农业经营主体的信贷、保险支持机制，创新金融产品和服务，加大信贷支持力度，分散规模经营风险；鼓励符合条件的农业产业化龙头企业通过发行短期融资券、中期票据、中小企业集合票据等多种方式，拓宽融资渠道；鼓励融资担保机构为新型农业经营主体提供融资担保服务，鼓励有条件的地方通过设立融资担保专项资金、担保风险补偿基金等加大扶持力度。落实和完善相关税收优惠政策，支持农民合作社发展农产品加工流通。这一意见明确表明国家对农民专业合作组织的扶持目标方向、扶持重点、扶持方式，必将有力推动农民专业合作组织发展。近期看，我们认为，在财政支持政策上，对已形成规模、有良好服务意识和信誉、直接服务粮食生产、流通、加工、储运的专业合作组织可考虑给予一定的营运费用补贴，以促进其发展壮大。

6.6 利用国际粮食市场，规避粮食市场可能带来的风险

粮食贸易保护、粮食价格、农业补贴等政策始终是 WTO 各成员之间贸易摩擦的焦点，而且越是发达国家，矛盾越大，这也充分反映出国际粮食市场的复杂性和不稳定性。就我国而言，针对这些发达国家耕地资源丰富、农业劳动生产率高、粮食等主要农产品质量普遍较好等明显的比较优势所引致的价格竞争、市场竞争，一方面可考虑粮食生产"走出去"；另一方面合理利用国际粮食市场，在保障国家粮食安全前提下适量进口优质低价粮食。近年来，我国高度重视对国际粮食市场的合理利用，2014 年，中共中央《关于全面深化农村改革加快推进农业现代化的若干意见》指出，"要合理利用国际农产品市场，抓紧制定重要农产品国际贸易战略，加强进口农产品规划指导，优化进口来源地布局，建立稳定可靠的贸易关系。有关部门要密切配合，加强进出境动植物检验检疫，打击农产品进出口走私行为，保障进口农产品质量安全和国内产业安全。加快实施农业'走出去'战略，培育具有国际竞争力的粮棉油等大型企业。支持到境外特别是与周边国家开展互利共赢的农业生产和进出口合作。鼓励金融机构积极创新为农产品国际贸易和农业'走出去'服务的金融品种和方式。探索建立农产品国际贸易基金和海外农业发展基金"。依据这一文件精神，结合当前国际粮食市场变动情况和国内粮食安全状况，财政在支持利用国际粮食市场上可采取如下政策措施：

1. 支持国有粮食储备库有效利用国际粮食市场，适时、适量进口优质粮食，建立合理的粮食进口储备机制

在国际粮价显著低于国内粮价时期，适量进口优质粮食，一方面可以充分利用国际市场充足的粮源，满足国内对部分粮食品种，特别是饲料用玉米的需求，满足国内对国外优质大米、小麦等与国内粮食具有差异化品种的需求；另一方面，可充分利用国外粮食生产要素资源，通过进口低价优质粮食，节约我国本已十分稀缺的土地和水资源。

2. 利用好关税、关税配额等粮食进口管制措施，发挥其"门槛"作用，避免粮食进口量过大对国内粮食价格的打压和抑制而损害种粮农民的利益

根据联合国粮农组织的研究，2012～2013 年，全球谷物产需缺口约 320 亿公斤，反映全球粮食供求状况的库存消费比也下降至 20.5%，接近 18% 的粮食安全警戒线。为此，我国作为一个人口大国应吸取 2008 年粮食危机时海地、埃及等国粮食供给不足、粮价飙升引发社会动荡的惨痛教训，遵循立足于国内生产、以进口粮食为辅的粮食安全方针。目前全球每年粮食贸易量为 2400 亿公斤，仅相当于我国粮食消费量的一半左右。从我国的主要粮食大米来看，我国每年消费大约为 1850 亿～1875 亿公斤，而国际市场大米贸易总量仅为 250 亿～300 亿公斤，仅占我国大米消费量的 13.5%～16.0%，可见，在我国已成为"粮食净进口国"时，期望通过进口来缓解国内产需矛盾是不现实的，也是不可靠的。化解粮食进口对粮食安全影响的根本目的是着眼于有效统筹国内生产和进口需求，确保贸易政策与国内产业政策相衔接，进出口调控与国内供需趋势相协调。在实践中，一是利用好关税、关税配额等管理措施，避免粮食过度进口对国内种粮农民利益的伤害。二是统筹考虑粮食进口在平抑国内市场和干预国际市场中的作用，建立合理的进口储备机制，保持适度的粮食库存量，提升政府干预粮食市场的能力。三是建立粮食安全的风险预警与快速反应机制，防范和减少不合理进口，避免其对国内粮食生产的冲击。全面监控粮食进口口岸，严密防范粮食走私；严厉打击粮食走私，不断加大处罚力度，避免对国内粮食生产冲击。四是稳定国际间的粮食产销关系，加强与货源国的互利互惠联系，并支持

农业企业"走出去"，建立稳固的进口粮源保障体系。五是提高贸易话语权。通过政府主导或政府支持、粮食行业协会协调运作的方式，建立与完善粮食国际贸易机制，提高粮食贸易中的谈判能力和对价格、交易量的影响力。

6.7　落实地方财政支持建立粮食安全保障体系的责任

国家财政支持粮食安全保障体系的建立，地方财政的投入至关重要。任何国家的中央财政都不可能将本国农业投入的职责全部包揽下来，更多的则是通过财政补贴的方式进行。中央财政的投入对地方农业发展而言，其效用具有引导性、间接性和持久性，不可能起到直接的推动作用。地方财政对粮食生产、流通、加工、储备等环节的投入规模、结构、效率等直接决定着地方粮食安全状况，继而影响到国家粮食安全状况，这在一些产粮大省、产粮大县尤为明显。

在我国现阶段，粮食生产不仅不能给政府直接贡献税收，而且还需要各级政府予以补贴，这也是在当前财政竞争日趋加剧的大环境中一些地方政府不愿过多履行农业投入责任的主要原因所在。事实上，大多数产粮大省、产粮大县普遍存在产业结构单一、非农产业不发达、财力来源有限、财政贫困、经济与社会发展速度缓慢等窘境，陷入"越抓农业越穷、越穷越无力抓农业"的尴尬之中。种粮比较利益低、对地方财政收入贡献少、投入责任大是地方政府不愿将有限财力用于支持粮食生产、流通、加工和储备的根本原因。因此，要强化地方政府在承担粮食安全上的责任，首先需要保障地方财政有持久稳定可靠的收入来源，有较高的财政可支配度，这样才能在粮食安全问题上实现公平与效率的统一，从而调动地方政府在构建粮食安全保障体系上的积极性和主动性。

《国家新型城镇化规划（2014～2020年）》明确，必须严格保护耕地特别是基本农田，并要求"继续加大中央财政对粮食主产区投入，完善粮食主产区利益补偿机制"。因此，在支持地方政府履行粮食安全职责过程中，中央财政需建立有利于提高种粮大省、种粮大县积极性的投入保障机制，加大对核心产粮大省、大县的一般性转移支付、财政奖励、粮食产业建设项目等方面的支持力度；

对财政困难的粮食核心产区，需加大对这些地区农业基础设施的投入力度，取消一些项目地方财政资金配套的要求，减轻核心产区地方政府财政压力；建立科技保障机制，加大对核心产区的科技投入，重点支持粮食产业发展的关键领域、重要产品、核心技术的科学研究，增强科技对核心区发展的保障能力；加强核心区农技推广体系建设，加快农业科技成果转化。

在中央财政加大对粮食主产区财政转移支付力度的同时，地方政府应履行好"粮食安全"这一公共事务，充分发挥公共财政职能，逐步将粮食生产优势转变为地方经济优势，加快发展现代农业；围绕产前服务和产后加工，发展以农资服务和食品加工为重点的农业产业化经营；重点支持龙头企业，形成一批带动能力较强、具有较强影响力的农业现代化龙头企业，延长农业产业链，使粮食生产、流通、加工、储备相互结合；创新利益联结机制，实现企业与种粮农民互利共赢，有效提高种粮农民收入水平。

建立地方政府对财政农业积累投入机制还需完善相应的配套法规，使政府财政对农业投入建立在法律基础之上，规范地方政府对农业积累投入主体行为。虽然《农业法》规定了国家财政对农业投入占农业 GDP 的比重，但由于缺乏具体可操作性的制度法规和约束机制，导致一些地方政府的财政对农业投入难以落到实处，在许多地方常常出现"虚投"现象。对此，国家亟待改革和完善《农业法》，强调政府对农业投入的责任，明确中央政府和地方政府对农业的投入范围、投入数量与比例、投入路径与方式等，有效地遏制地方财政对农业"虚投"现象蔓延。此外，还需加强审计监督，通过审计部门的严密审计和人大监督，保障地方财政对农业的足额、及时和高效投入。

6.8 建立和完善粮食安全保障制度的财政投入决策机制

对财政投入的效果进行事后评价是政府财政优化支农投资决策行为，增强公共投资科学性、安全性和可靠性，提高粮食安全保障体系投资项目使用效益的重要手段。财政投入后评价制度在发达国家早已被广泛采用。美国在 1979 年就制定了专门公共投入的后评价制度，成立了专门的后评价研究所，负责对联邦政府所有部门的支出行为进行后评价。后评价制度能有效避免政府内部审计所带来的弊端，真正做到公平、公正、公开，让公众监督政府的投资决策行为，减少投资浪费损失，保障政府投资的安全、高效、透明。

针对我国当前在一些领域、一些行业、一些项目财政投入资金管理不够规范、不够严格、使用效率不高等问题，很有必要制定专门的粮食安全保障体系财政投入的后评价制度，着重从立项决策评价、经济效益评价、项目对国家粮食安全、农业与农村发展、种粮农民增收的影响评价，以及项目的持续性（项目预期目标是否已达到、项目是否可持续发挥作用等）评价方面对财政投入项目进行评价。推进后评价工作制度化、法律化进程，使之成为政府制定粮食安全保障体系财政支持政策的重要参考依据。与之相配套的是制定科学的后评价指标体系，建立后评价工作的数据库（项目库），建立后评价机构，使财政投入后评价成为一项科学完备的体系和制度。

6.9 创新农业投融资方式，深化农村金融体系改革

长期以来，基于农业投资报酬率低、比较利益低下的现实，国家财政投入成为农业投资的主要来源。党的十八大以来，针对农业投资分散、资金利用效率低下的问题，国家通过整合优化财政涉农项目，鼓励和引导社会资本参与项目建设以及加强农业绩效管理等方式进一步深化了农业投融资领域的改革，取得了一定的成效。但从整体上看，农村金融的供给与广大农民的需求之间依然存在较大空缺，农业生产融资难、融资贵的现实问题仍未得到根本解决。

农村金融是推进现代农业产业体系、现代农业生产体系和现代农业经营体系建设的关键环节，是助力现代农业发展的"发动机"。随着现代农业加快发展，国家应深化农村投融资机制改革，鼓励金融信贷和社会投资。

首先，要放松农村金融管制，培育农村金融市场竞争性主体。一方面，应通过完善治理结构、强化约束机制、增强支农服务等方式继续发挥农村银行金

融机构的主力军作用。另一方面，要放松农村金融管制，鼓励民间资本建立区域性中小型银行、村镇银行、贷款公司、消费金融公司等金融机构，建议加快推进农村信用社和邮政储蓄银行等的改革，大力支持民间资本以入股方式参与各类银行的增资扩股和改制。其次，要加大利用互联网金融对农村金融服务的支持力度。当前我国部分农村地区金融基础设施薄弱，应在农村地区推广互联网金融，打破地域、时间限制，充分挖掘农民的潜在需求，释放农村金融市场的巨大潜力，为农村农业发展助力。倡导政府、财政、监管、金融机构等多方努力，加大财税补贴力度，完善农村金融服务供给的长效机制，填补偏远地区金融服务空白。最后，加强各部门协调配合，强化金融信用体系建设。逐步建立起政府、银行、农民合作组织信息共享平台，加强农村信用采集机制建设，建立信用激励约束机制。建立健全政府政策性资金整合机制，设立政策性风险补偿和担保基金，引导农村金融市场发展，形成政府与金融机构之间利益共享、风险共担的合作局面。

参考文献

[1] 安琪，朱晶，林大燕. 日本粮食安全政策的历史演变及其启示 [J].世界农业，2017（2）.

[2] 曹慧，张玉梅，孙昊. 粮食最低收购价政策改革思路与影响分析 [J].中国农村经济，2017（11）.

[3] 曹慧，赵凯. 代际差异视角下粮农保护性耕作投入意愿的影响因素分析 [J]. 西北农林科技大学学报（社会科学版），2018（11）.

[4] 晁娜娜，杨汭华. 耕地规模、农业保险认知及其潜在需求的多样化——基于全国6492个粮食种植户的考察 [J]. 财经科学，2017（5）.

[5] 陈飞，范庆泉，高铁梅. 农业政策、粮食产量与粮食生产调整能力 [J]. 经济研究，2010（11）.

[6] 陈来柏，曹宝明，高兰. 中国粮食物流发展现状及存在问题分析 [J].粮食科技与经济，2016（2）.

[7] 陈晓群. 粮食进出口与粮食安全 [J]. 农村经济，2009（3）.

[8] 邓群钊，贾仁安，梁英培. 中部地区粮食安全与农民收入"不相容"问题的实证分析 [J]. 农业系统科学与综合研究，2007（1）.

[9] 董学力. 粮食安全视角下的国内外粮价走势及我国粮价稳定策略 [J].价格月刊，2016（1）.

[10] 樊琦，祁迪，李霜. 玉米临时收储制度的改革与转型研究 [J]. 农业经济问题，2016（8）.

[11] 费清，江生忠，丁宁. 技术进步、保险保障与农民收入——基于东中西部地区地级单位的面板 GMM 方法 [J]. 财经理论与实践，2018（4）.

[12] 付青叶，王征兵. 中国粮食安全的评价指标体系设计 [J]. 统计与决策，2010（14）.

[13] 高帆. 中国经济发展中的粮食增产与农民增收：一致抑或冲突 [J].

经济科学, 2005 (2).

[14] 高鸣, 寇光涛, 何在中. 中国稻谷收储制度改革研究: 新挑战与新思路 [J]. 南京农业大学学报 (社会科学版), 2018 (5).

[15] 高鸣, 马铃. 贫困视角下粮食生产技术效率及其影响因素——基于 EBM-Goprobit 二步法模型的实证分析 [J]. 中国农村观察, 2015 (4).

[16] 高鸣, 宋洪远, Michael Carter. 粮食直接补贴对不同经营规模农户小麦生产率的影响——基于全国农村固定观察点农户数据 [J]. 中国农村经济, 2016 (8).

[17] 顾莉丽, 郭庆海, 高璐. 我国玉米收储制度改革的效应及优化研究——对吉林省的个案调查 [J]. 经济纵横, 2018 (4).

[18] 韩建军, 邹亚丽. 区域粮食储备的地区差异与规模确定分析 [J]. 自然资源学报, 2019 (3).

[19] 何安华, 陈洁. 韩国保障粮食供给的战略及政策措施 [J]. 世界农业, 2014 (11).

[20] 洪炜杰, 李鹏程. 保护认知、产权预期及农户耕地保护意愿 [J]. 农林经济管理学报, 2019 (1).

[21] 胡飞, 柯新利, 柴明, 余亦奇, 谢新朋, 马艳春. 权衡城市扩张与永久基本农田保护的城市增长边界划定——以武汉市为例 [J]. 地理与地理信息科学, 2019 (3).

[22] 黄烈佳, 程佳, 张波清. 粮食主产区耕地保护补偿意愿及其影响因素研究 [J]. 安徽农业科学, 2019 (8).

[23] 贾晋. 我国粮食储备的合理规模、布局与宏观调控 [J]. 重庆社会科学, 2012 (2).

[24] 贾娟琪, 孙致陆, 李先德. 粮食价格支持政策提高了我国粮食全要素生产率吗?——以小麦最低收购价政策为例 [J]. 农村经济, 2019 (2).

[25] 兰中平. 粮食运输有关问题探讨 [J]. 中国粮食经济, 2007 (12).

[26] 李波. 我国粮食最低收购价政策效果与评价研究 [J]. 价格理论与实践, 2016 (11).

[27] 李飞, 曾福生. 中国农业基础设施的技术效应——基于 MML 指数和 SYS-GMM 的分析 [J]. 农业技术经济, 2016 (6).

[28] 李光泗，朱丽莉，孙文华．基于政府调控能力视角的中国粮食安全测度与评价 [J]．软科学，2011（3）．

[29] 李丽，朱璐璐．粮食最低收购价和临时收储政策对农民生产积极性的影响研究——基于 Nerlove 模型的实证分析 [J]．中国物价，2018（6）．

[30] 李琴英，崔怡，陈力朋．政策性农业保险对农村居民收入的影响——基于 2006～2015 年省级面板数据的实证分析 [J]．郑州大学学报（哲学社会科学版），2018（5）．

[31] 李韬．粮食补贴政策增强了农户种粮意愿吗？——基于农户的视角 [J]．中央财经大学学报，2014（5）．

[32] 李文明，唐成，谢颜．基于指标评价体系视角的我国粮食安全状况研究 [J]．农业经济问题，2010（9）．

[33] 李雪，韩一军，付文阁．最低收购价政策对小麦市场价格波动影响的实证分析 [J]．华中农业大学学报（社会科学版），2018（2）．

[34] 李英，陈立华．我国粮食安全的影响因素及其对策 [J]．中国流通经济，2011（12）．

[35] 李勇斌．精准扶贫视角下我国农业保险支农效率及其影响因素研究——基于四阶段 DEA 及 Tobit 模型 [J]．西部金融，2018（12）．

[36] 梁宇哲，陈美招，郑荣宝．农户视角下的耕地保护问题——基于广州市 1453 份农户调查问卷的实证分析 [J]．国土与自然资源研究，2019（2）．

[37] 刘怀宇，李晨婕，温铁军．"被动闲暇"中的劳动力机会成本及其对粮食生产的影响 [J]．中国人民大学学报，2008（6）．

[38] 刘克春．粮食生产补贴政策对农户粮食种植决策行为的影响与作用机理分析——以江西省为例 [J]．中国农村经济，2010（2）．

[39] 刘帅，余晓洋，吴迪．粮食主产区农户耕地质量保护情况调查研究——基于吉林省 446 户样本的分析 [J]．经济纵横，2019（2）．

[40] 刘彦随，乔陆印．中国新型城镇化背景下耕地保护制度与政策创新 [J]．经济地理，2014（4）．

[41] 刘忠，黄峰，李保国．2003-2011 年中国粮食增产的贡献因素分析 [J]．农业工程学报，2013（23）．

[42] 罗向明，张伟，丁继锋．收入调节、粮食安全与欠发达地区农业保险

补贴安排 [J]. 农业经济问题，2011（1）.

[43] 刘晓梅. 关于我国粮食安全评价指标体系的探讨 [J]. 财贸经济，2004（9）.

[44] 吕新业，胡向东. 农业补贴、非农就业与粮食生产——基于黑龙江、吉林、河南和山东四省的调研数据 [J]. 农业经济问题，2017（9）.

[45] 吕新业，刘华. 农户粮食储备规模及行为影响因素分析——基于四省不同粮食品种的调查 [J]. 农业技术经济，2012（12）.

[46] 马九杰，张传宗. 中国粮食储备规模模拟优化与政策分析 [J]. 管理世界，2002（9）.

[47] 倪洪兴. 开放条件下我国粮食安全政策的选择 [J]. 农业经济问题，2009（7）.

[48] 聂文广，黄琦. 农业保险与粮食产量增长关系研究——来自31个省、市、自治区面板数据的实证分析 [J]. 湖北农业科学，2015（16）.

[49] 欧阳金琼，王雅鹏. 农户兼业会影响粮食生产吗？——基于江汉平原粮食主产区360户粮农的调查 [J]. 中南财经政法大学学报，2014（4）.

[50] 任平，吴涛，周介铭. 基于耕地保护价值空间特征的非农化区域补偿方法 [J]. 农业工程学报，2014（20）.

[51] 沙琪，李燕. 影响粮食安全的制度因素及解决路径的思考 [J]. 江苏农业科学，2010（2）.

[52] 史常亮，王忠平. 基于供求视角的中国粮食安全影响因素研究 [J]. 浙江农业学报，2013（5）.

[53] 史清华，徐翠萍. 农家粮食储备：从自我防范到社会保障——来自长三角15村20年的实证 [J]. 农业技术经济，2009（1）.

[54] 孙顺强，朱桂英. 我国粮食直补对粮食产量影响的定量评估——基于2004～2007年29省面板数据的实证分析 [J]. 安徽农业科学，2012（14）.

[55] 唐成，李振，徐瑶. 坚持市场化改革取向深化粮食收储制度改革 [J]. 经济研究参考，2017（54）.

[56] 田甜，李隆玲，武拉平. 新形势下中国粮食安全问题及与其他粮食主产国的比较——基于世界粮食安全指标（GFSI）分析 [J]. 世界农业，2015（12）.

［57］佟大建，贾彧.农业基础设施建设与粮食产量增长实证研究［J］.牡丹江师范学院学报（哲学社会科学版），2016（4）.

［58］汪冲.政治晋升、财政竞争与耕地政策"口子"：耕地保护地区外部性机制及效应分析［J］.经济学（季刊），2019（2）.

［59］王保玲，孙健，江崇光.我国引入农业收入保险的经济效应研究［J］.保险研究，2017（3）.

［60］王健.供给侧结构性改革下我国粮食进口优化研究［J］.农村经济，2017（10）.

［61］王力，孙鲁.最低收购价政策能稳定粮食价格波动吗［J］.农业技术经济，2019（2）.

［62］王锐.我国粮食进出口与粮食价格关系的实证研究——基于粮食安全的角度［J］.广东商学院学报，2012（1）.

［63］王瑞峰，李爽，姜宇博.中国粮食进口安全综合评价研究——基于超效率 DEA 模型［J］.浙江农业学报，2018（3）.

［64］王帅，赵秀梅.中国粮食流通与粮食安全：关键节点的风险识别［J］.西北农林科技大学学报（社会科学版），2019（2）.

［65］王新华，周聪，王锐.我国粮食进出口贸易是否具有"大国效应"——基于粮食整体和分品种的实证分析［J］.农林经济管理学报，2017（1）.

［66］王跃梅，姚先国，周明海.农村劳动力外流、区域差异与粮食生产［J］.管理世界，2013（11）.

［67］魏君英，何蒲明.基于粮食安全的粮食生产与农民收入关系的实证研究［J］.统计与决策，2009（6）.

［68］魏玉君，叶中华.美国粮食安全保障政策变迁：启示与借鉴［J］.世界农业，2019（3）.

［69］吴泽斌，刘卫东，罗文斌，汪友结.我国耕地保护的绩效评价及其省际差异分析［J］.自然资源学报，2009（10）.

［70］吴娟，王雅鹏.我国粮食储备调控体系的现状与完善对策［J］.农业现代化研究，2011（6）.

［71］夏玉莲，曾福生.粮食价格、粮食生产与农民收入［J］.中国物价，

2013 (4).

[72] 肖卫, 肖琳子. 二元经济中的农业技术进步、粮食增产与农民增收——来自 2001~2010 年中国省级面板数据的经验证据 [J]. 中国农村经济, 2013 (6).

[73] 徐斌, 孙蓉. 粮食安全背景下农业保险对农户生产行为的影响效应——基于粮食主产区微观数据的实证研究 [J]. 财经科学, 2016 (6).

[74] 杨建利, 雷永阔. 我国粮食安全评价指标体系的建构、测度及政策建议 [J]. 农村经济, 2014 (5).

[75] 姚成胜, 李政通, 易行. 中国粮食产量变化的驱动效应及其空间分异研究 [J]. 中国人口·资源与环境, 2016 (9).

[76] 叶明华, 汪荣明. 收入结构、融资约束与农户的农业保险偏好——基于安徽省粮食种植户的调查 [J]. 中国人口科学, 2016 (6).

[77] 殷培红, 方修琦, 马玉玲, 田青. 21 世纪初我国粮食供需的新空间格局 [J]. 自然资源学报, 2006 (4).

[78] 于晓华, 武宗励, 周洁红. 欧盟农业改革对中国的启示：国际粮食价格长期波动和国内农业补贴政策的关系 [J]. 中国农村经济, 2017 (2).

[79] 余亮亮, 蔡银莺. 基于农户满意度的耕地保护经济补偿政策绩效评价及障碍因子诊断 [J]. 自然资源学报, 2015 (3).

[80] 余志刚, 王亚. 供给侧改革背景下国际粮食贸易形势及对中国粮食安全的影响 [J]. 世界农业, 2017 (8).

[81] 袁平. 国际粮食市场演变趋势及其对中国粮食进出口政策选择的启示 [J]. 南京农业大学学报 (社会科学版), 2013 (1).

[82] 臧文如, 傅新红, 熊德平. 财政直接补贴政策对粮食数量安全的效果评价 [J]. 农业技术经济, 2010 (12).

[83] 张慧, 肖国安. 生态视角下中国粮食可持续安全状况评价及其影响因素分析 [J]. 湘潭大学学报 (哲学社会科学版), 2017 (2).

[84] 张慧琴, 吕杰. 农户对粮食生产补贴政策认知与规模变动反应研究?——基于黑龙江省种粮农户的调查 [J]. 农业现代化研究, 2017 (4).

[85] 张瑞红. 粮食直补政策的绩效、问题与对策研究 [J]. 河南农业科学, 2011 (1).

[86] 张少杰, 杨学利. 基于可持续发展的中国粮食安全评价体系构建

[J]．理论与改革，2010（2）．

[87] 张伟，黄颖，李长春，陈宇靖．收入分化、需求演变与农业保险供给侧改革 [J]．农业经济问题，2018（11）．

[88] 张伟，易沛，徐静，黄颖．政策性农业保险对粮食产出的激励效应 [J]．保险研究，2019（1）．

[89] 张晓山，刘长全．粮食收储制度改革与去库存 [J]．农村经济，2017（7）．

[90] 张跃华，史清华，顾海英．农业保险对农民、国家的福利影响及实证研究——来自上海农业保险的证据 [J]．制度经济学研究，2006（2）．

[91] 赵丹丹，周宏．农村土地流转对农户耕地质量保护选择行为的影响研究 [J]．价格理论与实践，2017（11）．

[92] 赵峰，宋学锋，张杰．地域性失衡、"大国效应"扭曲与我国粮食安全战略研究 [J]．江西社会科学，2018（3）．

[93] 赵杭莉，盛莹．农户农地流转决策及其对粮食安全影响实证分析——基于村野调研数据 [J]．西北人文科学评论，2015（1）．

[94] 赵红雷．我国粮食损失的发生机制与治理举措分析 [J]．中国农业资源与区划，2016（11）．

[95] 郑伟，彭苏勉．我国粮食储运安全管理与运行机制构建研究 [J]．山东社会科学，2014（6）．

[96] 钟昱，亢霞．我国粮食运输的结构分析 [J]．中国流通经济，2016（8）．

[97] 周静，曾福生．"变或不变"：粮食最低收购价下调对稻作大户种植结构调整行为研究 [J]．农业经济问题，2019（3）．

[98] 周莎，向平安．供给侧结构性改革下粮食流通转型升级的创新思路——以中原地区为研究对象 [J]．商业经济研究，2019（10）．

[99] 朱晶，晋乐．农业基础设施与粮食生产成本的关联度 [J]．改革，2016（11）．

[100] 朱晶，晋乐．农业基础设施、粮食生产成本与国际竞争力——基于全要素生产率的实证检验 [J]．农业技术经济，2017（10）．

[101] 朱晓禧，方修琦，高勇．基于系统科学的中国粮食安全评价研究

[J]. 中国农业资源与区划, 2012（6）.

[102] Fujin Yi, Bruce McCarl. Increasing the Effectiveness of the Chinese Grain Subsidy: A Quantitative Analysis, *China Agricultural Economic Review*, 2018,（10）.

[103] Fujin Yi, Wuyi Lu, Yingheng Zhou. Cash Transfers and Multiplier Effect: Lessons from the Grain Subsidy Program in China, *China Agricultural Economic Review*, 2016,（8）.

[104] Hai-peng NIU, Guo-you FANG, Han-qi GAO, Jian-rui SONG. Cultivated Land Quantity Niche Regulation and its Environmental Effect, *Transactions of Non-ferrous Metals Society of China*, 2011,（21）.

[105] Lei Meng. Can Grain Subsidies Impede Rural-Urban Migration in Hinterland China? Evidence from Field Surveys, *China Economic Review*, 2012,（23）.

[106] Min Huang, Yingbin Zou. Integrating Mechanization with Agronomy and Breeding to Ensure Food Security in China, *Field Crops Research*, 2018,（224）.

[107] Qin Xiao, Lei Xiao, Yaxin Liu. A Case Study of the Effectiveness of the Grain Direct Subsidy Policy-Empirical Evidence from Hubei Province in China, *Journal of Interdisciplinary Mathematics*, 2016,（19）.

[108] Shaozhong Kang, Xinmei Hao, Taisheng Du, Ling Tong, Xiaoling Su, Hongna Lu, Xiaolin Li, Zailin Huo, Sien Li, Risheng Ding. Improving Agricultural Water Productivity to Ensure Food Security in China under Changing Environment: From Research to Practice, *Agricultural Water Management*, 2017,（179）.

[109] Xiaoxing Qi, Raymond Yu Wang, Jianchun Li, Tao Zhang, Liming Liu, Yanling He. Ensuring Food Security with Lower Environmental Costs under Intensive Agricultural and Use Patterns: A Case Study from China, *Journal of Environmental Management*, 2018,（213）.

[110] Yan Li, Zhou Shi, Hao-Xiang Wu, Feng Li, Hong-Yi Li. Definition of Management Zones for Enhancing Cultivated and Conservation Using Combined Spatial Data, *Environmental Management*, 2013,（52）.

后 记

　　本书是在我主持的教育部、财政部"部部共建"联合研究课题"长期紧平衡下我国粮食安全保障体系及财政支持政策研究"结项报告基础上完成的。课题组在 2014 年 6 月 25 日收到课题立项通知书后，即刻展开了课题的调查研究。课题负责人召集课题组全体成员讨论研究报告的详细提纲、调研方案、具体分工及研究计划，并于 9 月 21 日呈报财政部农业司。10 月 8 日收到财政部农业司回复，基本同意本课题的研究方案，同时就本课题的研究内容、研究方法、基本结论与对策建议等提出了具体指导意见。之后，课题组赴湖北、湖南、河南、辽宁、吉林等省的部分产粮大县进行了田野调查。

　　通过实地调研，课题组获得如下重要信息：（1）粮食种植面积稳定，未出现大面积撂荒或改种其他作物现象。（2）耕地趋向种粮大户集中，户均耕地在 5 亩以下的农户大多选择将耕地部分或全部转包给种粮大户，种粮大户耕种面积不断扩大，粮食生产的集约化程度在逐渐提高，说明种粮大户是我国近年来粮食增产、粮价保持基本稳定的主要贡献者；同时也反映出小规模种粮农户因粮价上涨难、比较利益低而选择放弃粮食种植。（3）当前最有效的惠农政策是农机购置补贴，这项政策的实施有效提高了农业生产力，改变了原有依赖人力畜力耕种的传统生产方式，有力地推动了农业现代化进程。种粮农户意见最大的是农业保险保费补贴政策，突出问题是赔付率低（每亩水稻全损最高赔付限额仅为 200 元，赔付率不到 10%）、定损与索赔程序复杂、赔付资金到位难等。（4）专为粮食生产服务的农业合作组织正在各地兴起，从育种、机耕、除草、施肥到收割提供全方位服务，成为农业社会化服务体系的重要力量。（5）大米走私现象十分猖獗，不仅严重扰乱了国内粮食市场秩序（突出表现为对国内粮价的冲击），而且给国内粮食品质与安全性带来严重危害。（6）如何提高粮食品质与安全性是构建我国粮食安全体系的重要内容。1996 年联合国粮农组织（FAO）修正了 1972 年提出的"粮食安全"概念："让所有人在任何时候都能在物质上和经济上获得充足的、安全的和有营养的食物，来满足其积极和健康生活的膳食需要及食物喜好。"在原有的确保热量供给的基础上，加入了"安全"和"偏好"内容。但是，我国粮食生产过程中广泛、大量施用化肥、农药、除草剂，不仅造成耕地肥力下降，而且使得粮食品质与安全性始终难以提高。（7）粮食收储主体，尤其是国有粮食收储企业在调节粮食供需平衡、保持粮食价格稳定的功能作用上有待进一步提高。（8）虽然国家加大了对农业，尤其是粮食生产的投入，但效果并不明显，例如，农田水利设施老化、布局不合理、重复低效建设、管护缺失等问题仍较为严重，说明财政资金使用效率尚待提高，亟待加强对财政资金的监管，建立有效的资金管控体系、后评价制度和责任追究办法。

在田野调查，获取我国部分地区粮食生产、加工、流通、储存、销售的等基本情况基础上，经过近6个月的写作，课题组完成最终研究报告。研究报告明晰了粮食安全对我国政治安定、经济发展、社会稳定的重要意义；全面客观分析当前及未来我国粮食安全面临的严峻形势，科学预测未来10~30年我国粮食安全保障程度；借鉴国外政府构建粮食安全保障体系的有益经验，总结一些国家放松粮食安全的教训，对于我国构建科学、有效的粮食安全保障体系和财政支持政策，具有一定的参考意义。

本课题在申报、立项、调研及总报告撰写、课题结项论证过程中，得到中南财经政法大学农业经济系陈池波教授、财政部农业司综合处丁丽丽处长、王瑶副处长的鼎力相助，在此深表感谢！

本书倾注着课题组全体成员的心血，他们是赵和楠博士、刘昱辉博士、陶醉博士、徐茂源硕士、王泽宇硕士，是他们不畏艰辛，冒着酷暑和寒冬，深入农户，圆满完成本课题的田野调查和数据分析以及分报告的撰写工作。

在这里要特别感谢谷雨同学，她为本书的统稿、出版做了大量工作；还要感谢胡杨木同学、邓瑶同学、黄诗嫚同学、郝朵朵同学，他们为总报告数据的重新分析整理和书稿部分章节内容的补充修订付出了大量艰苦的劳动。

感谢中南财经政法大学社会科学研究院、科学研究部、发展规划部、学科建设办公室、财政税务学院各位领导和同事们一直以来对我的关心、支持和帮助！

粮食安全始终是世界各国社会安定、政治稳定、经济繁荣的敏感性、关键性议题。确保国家粮食安全是一项战略性任务和系统性工程,粮食供求长期"紧平衡"格局下建立涉及粮食生产、储备、流通、贸易、品质安全等领域的粮食安全保障体系势在必行。与此同时,作为政府宏观经济调控的重要工具,如何通过相应的财政制度设计与政策实践破解我国粮食供需的长期"紧平衡"格局,成为学界乃至政府部门亟待解决的现实命题。虽然现有研究成果众多,但仍有许多问题需要进行广泛、深入研究。由于本人研究能力有限,研究水平不高,研究视野不够开阔,书中难免有许多错误和不足,敬请各位批评指正。

侯石安

2019 年 7 月于武汉南湖湖畔